Pequeno
Tratado de

Medicina
Esotérica
Chinesa

Dados Internacionais de Catalogação na Publicação (CIP)
(Câmara Brasileira do Livro, SP, Brasil)

Tse, Lin Chien
  Pequeno tratado de medicina esotérica chinesa /
Lin Chien Tse. 1. ed. – São Paulo: Ícone, 2013.

  Bibliografia
  ISBN 978-85-274-1240-7

  1. Esoterismo. 2. Medicina chinesa. 3. Medicina
chinesa – Filosofia. 4. Terapêutica. I. Título.

13-05117   CDU – 610.951

Índices para catálogo sistemático:

1. Medicina esotérica chinesa   610.951

Lin Chien Tse

Pequeno Tratado de
Medicina Esotérica Chinesa

1ª EDIÇÃO
SÃO PAULO – 2013

© Copyright 2013
Ícone Editora Ltda.

Design gráfico, arte e editoração
Richard Veiga

Revisão
Maria Inês de França Roland
Juliana Biggi

Proibida a reprodução total ou parcial desta obra, de qualquer forma ou meio eletrônico, mecânico, inclusive por meio de processos xerográficos, sem permissão expressa do editor. (Lei n° 9.610/98)

Todos os direitos reservados para:
ÍCONE EDITORA LTDA.
Rua Anhanguera, 56 – Barra Funda
CEP: 01135-000 – São Paulo/SP
Fone/Fax.: (11) 3392-7771
www.iconeeditora.com.br
iconevendas@iconeeditora.com.br

DEDICATÓRIA

Para minha filha Giulia,
esposa e família.

Em reverência aos Mestres da
Linhagem da Porta do Dragão
e Montanha Dourada.

INTRODUÇÃO

Minha intenção, ao escrever este livro, é proporcionar uma visão muito simples sobre o que aprendi durante meus anos de estudo com o Mestre Liu Pai Lin principalmente, apesar de ter frequentado as aulas com o Grão-Mestre Wang Te Chong quase concomitantemente. É uma obra única e inédita para a maioria das pessoas, pois traz à tona a visão taoísta dos fatos, razão comum para quem trabalha com o Chi, Energia. Os princípios perderam-se no tempo por traduções ruins, transmissões feitas por pessoas que estudaram apenas com o auxílio de livros, por quem aprendeu parcialmente o assunto e por ser enfatizada mais a técnica do que a filosofia.

A transmissão oral é fundamental para explicar de forma concreta esses princípios, aclarando pontos que são apenas decorados pela maioria dos estudantes.

Este livro é resultado de 28 anos de estudos e ensinamento para um público leigo a qualquer corrente de pensamento esotérico. Aqueles anos de convívio com o Mestre culminaram em meus estudos relativos ao esoterismo ocidental, completando-os com a parte prática daquele ensinamento. A filosofia hermética traduz e completa muitas vezes o pensamento taoísta e vice-versa, vide *O Caibalion e o Tao Te King*, por exemplo.

O Mestre Liu Pai Lin foi considerado, antes de falecer, o "Último Grande Mestre Taoísta Vivo", dada a sua competência sobre os mais diversos assuntos incluídos nesta filosofia, da qual sou seguidor. Taoísta quer dizer:"Treinador da Energia" – somos pessoas que fazem, pelo uso da Intenção, a Energia se concentrar, percorrer e reparar nosso universo interior, atingindo centros, meridianos, partes do corpo etc. e tornando-os vivos novamente. Estas partes vão ficando esquecidas com o passar do tempo.

Apresento os princípios que regem o Esoterismo Chinês, desde a Geomancia conhecida por Feng Shui, a Astronomia e até a própria MTC, com suas quatro grandes divisões: Movimentos, Tai Chi Chuan, Pá Kuá Tsan e o Hsing Yi Chuan (aprendido com o Grão-Mestre Wang), além do Pá Tuan Chin; Meditação Taoísta, e seus Caminhos da Energia (Tao In); Chi Kung (Qi Gong) manifestações da energia e as atividades que estão sob a nomenclatura de Medicina Tradicional: Acupuntura, Massagem (Tui Ná), entre outras. Não é um livro fechado – deve ser acrescido de mais informação e um maior detalhamento para maior compreensão das atividades mencionadas acima.

Os ensinamentos apresentados provêm de duas linhagens tradicionais, Montanha Dourada e Porta do Dragão, pré-Revolução Cultural Chinesa. O Mestre Liu Pai Lin vem de uma família de importantes médicos chineses tradicionais, em especial menção a seu tio-avô que o iniciou neste conhecimento.

Esta obra enfatiza especialmente a MTC, explica a movimentação da energia, fazendo correlações com os meridianos e também torna conhecidos alguns dos mais importantes diagnósticos utilizados por ela.

O entendimento do médico chinês tradicional, ou, como era conhecido anteriormente, o "Médico dos Pés Descalços", vê o ser humano inserido no macrocosmo e assemelhando-se a ele, animado por um "algo mais", energia ou alma, espírito, bem diferente de um ser mecânico, físico e fisiológico apenas.

Sem preexistência desse "algo mais" e sem acreditar na sua interação com o corpo, o estudo fica falho.

O microcosmo tem suas próprias características, apesar de dependermos diretamente do macrocosmo, do Céu e da Terra. Somos seres viventes em um setor intermediário e sofremos a influência deles, que são tanto nossos Pais Celestes, nossa origem, quanto nossos destinos finais.

Obrigado,

Lin Chien Tse

São Paulo, agosto de 2013.

SUMÁRIO

Capítulo 1.

FILOSOFIA DA MEDICINA TRADICIONAL CHINESA, 17

Filosofia Taoísta, 18
    Do Começo, **19**
    A Manifestação do Wu Chi, **19**
    A Base do Sistema: Yin-Yang, **24**
    As Leis do Universo, **27**
    A Geração dos Movimentos, **28**
    Sobre as Estações, **34**
    Geração e Controle, **40**
    Os Três Planos da Energia, **46**
    Os Três Níveis ou Campos de Atuação da Energia, **47**
    O Pá Kuá, ou Báguá, **51**
    Troncos Celestes e Ramos Terrestres, **57**
    Como o Chi age em nosso plano "terreno" e em nós, **59**

CAPÍTULO 2.

A MOVIMENTAÇÃO DA ENERGIA, 61

A movimentação da Energia no Universo e no Ser Humano, 62

Natureza, **63**

As influências trocadas, **71**

Ciclo da Água, **76**

O Homem e seu corpo, **78**

Os Principais Centros de Energia de nossos corpos, **82**

    A localização dos Principais Centros de Energia, **82**

O Tan Tien, **86**

O Tan, **87**

O Mecanismo do Universo, **88**

Postura Anatômica Chinesa, **93**

    Topografia do Terreno, **96**

    O Fluxo do Chi, **98**

    Forma de deslocamento, **102**

Forma Humana, **105**

    Diferença entre homem e mulher, **107**

Resumindo, **109**

Conceito de Wai e Nei, externo e interno, **112**

Biao e Li, tecido superficial e interno, **113**

CAPÍTULO 3.

COMO FUNCIONAMOS, UM ENTENDIMENTO DA MEDICINA TRADICIONAL CHINESA, 117

Sobre a origem das doenças, 118

Tipos de Doenças, 121

Desunião, **121**

Dispersão, **124**

Estagnação, **125**

Agitação, **126**

Os Meridianos de Energia, 128

Considerações gerais sobre os Meridianos,
Órgãos e Vísceras, **128**

Polarização, **131**

Os meridianos de nossos corpos, 133

As Energias construtoras do indivíduo, **137**

Energias Hereditárias, **137**

Energias Macroscópicas: Yong e Wei, energia Nutritiva
e Defensiva; e Energia Zhen, Autêntica, **139**

Energias Microscópicas: Xue e Chi, **139**

A estrutura dos Meridianos, 142

Resumindo, **152**

Considerações sobre Órgãos e Vísceras, **156**

Os Movimentos da Energia, 161

O Fogo, **161**

Coração, **164**

Intestino Delgado, **166**

O Fogo Ministerial, **169**

Triplo Aquecedor. O Dragão que mora nas águas, **175**

Pericárdio, **177**

Terra, **178**

Baço/Pâncreas, **188**

Os Três Corações, **189**

Estômago, **192**

Metal, **194**

Pulmão, **197**

Intestino Grosso, **199**

Água, **202**
   Rins, **205**
   Bexiga, **208**
Madeira, **210**
   Vesícula Biliar, **212**
   Fígado, **215**

CAPÍTULO 4.

AVALIAÇÃO ENERGÉTICA.
OS DIAGNÓSTICOS DA MTC, 219

A Avaliação Energética da MTC, 220

Avaliação Energética: O Rosto, 223
A divisão do rosto em setores, **225**
Considerações gerais, **227**
A pele como determinante de
Sistemas em vantagem, **229**

Avaliação pelos Olhos, 231
O que os Olhos revelam, **231**
A Avaliação pelos Olhos, **231**

Avaliação Energética através da dor de cabeça, 233

**Avaliação Energética por apalpação
ao redor do Umbigo, 236**

Avaliação Energética através da Língua, 238
Representação geral da Língua como Microssistema, **238**
Aspectos gerais sobre a Língua, **240**
Caminhos da Energia, os Dois Dragões Verdes, **242**
Forma Humana e a Análise Energética da Língua, **243**
A Teoria da Moringa, **245**

As Forças de Proteção, **248**

O Sistema de Avisos, **251**

O Sistema de Avisos e a profundidade da invasão, **254**

Resumo sobre a Língua, **256**

Avaliação Energética através dos Pulsos Radiosos, 258

Considerações gerais, **258**

O Vetor de Energia, **259**

Épocas do Ano-hora do dia, **261**

Localização, **261**

Os Padrões de um Indivíduo

Energeticamente Saudável, **267**

Forma Humana e a diferenciação Homem e Mulher, **269**

Visão Micro e Macro, **271**

A gangorra, **274**

Chi e Xue, **275**

Distâncias, **277**

Profundidade, **279**

Disposição dos pulsos, **285**

A gangorra do pulso masculino, **286**

O Pulso Feminino, **288**

Resumindo, **289**

Os Padrões, **290**

As características dos pulsos, ou as "Palavras", **292**

Profundidade: Fu, superficial e Tchem, profundo, **292**

Velocidade: Tgi, lento, e Suo, rápido, **293**

Calibre: Shi, fino e Ta, grosso, **296**

Distância: Duan, próxima e Tcham, distante, **297**

Pulsos que não devem ser Tratados, **299**

Conclusão, **300**

POSFÁCIO, 301

REFERÊNCIAS, 303

Mestre Liu Pai Lin (*in memoriam*), **303**
Mestre Wang Te Chong, **304**
Bibliografia, **304**

ÍNDICE DAS FIGURAS, 309

Filosofia da Medicina Tradicional Chinesa

FILOSOFIA TAOÍSTA

A Filosofia Chinesa é rebuscada e com muitos detalhes, o embricamento é algo bem peculiar. Existe um fluxo e um refluxo, em ondas, em uma mesma linha de pensamento, diferente da linearidade do Ocidente. É requintada e com múltiplas associações, e, ao mesmo tempo, tem uma simplicidade ímpar, resultado de passar pelo mesmo assunto diversas vezes em espiral ascendente, produto de uma meditação profunda que leva ao ponto original, onde não há dúvidas.

Quando o Mestre Pai Lin falava, ele nos conduzia racionalmente até certo ponto e, depois, tinha que nos pegar pela mão para mostrar o caminho; e este ponto é justamente aquele que faria a diferença. Existe certa poesia sobre todos os assuntos, muito evidente quando temos aquela pessoa que passou a vida inteira embrenhada no assunto nos acompanhando, dando detalhes da pintura à nossa volta. Pensou o assunto e o viveu! Por isso, tento decifrar muito deste pensamento para os meus alunos, apesar de isto enfraquecer sua lógica. Depois de alguns anos tentando explicar para pessoas que nunca estudaram nenhum tipo de filosofia ou mesmo nunca estiveram junto a um Mestre, percebi que seria melhor começar muito simplesmente como se estivesse falando com crianças em fase de alfabetização. Também já tive minha vez de ser encaminhado assim. Desta forma, tentarei ser claro.

DO COMEÇO

O Wu Chi é o começo, ou o "Grande Vazio", como é traduzido. Melhor seria dizer que é antes do começo de tudo. Falarei muito pouco dele, pois é algo inconcebível; por mais que se tente explicá-lo, ficará cheio de falhas e incompleto. Ele é o Todo, tudo mesmo, incluindo o que se possa falar e aquilo que não for dito. Quem fala Dele não o conhece, e acaba, na maior parte das vezes, metendo os pés pelas mãos.

Há um lado prático para Ele, o Todo. Pode-se compará-lo a uma pessoa, mas nunca iremos compreender a totalidade de um ser. Desta forma, querer falar tudo sobre o Wu Chi nunca conseguiria abranger todos os detalhes, as suas reações, como se comporta em resposta a determinadas situações etc. Quer dizer, este Todo pode ser o "Ser" que está diante de nós ou nós mesmos.

A MANIFESTAÇÃO DO WU CHI

Toda a história se desenrola sobre o filho de Wu Chi, que chamaremos de Chi, Energia, não a elétrica ou a proveniente dos alimentos, nem a magnética, nem da luz, ou de outra forma qualquer. Esta energia é a que irá gerar todas as coisas que conhecemos, é ela que irá gerar o computador em que estou escrevendo, o papel que você está lendo, eu, você, as estações do ano, o nosso planeta, as árvores, os passarinhos, a chuva, tudo mesmo. Todas as coisas são constituídas dele, do Chi, Energia.

Figura 1. Chi, ou Energia.

Neste ideograma, na Figura 1, é possível perceber em sua parte inferior os quatro riscos representativos da Terra, enquanto o traço na parte superior representa o Céu. Nele, encontramos as duas partes necessárias ao aparecimento da Energia, que são os dois princípios de Yin e Yang. No momento inicial, quando só o Wu Chi "existia", não temos uma certeza de nenhum destes dois movimentos, por isso sempre falo que "posso supor" a existência deles no Todo.

Nessa visão, temos o "Todo" que gerou o Chi, a sua primeira manifestação. Explico: em um certo "momento" antes de haver tempo ou espaço, o Wu Chi, ou Tao, como preferirem, se manifestou, vibrou e Dele surgiu algo que é esta particularidade que conhecemos como Energia. Sua primeira percepção é ser um "Vento", dada suas características inerentes de movimento.

Nesse imenso nada que é o Wu Chi, esta Energia se destacará por ser a primeira e única coisa existente de verdade. No momento de surgimento do Vento tudo começa, o tempo e o espaço aparecem, pois o Todo é sem dimensão e sem parâmetros de duração. Ele "é" apenas, não tem começo nem fim, e está em tudo e em todo o lugar.

Surge então uma peculiaridade que é a primeira distinção entre o que "não é" e o que "é", ou mesmo entre o que pode ser percebido e aquilo que não pode ser percebido. Dessa dicotomia primordial, a diferença entre o Yin e o Yang fica clara, sendo o Wu Chi o Yang, e o Chi o Yin. Parece incoerência, mas o Chi pode ser concebido, ao contrário do Wu Chi. Desta forma, a Energia é algo palpável, tem um corpo, fazendo-a distinguir-se do Nada que a gerou.

Neste ponto, encontramos outra coisa importante a ser lembrada, em especial quando pensamos no ser humano – é o Yang que gera e não o Yin. É o Yang que dá a vida, o Yin dá a forma.

Em um momento posterior, o Chi se transforma em "Pai", assumindo ele próprio este papel de gerador das outras coisas – tudo que é conhecido é formado de Energia –, ele é a Semente de Vida, e o resto, seus frutos. É legal pensar que, antes do aparecimento do Chi, não poderíamos diferenciar nada, em meditação até conseguimos perceber a existência daquele Todo. É uma tarefa que deveríamos tentar realizar – entrar em contato com este Wu Chi.

Só depois do aparecimento do Chi é que podemos falar em lugar e em tempo, pois antes era tudo pertencente ao Wu Chi, e todas as coisas estavam indisponíveis ao nosso acesso; mas, com o aparecimento do Chi, tudo pode ser "tocado" por nossa percepção. É como se um cronômetro começasse a funcionar, marcando o começo de algo em um determinado lugar, o que era impossível de acontecer antes. Todo o mundo já ouviu falar do Big Bang, do momento inicial do Universo, e esta situação aqui se assemelha muito àquele momento, se não for a mesma.

Antes dessa manifestação, o Chi era insondável, onde a percepção se perde confusa de tanta informação. Depois ficou claro que aquele ali bem no centro é o Chi, o resto não se pode perceber.

Essa diferenciação entre as duas percepções constitui aquele conceito básico da Filosofia Chinesa, de Yin-Yang: um eu consigo tocar, é palpável, o outro não; o Yin tem forma e o Yang não.

O Wu Chi é o Yang Absoluto, e o seu filho, o Chi, é o Yin.

Toda a matéria que irei apresentar daqui em diante está ligada ao Chi quase exclusivamente, o Wu Chi é só parte da introdução do assunto; é o Chi que nos importa de verdade. No entanto, o Chi não pode ser entendido por ele próprio, é preciso também entender que ele é aquela dualidade Yin-Yang que pode ser vista pelo Símbolo do Tai Chi; é um desdobramento da própria Energia em suas duas aparências básicas, e dela resultará em tudo que nos rodeia, ou, como os chineses antigos diriam, nas "Dez mil coisas" (Figura 2).

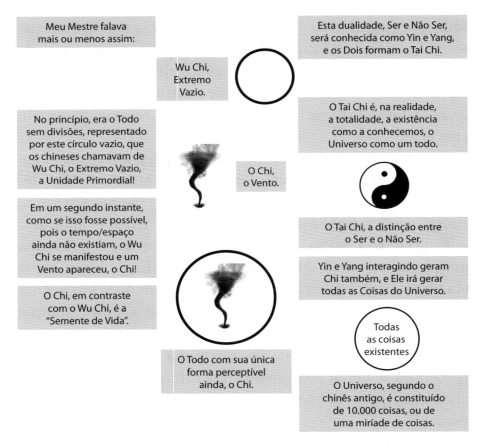

Figura 2. O Wu Chi, o Chi e o Tai Chi.

Esse "Vento" dá a dinâmica do que estamos falando. Ele sempre tem de estar em movimento e esta é sua principal característica. Afinal, tudo se movimenta, ou melhor, tudo vibra!

É este o indício primeiro da vida e parar gera a morte; de um lado desagrega e de outro agrega. Fixa imobilizando, tirando-lhe a vida, o ânimo, o movimento, que lhe é peculiar.

Assim é o Chi. Afinal, ele tem todo o Wu Chi para se manifestar, é o *playground* dele, e ele pode fazer o que quiser dentro da casa de seu Pai.

O Chi porta-se como o seu Pai e cria tudo o que lhe der na cabeça, dentro das leis de seu pai, é claro, ou seja, tudo tem que ser e não ser ao mesmo tempo, Yin-Yang. Ele teve a quem puxar, e vai agindo à semelhança deste até criar tudo o que nos rodeia e é perceptível por nós.

O Chi tem duas aparências primárias, Yin e Yang, separados aqui simplesmente para efeitos didáticos. Se elas forem separadas, deixam de existir simplesmente. As variações entre estas duas polaridades criam outras subaparências, em um total de cinco: Fogo, Terra, Metal, Água e Madeira[1], e podem variar em até oito manifestações, mas que não fogem dessas cinco.

Quanto às cinco manifestações, aqui no Ocidente são conhecidas por "elementos". Tenho sérias restrições ao uso dessa qualificação. Na realidade, elemento faz a coisa se solidificar, cristalizar, ficar estática, impossível de se mover, de se transformar; até parece meio morta. A ideia de movimentos fica mais livre, leve e solta, como o Vento de que estamos falando. Por conceito, um é leve, igual ao ar, ao Céu, Yang, enquanto o outro é pesado igual à matéria, à Terra, Yin (Figura 3).

O Vento, Chi, Energia, se comporta de duas maneiras básicas, imbuído daquela série de fatores que o deixa com esta aparência, lugar e momento: com muito movimento, irradiante, leve e agitado = Yang; sem muito movimento, constringente, pesado e parado = Yin.

---

1. *Do Wu Hsing Daí Yi*, ou o *Livro das Cinco Fases*, escrito em 600 d.C.

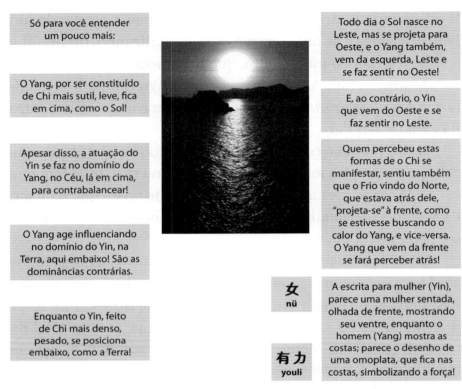

Figura 3. O Yin e o Yang, em suas formas básicas, Céu e Terra.

A BASE DO SISTEMA: YIN-YANG

A base de todo raciocínio é o binômio Yin-Yang, que não existe na verdade, sendo apenas uma ilusão de óptica do Chi. Se ele se comporta movimentando tudo, expandindo, iluminando, projetando-se para fora e para cima, já que é menos pesado, e por isso imaterial, agitando e aquecendo, ele é conhecido como Yang.

Ao contrário, se ele para e faz parar, esfriando, aglutina, escurece, move-se para dentro e, por ser pesado, volta-se para baixo, ele é conhecido como Yin. Estes conceitos aparecem nos ideogramas que representam essas duas forças. No Yin, vemos a representação de uma montanha parcialmente encoberta por nuvens, enquanto no Yang a mesma montanha é iluminada pelos raios do Sol. Estes conceitos são mutáveis; em uma hora isso pode ser verdade, mas, pelo próprio deslocamento do Sol e das nuvens, tudo muda (Figura 4).

Figura 4. Conceito de Yin e Yang.

Para dar uma noção melhor do que estamos falando, usaremos um dos movimentos que, cristalizado em "algo", torna-se um bom parâmetro para indicar como o Chi está se comportando: a água.

Se ela está com pouco Yang ou quase sem ele, ela endurece, fica muito pesada e se transforma em geada ou neve e, finalmente, gelo; mas, se recebe calor que movimenta suas partículas, ela se liquefaz e depois evapora, se movimenta para cima para refazer o ciclo devido à alteração da quantidade de calor. Veja o Feng

Shui, vento (Chi) e água, os dois a mesma coisa, em um plano, o "outro" em outro plano, agindo quase da mesma maneira; os dois fluindo, se adaptando, um materialmente falando e o outro, imaterialmente. O Chi pode ser chamado de vapor, água mais calor, e se comporta como falamos acima. A unidade primordial é Fogo-Água, com quantidades diferentes de cada ingrediente, coisas diferentes no final.

O Yin e o Yang são os dois extremos da movimentação do Chi, e entre estes dois pontos ou polos estão as outras manifestações.

A propósito, por "serem" a mesma coisa, um carrega em si a semente do outro, ou seja, em um determinado instante um pode se tornar o outro; afinal, eles não são a mesma coisa? Se deixar de existir a dualidade, esse universo se desmonta.

O símbolo do Tai Chi representa essa dualidade da seguinte maneira: na parte branca, que representa o Yang, aparece um ponto preto, pertencente ao movimento oposto. No lado preto, aparece um ponto branco, representando justamente o contrário, a existência do movimento oposto dentro deste. É a semente de seu oposto. Dentro de um movimento existe o outro, comprimido, em um processo de latência, aguardando o momento certo para agir.

Como é apenas uma representação gráfica, o Símbolo do Tai Chi (Figura 5) é estático e não mostra o movimento que deveria nos levar a enxergar, pois este desenho indica o movimento central de transição e não seus polos.

Figura 5. O Símbolo do Tai Chi.

Um exemplo que nos faz entender mais sobre este mecanismo é o do dia e da noite. No conjunto, estes dois períodos formam um dia, sempre andam juntos, são inseparáveis, como o Yin-Yang. O Yin domina a noite, mais fria do que o dia, relativamente mais escura, com menos agito, enquanto o Yang domina o dia, o princípio da atividade está mais forte nos impelindo a agir; estará mais quente que a noite também relativamente pela própria presença do Sol, que é Yang. Ao final, um sucede ao outro, com duração (dia × noite) maior ou menor de acordo com a época do ano, ficando o dia mais longo quando o verão se aproxima e se instala, até seu ápice. Ao contrário, mais curto, à medida que o inverno vai chegando e se instala, até seu ápice, quando a noite será maior, em quantidade de horas, que o dia.

AS LEIS DO UNIVERSO

Toda essa movimentação, do Yin para o Yang e do Yang para o Yin, vem de duas Leis que regem o universo, a saber:
▶ a Lei da Alternância entre *Yin* e *Yang*;
▶ a Lei da Expansão e do Recolhimento.

Elas atuam em sintonia; é impossível acontecer a alternância entre o Yin e o Yang se não for de forma que um se recolha com a expansão do outro. Assim, sempre irá acontecer essa alternância entre os princípios, o que garante o movimento. Tudo depende disso, que é a característica básica do Chi, Energia, ou Vento. O Chi fica variando sempre entre aqueles dois estados polares de forma gradual; às vezes as nuances são diferentes, mas sempre um dos princípios irá dominar, enquanto o outro irá se recolher.

Sem saber da existência dessas duas Leis não entenderemos como o microcosmo funciona, nem mesmo como o macrocosmo age. A compreensão disso irá nos ajudar na avaliação do estado de um paciente.

A GERAÇÃO DOS MOVIMENTOS

Existe um conceito que se deve ter em mente quando falamos de Energia e de suas manifestações, e isso tem a ver com a posição espacial das energias, ou melhor, dos movimentos.

Os Taoístas dizem que o Céu-Yang, Pai, quando procurou a Terra-Yin, Mãe, pela primeira vez, foi gerado o movimento da Água, ao Norte, filha. Na primeira vez que a Terra-Yin procurou seu "marido", foi gerado outro filho, o Fogo, ao Sul, e assim alternadamente foi gerado: a Madeira, na segunda "procura" do Yang do Céu; o Metal, na segunda vez que o Yin da Terra procurou seu par, e, por fim, foi gerada a Terra como última manifestação do Céu (Figura 6).

O Pai, quando está preparado para a geração, carregado de um princípio gerador Yang, volta-se para a Mãe e despeja esse potencial e suas características na direção dela, polarizado em sua aparência Yin, gerando, no final, algo com as características internas dele e com a aparência externa dela. Ao contrário, quando esse potencial gerador Yang está a cargo da Mãe, tudo irá ocorrer de forma contrária. Assim os "filhos" são gerados.

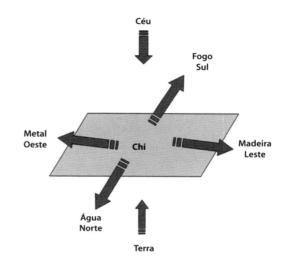

Figura 6. Diagrama do Rio Lo adaptado para a terceira dimensão.

Os movimentos da energia parecem se suceder e se gerar mutuamente, mas o que acontece é aquela mudança, ou mutação, de um estado para o outro devido à ação do Yang sobre o Yin e vice-versa.

O Yin é a "coisa" matriz que sofre a ação (Figura 7), enquanto o Yang é o agente transformador, quem "manda fazer".

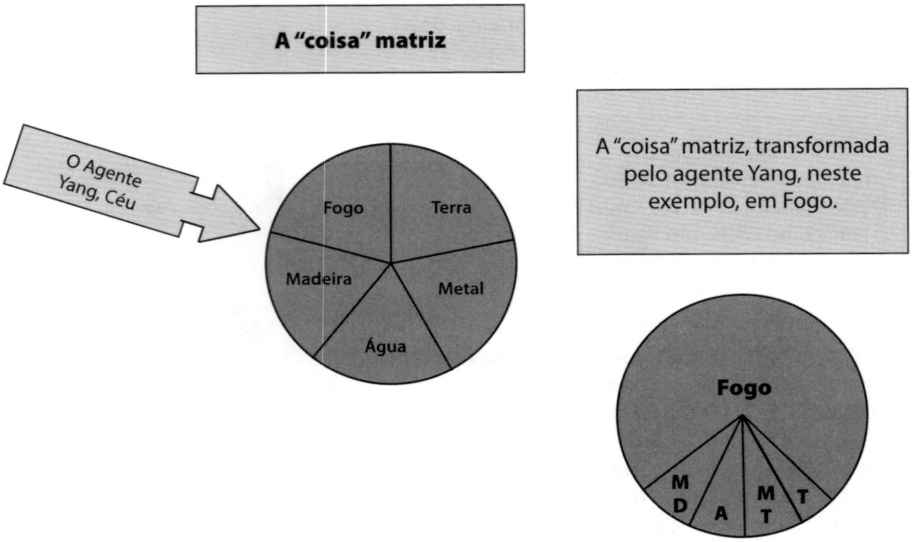

A "coisa" matriz

O Agente Yang, Céu

Fogo
Terra
Madeira
Metal
Água

A "coisa" matriz, transformada pelo agente Yang, neste exemplo, em Fogo.

Fogo

MD A MT T

Figura 7. A "coisa" matriz e o agente transformador.

Quer dizer, as "coisas" são sempre constituídas de duas partes: a coisa material e a imaterial, que, neste caso, apresenta-se como agente transformador. A "coisa" tem em si todas as diferentes potencialidades em seu bojo, ou seja, Fogo, Terra, Metal, Água e Madeira. E o agente irá atuar sobre ela variando sua intensidade. Assim, quando sua influência estiver plena, ativará na "coisa matriz" o potencial do Fogo. Diminuindo sua intensidade até o mínimo, o potencial a ser ativado será da Água.

Para simplificar, o que se verifica é um movimento ondulatório de Yin para Yang e vice-versa em uma graduação natural. Assim aparecem todas as nuances entre estes dois pontos.

O polo em que o Yang prevalece tem um potencial muito elevado desse tipo de movimento. Nessa qualificação, o Fogo se iguala a ele: seu maior calor agita, ilumina, faz mexer, expande, é centrífugo e, frente aos outros, garante a ele este lugar.

No polo contrário, o Yin prevalece pela diminuição da ação do Yang, onde se reúne um potencial muito alto daquele tipo de movimento. Nessa qualificação, a água se iguala a ele, pois abarca em si a maior quantidade de semelhanças com este movimento, ela esfria, é centrípeta, move-se para baixo, para lugares cada vez mais escondidos e escuros. Por isso, representa melhor este outro polo.

No meio do movimento de Yin, Água, para Yang, Fogo, encontra-se a Madeira, que representa o início do movimento em expansão, agitando-se, após o recolhimento natural proporcionado pelo movimento Água. No meio do movimento de Yang para Yin, surge o Metal, que é o que representa o início do movimento de recolhimento, concentração, após a expansão natural proporcionada pelo movimento do Fogo.

Quem conhece um pouco de MTC sabe que são cinco os movimentos e deve estar se perguntando sobre a Terra. Antes de explanar sobre o assunto, veja o exemplo do relógio com pêndulo (Figura 8).

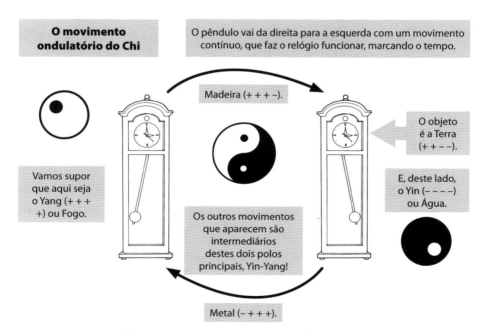

Figura 8. O movimento ondulatório.

Por resultado das duas Leis do Universo, o pêndulo se moverá de um lado para o outro, entre Yin e Yang, um no máximo e o outro no mínimo. Diz-se que o que domina o ambiente ficará velho, enquanto o outro será jovem. O velho enfraquece e o jovem dominará, levando o pêndulo ao polo oposto. Quando ele estiver em seu máximo ficará velho, e o outro ao se tornar jovem inverterá o processo.

Este efeito mola se repetirá sempre, no caso do pêndulo cósmico, *ad eternum*. Lembre-se: os dois movimentos nunca deixam de existir, um estará expandindo ou expandido, enquanto o outro estará contraindo ou contraído.

Agora, falemos sobre a Terra. O pêndulo é a Terra e o relógio também, ela é a coisa ou o objeto que sofre a ação e está à mercê dos dois polos, Yin ou Yang. Ela é o veículo da ação destes dois. É dito que está no centro, pois tudo gira em torno dela, mas ela não está parada, como muitos dizem, ou neutra; o que ocorre é que ela tem dois movimentos e eles são antagônicos, iludem o observador que pensa que, por isso, está parada. Meu Mestre dizia: "É aquele efeito parado do eixo da roda de uma bicicleta ou de um motor, mas se você colocar a mão lá para se certificar de que estão parados, os dedos vão-se embora!".

Os movimentos da Terra são: centrífugo e centrípeto, um que move para fora e age como Yang, enquanto o outro se move para dentro, como o Yin. Assim, a Terra irá alterar qualquer energia que chegue até ela, afetando o sentido daquela força. Ela faz com que as coisas fiquem sempre se mexendo dentro de certos limites. Por isso, é muito importante a saúde da Terra em nós. É como uma boa mãe que, vendo seu filho muito parado, amuado em um canto, o manda brincar; mas, se ele está muito acelerado, agitado, manda ficar um pouco quieto, para baixar o Fogo. Isso é alterar o sentido da força, pois esta é uma força neutralizante (Figura 9).

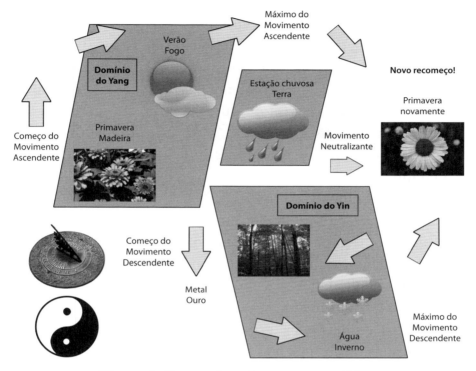

Figura 9. Os movimentos e seus sentidos.

Além disso, existe a distinção entre Terra-Mãe e Terra-Filha, uma universal e uma particular. Também uma delas é uma força celeste que não tem na realidade uma forma material, apesar de indicá-la, enquanto a outra é necessariamente algo material.

Muita gente coloca a Terra apenas em uma posição central, em relação aos outros quatro movimentos, e se esquece de que esse centro, Terra, manifesta-se por deslocamento para cada um dos quatro cantos do plano onde estamos, o que justifica o que falamos de alterar o sentido do movimento das demais forças.

Na diagramação pós-natal do Pá Kuá, encontramos a existência de três Terras; Casa 5, central da Mãe Celeste; Casa 2, final do verão, época das chuvas; Casa 8, Montanha, época do degelo, ou fim do Inverno.

Em todas essas situações são encontradas manifestações da umidade natural da Terra. Na casa central, por definição, existe um Poço, Tsing, em relação com a Constelação que divide o Céu naqueles nove palácios do Feng Shui que se refletem no chão. Assim, temos Água e Terra em uma ligação extrema nesse local central. Em relação à casa de número dois, que pertence aos relacionamentos, encontramos a Terra associada ao princípio da geração e ao Vaso Extraordinário da Concepção, pois terra sem umidade não é capaz de gerar frutos e deixá-los suculentos. É a época das chuvas.

A casa oito da Montanha, lugar dos Altares e oferendas, é associada ao baço-pâncreas/estômago e à época após o inverno, quando o gelo será atingido pelo Yang em movimento ascendente, derretendo-o debaixo para cima, causando maiores fluxos de água na profundidade, liquefazendo rios e lagos que estavam congelados. É uma época de geração, basta ver quantos animais saem de suas tocas após o inverno com os filhotes.

Ainda existe, como manifestação da Terra em cada estação, um período na parte final desta quando chove mais. O Mestre Liu falava que esse período é de aproximadamente 10 dias, o que podemos confirmar após anos acompanhando as estações do ano e suas transições.

SOBRE AS ESTAÇÕES

Primeiramente, devemos entender que a cultura chinesa é muito diferente do pensamento do Ocidente. Aqui, nós nos baseamos no calendário com 365 dias no ano e, de quatro em quatro anos, temos um ano bissexto com 366 dias, já que o dia não tem perfeitamente 24 horas.

Já os chineses levam em consideração vários aspectos, os quais resultam em anos curtos e longos[2]. Por aqui, as estações do ano começam com o Solstício de Verão ou de Inverno e Equinócios de Primavera e Outono. Lá, essas datas são pontos de ápice da estação, ou seja, após essas datas, de Solstício e Equinócio, existe um declínio, começando seu fim. O ano deles começa na Primavera, quando o Sol e a Lua estão em conjunção em Aquário, e este ano é determinado (Cachorro, Tigre...) pelo trânsito de Tai Sui, um Planeta espelho de Júpiter que faz o reverso do seu movimento. Este trânsito, ainda feito no ano anterior, definirá aquele determinado animal para este ano. Mas isso merece um estudo à parte.

Cada estação do ano tem 73 dias e 75 minutos. Se multiplicarmos isto por cinco, teremos aproximadamente os 365 dias de nosso calendário. Aquele "1" que está na conta aqui embaixo representa o dia de solstício ou de equinócio. Isso acontece no inverno ou no verão e, depois, na primavera ou outono, 36 + 1 + 36 (Figura 10). Quer dizer que teremos 36 dias antes dos solstícios e equinócios e 36 dias depois, para formarmos uma estação completa (Ilustração 7).

Para que servirá isso? Os diagnósticos energéticos, em especial o do pulso, dependem de um conhecimento prévio das estações do ano, pois influenciam em nosso comportamento individual. Quer dizer: o pulso do Fogo no verão estará sofrendo influência positiva, enquanto o de Água terá sua força diminuída.

---

2. Encontramos no mesmo *O Pensamento Chinês*, em "O Tempo e o Espaço", sobre o ano religioso e o ano solar, que existem anos de 354 dias e doze meses intercalados com os de 384 dias e 13 meses.

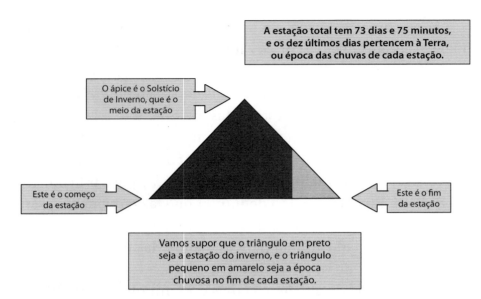

Figura 10. Exemplo de estação do ano – inverno.

O Espírito Yang do Céu, que é como o Metal, age como tal em determinada época, o outono, penetrando profundamente na Terra para ser acolhido por ela em suas entranhas e, no inverno, fecundando-a. Depois ela, Terra, é que irá procurar o Céu. Assim, temos as diferentes aparências que surgem na nossa natureza. O Yang se recolhe dentro da Terra no inverno, enquanto o Yin domina o ambiente externo; no verão ocorre o contrário, o Yang domina o ambiente exterior, enquanto o Yin retorna ao seu movimento normal, recolhido dentro da Terra (Figura 11).

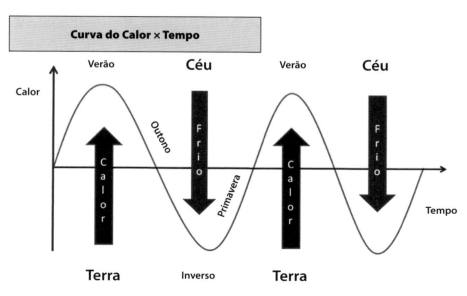

Figura 11. As trocas de influências entre Céu e Terra.

Dá para ver, neste gráfico, que existe uma aproximação dos dois, o Céu se aproxima da Terra e a Terra do Céu. Essa aproximação acontece também nos vários períodos de tempo – dia, mês, ano, ciclo de 60 anos e no período maior de 29.600 anos[3] –, o ciclo completo de tempo chinês.

As aproximações mais fáceis de sentir acontecem ao meio-dia/meia-noite, às 6 da manhã e às 6 da tarde. Nesses horários, ocorre um número maior de trovões e relâmpagos e também de chuva; é só pensar em sair de casa nas horas que está chovendo. Para complicar, é a hora do *rush*. Este encontro altera nosso comportamento, deixando-nos muitas vezes atrapalhados, o caos implantado. Quem vive numa grande metrópole, sabe. Existem aproximações intermediárias a cada três horas depois de cada um deles. Em outras culturas, esses horários são associados a "acontecimentos" e demandam atividades específicas; por exemplo, o badalar dos sinos nas igrejas, rezar...

---

3. Precessão dos Equinócios, tempo igual a 25.800 anos, aproximadamente.

Existem também dois encontros mensais de difícil observação. Nessas noites, as crianças mais novas demoram a dormir ou têm o sono muito irrequieto e os cachorros ficam latindo a noite inteira, sem qualquer motivo.

Como pudemos observar em textos sobre as épocas do ano, existe uma preocupação com o deslocamento da água, de como ela se comporta frente a uma atuação do Yang ou da não atuação deste sobre ela. Quando o Yang agita a "coisa" água de acordo com sua natureza quente, ele faz com que ela se transforme em vapor, subindo. Se esse Yang deixar de agir, em detrimento da atuação do Yin natural daquela coisa, ela se transformará em gelo. Assim, existe um deslocamento desta "água", que é o alvo principal do agente transformador ao longo do ano. No verão, teremos aquela quantidade de água sob influência do calor que subiu na forma de vapor para o céu. Esse se condensará depois na forma de chuva e cairá, e, no final de algum tempo, não haverá mais tanta água na forma de vapor no céu próximo. Quando chegar o outono e o Yang se recolher para dentro da Terra, o pouco de água que restou cairá na forma de geada, e aparecerá na forma de nevoeiro também; a seca irá reinar. Deu para perceber o que ocorre? O Yang diminui, a natureza esfria, a água retorna ao seu estado natural, pesada, move-se para baixo e se esconde dentro da Terra.

No inverno, haverá um resfriamento mais amplo ainda; a neve cairá, retirando o que sobra de água deste que chamamos de céu próximo e tudo estará congelado, os lagos e rios e até mesmo parte do mar.

Com o fim do inverno, a água retornará a fluir e ocorrerá o degelo; na primavera, a água começará seu retorno ao alto, pois o Yang que se recolheu no interior da Terra sairá lentamente, e, de dentro das plantas, a água começará a se manifestar na forma de brotos em expansão, ocorrerá o aumento gradativo das folhas e, por fim, a sua plenitude no verão. No fim do verão, e como o máximo do Yang já foi atingido, ele irá novamente diminuir, fenômeno conhecido como canícula. Tudo estará repleto de água, água expandida, os frutos estarão cheios desta água que os tornará suculentos e que, depois, os fará cair devido ao peso.

Para resumir os movimentos, teríamos:

- O Fogo é o máximo do movimento, para fora e para cima, melhor até em cima, lá em cima;
- A Água é o máximo do movimento, para dentro e para baixo, melhor até embaixo, lá embaixo;
- A Madeira é ligada ao movimento que vai para fora e para cima;
- O Metal é ligado ao movimento que condensa, adensa, vai para dentro, indo para baixo;
- A Terra é o objeto em que os movimentos se apresentam e que tem em si o movimento centrípeto e o movimento centrífugo, que age como um regulador, um neutralizador dos outros movimentos, mudando sua direção. Dessa forma, ela age em um momento como o Yang e em outro como Yin.

Esses movimentos são os padrões gerais de normalidade; não quer dizer que todos se comportem dessa maneira sempre, pois sofrem influências dos outros movimentos, do tempo, do lugar etc. Veja a Figura 6 e imagine que tudo pode se misturar.

Se utilizarmos o conhecimento sobre as estações do ano para entender os pontos intermediários desta igualdade, ficará mais fácil: em um deles, estamos nos deslocando para o inverno e, no outro, estamos nos deslocando para o verão. O meio do ponto da parte intermediária ocorre em uma data chamada de Equinócio de Primavera e/ou Equinócio de Outono.

GERAÇÃO E CONTROLE

Por meio das estações do ano[4], fica muito mais fácil de entender os movimentos que geram o Fogo, a Madeira etc. São os mesmo movimentos que geram as estações. No verão, o calor aparece e tudo fica mais claro; dá vontade de se movimentar, as frutas ficam mais gostosas, mas não tanto ainda... No inverno esfria, tudo fica mais escuro, os dias são mais curtos, a noite mais longa, falta alimento. Em especial no Hemisfério Norte cai neve, você tem que se recolher mesmo, mas no Hemisfério Sul a coisa não é tão radical.

Mas o que acontece é aquela transformação da partícula matriz devido à ação do agente transformador Yang. Isso faz com que a matriz-hora assuma de forma cíclica as diversas características que vão resultar nas diversas aparências da Energia: Fogo, Terra, Metal, Água e Madeira (Figura 7). Cada uma delas leva consigo um cabedal de informações que constituem essas aparências nas mais diversas formas e circunstâncias. Quando a matriz está polarizada em uma determinada aparência, ela fica carregada de uma potência. A Madeira apresentará uma força ascendente, renovadora, impulsiva, transformadora por natureza, fará o renascimento daquilo que estava em potencial durante ou sob influência da água.

Assim, fica mais fácil entender as mutações cíclicas a que se costumou chamar Geração. O Fogo vai se transformar em Terra por este entendimento, sem aquelas divagações simplistas, "depois de pegar fogo a coisa vira cinza, que é a Terra" – esta explicação poderia até ficar melhor se a pessoa usasse o exemplo de um vulcão que é "Fogo" e que gera[5] a Terra, como é possível constatar na geração das ilhas do Havaí, por exemplo. O que fica

---

4. Ver *O Pensamento Chinês*, sobre os emblemas.

5. Igni Natura Renovatur Integra. Pelo fogo, a natureza é renovada inteiramente.

escondido é que esse mecanismo só é possível se tivermos a própria Terra, sendo transformada, aquecida e gerando a si mesma. A teoria parece ser meio falha, mas, se a pessoa entender que existe a partícula matriz, ela consegue se justificar plenamente.

A simplificação excessiva de determinadas coisas só faz a distorção ficar a cada dia mais acentuada. Se os princípios já não são tão mais desconhecidos, é necessário elevar a apresentação destes conceitos e não rebaixá-los cada vez mais.

Agora, fica mais fácil entender o porquê de cada uma das gerações. O Fogo gera a Terra por ser ele um fenômeno cíclico natural, emblemático, que encontramos todos os dias: o dia se sucede à noite. O verão se extingue com o período chuvoso; o outono, o inverno e a primavera, nada é tão simples quanto isso. As nuances destes fenômenos podem fugir à compreensão do homem de hoje, mas é algo que, aos olhos das pessoas que dependiam exclusivamente de seus conhecimentos sobre a natureza é facilmente reconhecível. Devemos entender os mecanismos que regem nosso entorno para podermos sobreviver às suas ações.

Muitas pessoas dizem: "A ação do homem não está alterando o meio ambiente...", mas, como o ciclo natural é muito grande para termos uma visão sobre o meio ambiente, nós não temos base para analisar realmente o que está acontecendo. Um ser humano vive em média, hoje, aproximadamente 70 anos, e o ciclo básico é de 60 anos. O ciclo grande vai além de nossas civilizações mais antigas, quer dizer que não há registro sobre os fatos de épocas remotas.

A forma mais simples do mecanismo de Geração é exposta a seguir e não deve ser entendida como um dogma inalterável. Ao contrário, ela sempre deve ser entendida como "relativa", devido à atuação das demais forças em cada um dos pontos. Assim, o Fogo gera a Terra (Figura 12).

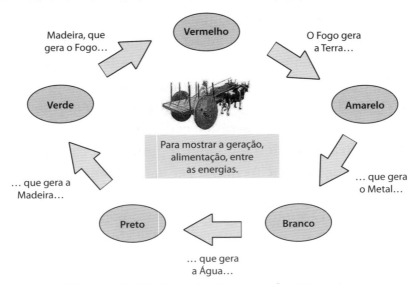

Figura 12. O Ciclo de Geração das Energias.

Além disso, há os movimentos antagônicos, que tentam se anular, conhecidos como Destruição ou Controle (Figura 13). Essa visão é bem simplista, pois, na realidade, os movimentos são aparências do Chi. Desta forma, existem também a Contrageração e a Contradominância, assunto que poderá ser estudado em outra ocasião.

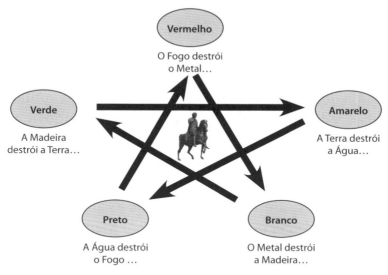

Figura 13. Ciclo de Controle.

No tocante à dominância, é até preferível utilizarmos o termo "anulação", pois o método requer a noção de que cada um dos movimentos tem em si uma direção em sua atuação. Assim, a madeira tem, como foi visto anteriormente, uma direção, que é a de conduzir o movimento para cima, enquanto seu movimento antagônico ou contrário, metal, tem seu movimento para baixo. Assim, os dois se anulariam.

A força de controle, no entanto, só ocorre se as grandezas forem relativamente equivalentes. Se isso não ocorrer, o que percebemos é o contracontrole, ou seja, o Metal nem sempre tem a capacidade de alterar o movimento da Madeira, em especial se existe uma quantidade, uma influência maior deste movimento frente a seu dominador natural, o Metal. A contrageração, por outro lado, ocorre por um mecanismo também natural, mas primeiro deve ser expandida a visão para o entendimento necessário desse assunto. Não é o caso de apresentá-lo neste livro introdutório.

Vamos dar um exemplo bem fácil do Controle. A Madeira pode ser associada perfeitamente a uma árvore e o Metal, à pedra ou aos minerais (Figura 14). Estes dois elementos, a Madeira e o Metal, formam um casal, e, no fundo, têm um desejo intrínseco de consumir um ao outro (já viram aqueles casais que passam a vida inteira juntos e, depois de muito tempo de convívio, eles ficam um com a cara um do outro?). É por aí, um anula, retira as arestas, reduzindo as diferenças entre eles, e tudo fica muito parecido, perdendo as suas particularidades.

O Metal, por representar o movimento Yang do Céu que age fortemente sobre qualquer coisa, busca imprimir sua vontade sobre a Madeira, que é Yin[6], alterando-lhe a particularidade. Daí, temos a Dominância ou o Controle que o Metal exerce sobre a Madeira. Se plantarmos uma árvore em um terreno muito árido ou pedregoso, características do Metal, ela não se desenvolverá de forma normal, mas, se for plantada em terra cheia de nutrientes, com a umidade adequada, ela se desenvolverá normalmente, pois irá buscar na terra o que ela mais precisa.

Figura 14. Árvore em terreno rochoso.

---

6. Tudo deve ser compreendido de forma relativa e também levando-se em conta o casal de que estamos falando. Assim, quando nos referimos ao casal Metal-Madeira, o Yin, sendo o segundo aqui mencionado, está em relação ao primeiro Yang. Em outros casos, quando falamos do casal Madeira-Terra, a Madeira, neste caso, será Yang, enquanto a Terra, Yin.

Vamos aproveitar para ligar um ponto ao outro. Da mesma maneira que existe esse controle do Metal sobre a Madeira, existe um controle da Madeira sobre a Terra pelos mesmos motivos: eles formam um casal. É assim que funciona. A Madeira ama a Terra, por isso a consome, suga tudo o que lhe interessa como aquela árvore citada anteriormente. Se plantarmos qualquer espécie em um vaso, a planta que estiver ali irá, depois de algum tempo, absorver totalmente a Terra existente naquele vaso. Neste ponto, algo de muito interessante acontece. A Terra do vaso vai virar Madeira, perderá sua individualidade, se tornará o outro, como aquela história do casal que vive muito tempo junto.

A Terra, por sua vez, adora a Água, ela a assimila e, sem essa umidade proveniente a Terra, não terá vida, não será ela mesma, não poderá gerar a forma, pois isso depende da umidade adquirida. Se olharmos a casa central do Pá Kuá, encontraremos o Poço cavado na Terra, mas que gera Água. Essa é uma ligação muito importante sobre este relacionamento. As duas senhoras geralmente são confundidas, elas se misturam, quase não têm nenhuma diferença entre si, só que uma é fluida e a outra estática. Talvez seja esta a única diferença mais significativa; os outros atributos são muito parecidos. Se não houver Fogo dentro da Terra, mesmo que pequeno, nada acontecerá, a vida não existirá. Nem mesmo a Água pode ser unida à Terra, pois o Fogo é o agente que permite a aderência de um ao outro!

No caso da Água, que controla o Fogo, as coisas são mais óbvias. Sabemos que, para apagar o Fogo, usamos a Água, mas os dois movimentos são antagônicos, um é o ápice de cima e a outra é o ápice debaixo. A Água, por ser fria, quer o calor, enquanto o calor ama o frio, sua parceira. O fixo ama o volátil e vice-versa. Como o Fogo necessita de algo para queimar e a Água não fornece isso, a não ser se for desmembrada em hidrogênio e oxigênio, ela não pega fogo. O que pode acontecer é ele aquecer a Água até que esta evapore...

Quanto à oposição entre o Fogo e o Metal, podemos dizer que o primeiro derrete o segundo, mas o Fogo tem um movimento ascendido, enquanto o Metal é descendente; um segura lá em cima, o outro puxa para baixo, entre as muitas outras formas de controle que um pode fazer sobre o outro. Outro ponto que devemos ressaltar, no entanto, é que uma peculiaridade do Metal é a de concentrar, fazer unir, condensar. Tudo isso é antagonizado pelo Fogo, que separa, em vez de condensar, gerando a Água, papel fundamental do Metal no ciclo de geração. O Fogo atua de maneira a evaporar, ferver, dissolver. Outra coisa a considerar: os dois, Metal e Fogo, também podem ser entendidos como um pacote. Os dois pertencem às forças mais Yang, fazendo um par Yin-Yang. No entanto, amando-se e se odiando também. Esta informação será adotada para a compreensão dos Pulsos Radiosos ou da Lei de Marido e Mulher, assunto a ser aprofundado futuramente.

Dessa forma, podemos entender um pouco mais sobre as relações de Geração e de Controle. Nos casos em que há contrageração, existe uma hierarquia, em que a mais importante, como ressaltava meu Mestre, é a da geração do Metal pela Água, muito utilizada na MTC. A respeito da contradominância, fica fácil de entender quando temos um aumento do princípio que é controlado, quer dizer que, se o Fogo que naturalmente controla o Metal estiver em quantidade inferior ao Metal, ou se o Metal em relação ao Fogo for muito maior, aquele gastará este, o Fogo se esgotará tentando fazer seu controle sobre o Metal, ele não conseguirá fazer cessar o movimento descendente natural do Metal.

OS TRÊS PLANOS DA ENERGIA

Com tudo isso em mente, já podemos falar nos três lugares, ou planos que apareceram em decorrência de existir uma separação natural das Energias, ou seja, em cima o Céu, embaixo a Terra e no meio, onde moramos, o lugar do Chi, resultante da interação desses dois princípios, onde aqueles dois se manifestam em conjunto. Isto é importante saber, pois explica como são geradas as coisas nesse Plano de existência onde moramos e também nos dois ambientes ligados aos Pais.

As manifestações nos três planos se diferenciam basicamente por estarem ligadas a um desses planos e também devido aos fluxos de Chi que nos atravessam, de forma cíclica, dando a entender que existe uma linha de tempo, uma realimentação sazonal das movimentações da energia. Dessa forma, a Água que foi gerada no princípio será ciclicamente gerada como se ela fosse uma onda direcionada ao norte e que voltará, como quando jogamos uma pedra no meio de um lago. Em um momento ela vai para a beirada e, a seguir, retorna ao centro, assim como o esquema do Rio Lo, que explicava a geração dos movimentos de acordo com as movimentações do Céu em direção à Terra e vice-versa (ver Figura 8).

OS TRÊS NÍVEIS OU CAMPOS DE ATUAÇÃO DA ENERGIA

Existem três níveis em que a Energia pode atuar e ela age de forma específica, ou seja, sob a ação de uma das aparências da Energia (Fogo, Terra, Metal, Água e Madeira). O plano reage de forma a gerar algo que aparentemente é diferente do que será gerado em outro plano sob a mesma influência.

Vamos lembrar do que já foi falado. Veja a Figura 9 sobre como as aparências da energia surgiram, Madeira, Fogo, Terra, Metal e Água. O Céu, em sua primeira busca pela sua parceira Terra, gerou a Água ao norte, fazendo com que esse setor se encarregasse dessa polarização Água e de todas suas características específicas, tais como o frio, o escuro, o movimentar para baixo, todos criados de acordo com esta vibração. No I Ching, encontramos a menção sobre o Trigrama Água como o "Abissal", que carrega em seu significado tudo o que associamos a essa manifestação da energia.

O retorno temporal cíclico daquela influência carrega em si todos os atributos da Água e se desloca e se comporta como um vento que se chama "Guam Mo", vasto e desértico, que criou o Setor Norte, irá agora, com seu retorno, ao centro. Este local onde nos encontramos pode ser qualquer lugar que sofra tal influência, um "algo" ou um "alguém" também. Esse local que é regido pela Terra e também é o local de concretização, ou melhor, de "cristalização" da energia, fará com que tal local reaja de forma a gerar formas que estejam em acordo com a energia que chegou, daquele vento, mas, como existem três setores nesse local, a energia criará coisas diferentes (Figura 15).

A onda polarizada inicialmente pela energia da água, ao chegar aos confins do Universo, retornará e agirá naquele ponto de partida central, cristalizando as formas relativas àquela energia.

Assim, a onda gerada pelo Chi com aparência de Água irá gerar naquela direção norte todas as coisas dessa natureza específica, e, ao retornar ao centro, irá gerar, ali ou onde estamos, as coisas dessa natureza, como a própria água, e assim por diante.

Figura 15. O movimento ondulatório da água.

Dessa forma, a energia da Água agirá no ambiente Céu, de forma a criar algo polarizado nessa Energia, mas com características exclusivas do ambiente celeste. Assim, será gerado um planeta com as características da Água, ou seja, Mercúrio. A Lua também é associada à Água, bem como o Sol ao Fogo.

Já no ambiente Terra, a mesma influência que chegou irá gerar toda a Água que corre no Planeta Terra, o inverno, o frio, as regiões escuras de nosso planeta etc.

E, por fim, no ambiente intermediário onde habitamos e onde somos os regentes, a influência da Água irá criar os sistemas dos rins, ossos, medula, tudo aquilo que está em conformidade com ela. E também pode se recriar e se alimentar, ressaltar, reforçar...

O processo cíclico é resultado também desse tipo de movimentação, expresso pelo movimento de um Vento dominante naquele momento, ou seja, ele é resultado do movimento do Chi. Assim, o inverno é criado pelo Vento Guam Mo, vasto e desértico; o verão, pelo Vento Jing, brilhante; o outono, pelo Vento Changhe, Grande Fechamento; Buzhou, Feito, a primavera, pelo Mingshu, luminoso e límpido; Quingming, puro e luminoso, a época das chuvas, pelo Vento Liang, fresco, e Tiao, terminar[7].

Assim, todos os setores serão influenciados e influenciarão uns aos outros. Por isso temos, por exemplo, em nossos corpos, os pontos de natureza que são todas as cinco manifestações da energia em cada um dos meridianos. As tabelas encontradas em muitos livros somente apresentam o resultado final daquele tipo de entendimento e o que lá aparece tem a ver com o tipo de influência que gerou aquela forma, planeta, ou alimento, animal, direção, cores etc.

---

7.   As regiões em número de oito formam o Pá ou Bá Guá, oito lados, e estão associados às direções e também às épocas do ano. Portanto, a Terra, a Madeira e o Metal possuem duas direções: a Terra nas casas dois e oito, Terra e Montanha, além do centro, são claros; a Madeira com casas três e quatro, Trovão e Vento, e finalmente o Metal com as casas seis e sete, com Céu e Lago.

No caso do Vento Jing, brilhante, por exemplo, o resultado seria o que apresentamos na Figura 16, em que a influência demonstrada é a do Fogo, e todos os sistemas criados são produto desta manifestação; no ambiente Céu teríamos o próprio Sol, bem como Marte, sendo criados ou realimentados, pois o sistema é cíclico. Nem o Sol, nem Marte sumiriam do Céu pela simples mudança do Vento que chega ou que vai embora. No caso do ambiente Terra, teríamos o Fogo que acomete a Terra, enquanto em nós temos todos os vasos sanguíneos, o coração e o intestino delgado, além do Triplo Aquecedor e o Pericárdio também.

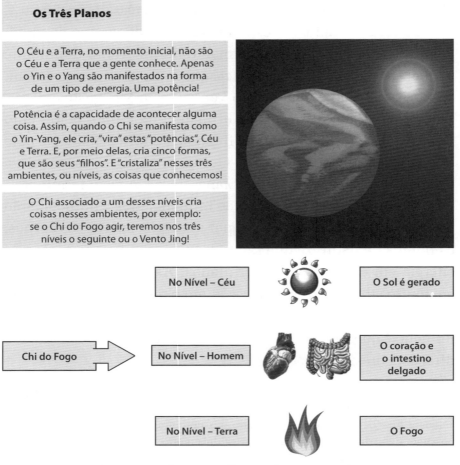

Figura 16. Os Três Planos da Existência.

Isso justifica as influências sazonais sobre os sistemas internos do homem, já que somos formados pelas mesmas energias e, portanto, suscetíveis a cada uma das variações encontradas na natureza. O sistema alimentar leva em consideração essa forma de pensamento, só que este sistema leva em consideração não só uma energia, como se pode observar. Dentro do Fogo existem todos os outros movimentos, e o alimento pode ser de uma natureza fria ou quente e carregar dentro de si um movimento descendente, neutro, expansivo ou ascendente que altera sua influência. Aquilo que, para o nosso entendimento ocidental, é direto, para essa cultura clássica existem nuances que devem ser observadas.

O PÁ KUÁ, OU BÁGUÁ

Figura 17. O Pá Kuá com o Diagrama Pré-Natal, ou Fu Xi.

Pá Kuá, ou Oito Lados, é uma das bases do sistema sobre o qual estamos falando. Portanto, devemos mencioná-lo antes de continuar. Ele foi percebido há muito tempo na China por um homem que é um dos imperadores mitológicos de nome Fu Xi. Foi ele quem o sentiu, percebeu, visualizou, observou. Alguns falam que foi nas costas de um cavalo extraordinário, outros falam de uma tartaruga que possuía em suas costas um padrão desenhado; em forma de manchas, quando falam do primeiro animal, ou aqueles desenhos no casco do segundo. Além de perceber o funcionamento do Universo, Fu Xi ensinou o homem a cozinhar os alimentos, a fazer a rede de pesca, a domesticar os animais; apresentou um sistema em que o Universo se divide conforme um mesmo padrão. O Pá Kuá, em seu diagrama pré--natal, revela uma disposição ligada ao Todo (Figura 17).

Fu Xi, como se conta, também "subiu em uma montanha" e determinou a relação que o Universo tem com o mundo em que vivemos. Ao ler *O Poder do Mito*, podemos encontrar esse tipo de manifestação como algo comum aos Xamãs, ir a uma determinada montanha no centro do mundo e ver o que acontece em volta.[8] Desta forma, Fu Xi determinou uma variedade de coisas e nos deixou os Trigramas e, até mesmo, os hexagramas do I Ching.

Ele dividiu o terreno a partir dessa montanha em oito setores, atribuindo a eles significados emblemáticos que nos acompanham até hoje. O Feng Shui está aí para confirmar[9] isso. Cada um dos setores indica um movimento de energia que foi resumido como aqueles cinco já mencionados.

O Pá Kuá é um sistema cíclico que acompanha a natureza, pois é proveniente dela. Suas oito casas representam esse ciclo e se estendem a outros setores de nossas vidas por ser uma verdade fundamental. Encontra-se isso também na Quiromancia Chinesa, no já mencionado Feng Shui, nos diagnósticos da MTC e na conformação energética de cada um de nós, que pode ser entendida desta mesma maneira. Utilizamos para isso o diagrama do pós-natal (Figura 18). A movimentação entre o Céu e a Terra

---

8.   Ver *O Poder do Mito*, de Joseph Campbell.

9.   Como diz Gustaaf, "A Constelação de Gêmeos, ou Tsing, o Poço, é que dá esta divisão espacial."

pode ser demonstrada por esse "quadrado mágico[10]", também utilizado por monges taoístas em seus passos para reorganizar o Todo.

A conformação que utilizamos é a do "Céu Posterior". Essa forma é atribuída a um homem que viveu por volta de 1070 a.C. na China. Também podemos nos referir a esta forma como Wen Wang, ou Rei Wen, nome atribuído a uma reforma nos parâmetros apresentados por Fu Xi. Inclusive, atribui-se a ele a escrita do texto básico do I Ching.

Figura 18. O Pá Kuá na disposição pós-natal, ou Wen Wang.

Essa forma é a que normalmente se utiliza no Feng Shui. Estamos utilizando essa referência muitas vezes, pois é algo já bem divulgado no Brasil.

Gostamos da associação de que o Diagrama do Pré-Natal, ou Fu Xi, está para um relógio (Figura 19) ditando as regras a

---

10. O diagrama segue o Sete Estrelado, ou as Plêiades.

FILOSOFIA DA MEDICINA TRADICIONAL CHINESA

ser seguidas, mostrando tudo o que se precisa saber para podermos nos localizar quanto ao tempo, e para os ponteiros, que informam sobre um determinado tempo, o que, no caso, seria apresentado pelo Diagrama do Pós-Natal, algo mais próximo da nossa realidade. No pré-natal inexiste uma casa central, mas, no pós-natal, esta nos vincula ao eixo que faz os ponteiros se fixarem no centro do mostrador do relógio, é o "aqui". O que seria do relógio se não fossem os ponteiros?

Figura 19. Relógio – mostrador e ponteiros.

Um é o pano de fundo onde tudo se desenrola, e o outro o jogo que está acontecendo naquele momento.

Na China antiga, podia-se verificar a estação do ano simplesmente olhando a disposição da Ursa Maior no céu. É possível que o nosso relógio venha desse mecanismo celeste. Assim, existe uma relação de tudo o que estamos falando do microcosmo em que vivemos, sempre em função das influências do Macrocosmo (Figura 20).

Veja que estamos falando de um sistema integrado – o Céu, a Terra e o Homem –, que segue as mesmas regras. Dessa forma, não devemos desconsiderar as constelações, quando fizermos a transposição das regras que o povo chinês antigo criou para o Ocidente.

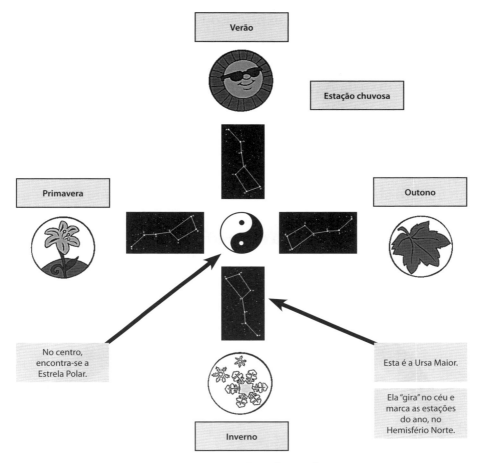

Figura 20. As estações indicadas pela Ursa Maior.

O fluxo de energia no sistema segue, como poderemos ver na Figura 20, uma órbita específica, subindo por um lado e descendo por outro. Neste diagrama, se o utilizarmos para demonstrar o fluxo de energia dentro do ser humano, a energia percorrerá a parte posterior em ascensão, enquanto na anterior, em descendência, o ciclo pode ser observado na ilustração a respeito do fluxo entre Lin Tai e Yin Chiao[11] (Figura 41).

---

11. Lin tai e Yin Chiao são o centro da morada do Espírito, Yang, e o Centro Yin, o primeiro localizado na cabeça e o outro no baixo abdômen.

As setas vão ajudar a explicar o Fluxo do Chi ao longo das Estações. Neste caso, vamos recorrer a substâncias assemelhantes: a água, o vapor e ao gelo.

Esse Fluxo da Água só ocorre porque existe um agente interagindo com ela, que é o Fogo, na forma de calor.

Duas coisas interagindo, Yin-Yang, Fogo e Água[12], e a quantidade de um em relação ao outro assegura que as coisas fluam e mudem sua aparência. As cores e os números que aparecem no quadro abaixo têm uma relação com a posição que assumem na disposição do Céu Posterior.

Outra coisa que ajuda a esclarecer ainda mais é a figura que mostra o ciclo das chuvas ou da água (Figura 21).

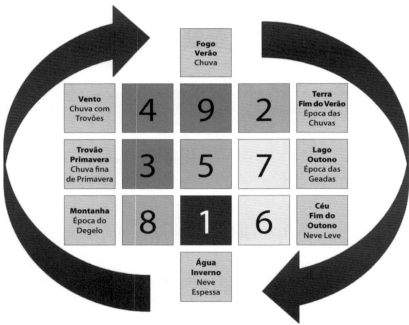

Figura 21. Diagrama Pós-Natal, com o Fluxo das Águas.

---

12. Começaremos a apresentar as duas facetas do Chi, Yin-Yang, pelo Yin, mas a seguir daremos um exemplo do Yang.

TRONCOS CELESTES E RAMOS TERRESTRES

Ainda há outros pontos a explorar em relação aos movimentos ou às aparências da Energia. Como existem cinco manifestações, movimentos, fases, aparências básicas que servem para mostrar as variações do Chi, essas irão se desdobrar quando estão relacionadas também aos dois ambientes primários que existem, o Céu e a Terra. Assim, existem cinco manifestações no Céu a que chamamos de Troncos Celestes, que também se desdobram em duas aparências, Yin-Yang. Portanto, são dez manifestações celestes.

Em contraponto à existência desses cinco pares de energias Yang do Céu, existem 6 pares na Terra; a diferença se dá com um casal importante e muito relevante no corpo humano conhecido como Fogo Ministerial, pois o outro Fogo agora passará a ser chamado de Fogo Imperial.

Este fogo secundário é proveniente do principal, assim como o Imperador, figura política central, possui um Ministro que lhe é secundário, e neste caso, falando sobre nós, ele é o portador dos Mandados do Céu, emitidos pelo Imperador, constituintes de um sistema de ancoragem do Fogo-Água dentro de nossos corpos. Isso se traduz por nosso Triplo Aquecedor e Pericárdio.

Os Troncos Celestes são binômios: Jia-Yi, Madeira; Bing-Ding, Fogo; Wu-Ji, Terra; Geng-Xin, Metal; Ren-Gui, Água. Os Ramos Terrestres são: Zi-Chou, Madeira; Yin-Mao, Metal; Chen-Se, Terra; Wu-Wei, Fogo Imperial; Shen-You, Água, e Xu-Hai, Fogo Ministerial (Figura 22).

Esses "caras", quando se juntam através de novos binômios, agora constituídos por uma Energia Celeste e uma Energia Terrestre, formam novas unidades, pois o Céu e a Terra devem sempre se juntar para formar o Chi; assim, quando, no primeiro momento, a Energia do Tronco Celeste da Madeira Yang, Jia, se junta com o Ramo Terrestre da Madeira Yang, Zhi começa um novo ciclo temporal. De forma encadeada, na ordem de geração das aparências da Energia, esses encontros irão gerar algo com características específicas, o que só se repetirá 60 anos depois.

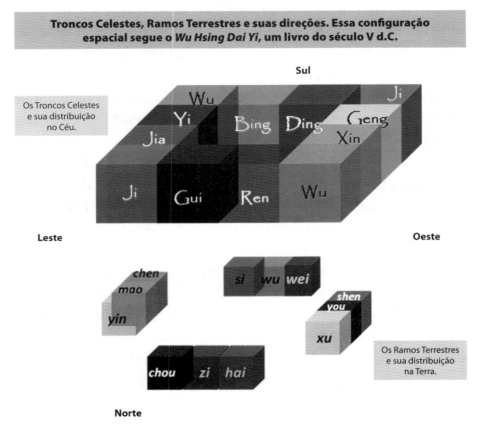

Figura 22. Troncos Celestes, Ramos Terrestres e as direções.

Esse período de tempo, 60 anos, é formado a partir do encadeamento das formas de energia e se dará de maneira que serão necessários 6 ciclos dos Troncos Celestes para cada 5 ciclos dos Ramos Terrestres. No final, 5 × 12 = 60 e 6 × 10 = 60, fechando o ciclo de 60 anos mencionado anteriormente.

Muito praticamente, segundo o Livro *Wu Hsing Dai Yi*, o Trigrama do Fogo, Li, é formado por uma trindade, You e Mao, terrestres, com Ji, celeste.

Na Medicina Tradicional Chinesa, isso se aplica para determinar quais energias estavam presentes no momento de nossa concepção e também para determinar em que momento se está, e como reagimos a tais influências. A Astrologia Chinesa é calcada nesse pensamento de fluxos de energias. Portanto, para cada um dos doze animais do "zodíaco"[13] chinês, existem cinco manifestações que os diferenciam.

Esse é um ponto a ser estudado futuramente, pois temos a certeza de que as observações feitas na China não se aplicam diretamente no Hemisfério Sul. Esse capítulo deve ser precedido de estudos de meteorologia e também de uma determinação mais bem feita, do que simplesmente inverter alguns conceitos. Para tanto, propõe-se que seja criado um novo calendário para o Brasil, que leve em conta um novo cálculo para a primavera (Ano Novo) como base para atuar corretamente.

COMO O CHI AGE EM NOSSO PLANO "TERRENO" E EM NÓS

O Chi possui características muito simples, pois seu comportamento sempre está baseado nas oscilações do Yin-Yang. Esta unidade indivisível se movimenta de forma contínua e naquela dinâmica explicada pelas duas leis: alternância entre Yin-Yang e expansão e recolhimento.

---

13. Essa é uma tentativa de se traçar um paralelo entre nossa cultura e a chinesa. Na realidade, não existe Astrologia, seria melhor Astronomia. E quanto à palavra "Zodíaco", seria mais acertado falar em divisões do Céu, pois o Zodíaco se refere ao trânsito do Sol pela abóbada celeste, enquanto, no caso chinês, isto não ocorre. O que se utiliza lá é o Equador celeste.

Dessa forma, o Chi, que é um "ente" único, sempre se apresentará sob essas duas aparências, ou melhor, nessas duas e nas demais simultaneamente. Na verdade, ele nunca deixa um dos movimentos descansando para começar outro, todos estão em constante e perpétua manifestação. O descanso a que estamos nos referindo deve ser entendido em um amplo sentido, pois um determinado movimento pode estar sendo ativado pelo Yin ou pelo Yang, ou mesmo pelos movimentos intermediários.

Isso parece, a princípio, impossível, mas não é. O Yin não anula o Yang. Eles se movimentam, trocam de lugar e alternam sua importância, pelo menos a relativa. É o que tentaremos tornar mais claro por meio de exemplos.

A movimentação da Energia

A MOVIMENTAÇÃO DA ENERGIA NO UNIVERSO E NO SER HUMANO

O Homem segue a natureza e, para entendermos o Homem, devemos observar o comportamento dela para conhecê-lo. Não observaremos todos os aspectos, só aqueles que nos interessam para o estudo, portanto, será uma explanação básica.

O sistema que estudamos está baseado em uma maneira muito antiga de entender a vida e o que nos rodeia. Os chineses que desenvolveram tal sistema estavam numa fase conhecida como Neolítica, ou da "pedra lascada", muito semelhante ao estágio em que se encontram nossos índios "não aculturados" aqui no Brasil.

Portanto, devemos ter em mente que muita coisa deve ser encaixada nos seus devidos lugares sob esta óptica: um povo antigo, observando aspectos da natureza que se refletem em seus costumes de cultivo de alimentos, na criação de animais, coleta de frutos da estação, pesca em determinadas épocas ou festejos associados a esses costumes. Quanto à mudança de moradia, apesar de já não serem mais nômades, há uma peculiaridade quanto ao lugar onde eles habitavam; antigamente, o povo chinês buscava se refugiar em cavernas ou mesmo no subterrâneo de suas casas, quando chegava o inverno. Isso estava calcado no conhecimento de que a energia Yang se desloca para dentro da Terra nesta época. Portanto, o homem deve acompanhar esse princípio para se sentir mais aquecido, ou mais vivo.

No Brasil, os índios também seguem a lógica de se adaptarem ao ambiente e ao momento em que vivem, diferentemente de nós, que somos "animais urbanos" e pouco aclimatados ao ambiente em que vivemos, pois temos tudo à mão, não necessitamos seguir nem conhecer a natureza. Assim, desconhecemos as fases da Lua, os períodos de seca ou chuva, identificados por alguma alteração nas nuvens e ventos, ou mesmo pelo aparecimento das estrelas em determinadas épocas. As únicas coisas que seguimos são os festejos referentes ao Natal, Ano Novo, Carnaval, Páscoa e Festas Juninas ligadas a tais eventos, mas escondidas sob uma visão étnico/religiosa estipulada por alguma entidade ou costume.

Quer dizer que o estudo a que estamos nos detendo não pertence a uma linguagem atual, mas podemos perceber que os fenômenos a que se referem continuam muito verdadeiros, apesar de estarmos distantes deles. As bases de nossas vidas não mudaram tanto nos últimos milênios, como poderemos ver, principalmente nessa área do conhecimento da natureza e de nós mesmos.

NATUREZA

Uma das primeiras coisas que gostaríamos de ilustrar é o movimento da Energia em nosso planeta Terra. Gostaríamos de chamar atenção para o fato de a Energia não se dividir de um lado em Yin e de outro em Yang. Ela continua atuando sempre sobre o mesmo indivíduo, independentemente de se referir ao planeta ou a uma pessoa; o Yin, portanto, atua conjuntamente com o Yang, só que em lugares diversos um do outro, ou seja, ambos transformam o lugar que dominam, ditando as regras de funcionamento para ele. No fim das contas, os dois são sempre princípios ativos.

Fica mais fácil de entender, observando-se a Figura 25, que exemplifica o deslocamento da energia Yin-Yang na Terra.

Para simplificar, vamos pensar que habitamos um planeta com um único hemisfério, e as energias irão agir de acordo com isso. Queremos deixar claro que as estações do ano só são possíveis pela existência da orientação do eixo terrestre a 23,5°, e é essa inclinação que nos influenciará afetando de forma diferente os dois hemisférios do planeta Terra, alternando as estações.

Com a observação da figura, poderemos tirar várias conclusões, mas a principal é: o Yin, por dominar o ambiente externo no inverno, influencia esse local de acordo com suas manifestações, ou seja, escuro, frio, faz recolher, úmido. No hemisfério a que se refere o Sistema, durante o inverno há neve, muito gelo. No Hemisfério Sul isso não ocorre, apesar de sentirmos os mesmos efeitos da energia predominante.

Em oposição a isso temos o Yang recolhido dentro do planeta, influenciando esse lugar com as suas peculiaridades. Isso quer dizer que, enquanto estiver frio na superfície, dentro estará quente, mais quente do que fora, agitado e em atividade, o que condiz com todas aquelas características Yang, com a vontade de se expandir, voltar a seu lugar que é no lugar de fora (Figura 23). Yin e Yang têm lugares de preferência. O Yang, por sua natureza expansiva, gosta de agir onde essas particularidades estejam mais afinadas[14]. Já o Yin, que é recolhido, prefere obviamente seu local, que é o lado de dentro, mas lembremos de que um sempre buscará o outro. Eles precisam um do outro para a reprodução ou geração de Chi, que é seu filho.

---

14. A Energia Wei defensiva atua, desta forma, com a energia Yang. Durante o período Yang, ela age, na superfície, enquanto, no período Yin, ela se recolhe no interior do corpo.

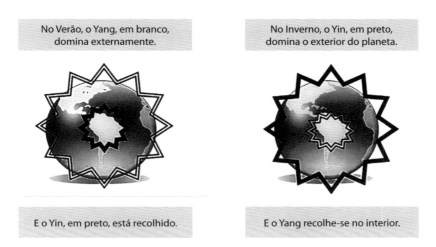

Figura 23. As energias Yin e Yang agindo no planeta.

A regra é única e pode ser observada nos mais diversos sistemas. Agora, utilizaremos uma árvore para explicar em um microssistema semelhante ao nosso, que é o ser humano, os mesmos movimentos da energia que ocorrem no planeta e na árvore, para demonstrar que o objeto, agora vivo, sofre com as diferentes energias, Yin-Yang. Em uma árvore isso fica muito mais fácil de enxergar, devido a sua manifestação acompanhar o ciclo pequeno de um ano, por meio das estações. Assim, em uma árvore sob a influência do inverno, teremos particularidades muito visíveis. Não que isso não aconteça em nossas vidas, pois este acontecimento "inverno" está associado ao fim de nossas vidas, à morte e, além disso, à ressurreição, fenômenos não muito fáceis de demonstrar quando falamos de um ser humano, além das crenças de cada um.

Como é sabido, em um inverno muito rigoroso como os do Hemisfério Norte, muitas serão as árvores sem folhas (apesar de existirem aquelas, como os pinheiros, que não perdem todas as suas folhas, aquelas folhinhas que se parecem com "agulhas") (Figura 24), pois elas caem no outono. Dessa forma, ela terá um aspecto seco, sem vida. Se adicionarmos a neve, muito comum nessa região, perceberemos que a energia Yin está atuando sobre o ambiente, frio, escuro, e com muita água na forma de neve e gelo. O Yang está muito fraco na superfície, por isso a água não se liquefaz.

Figura 24. O Yin e o Yang agindo sobre uma árvore.

Já no verão, a energia Yang atua mais no ambiente externo. A água se liquefaz e também evapora, causando grandes chuvas, recuperando todo o tipo de planta. Esse processo se inicia na estação anterior, na primavera, só que nessa estação as chuvas se intensificam.

Quer dizer: o fluxo de energia pelo "corpo" da árvore vai da raiz à copa (Figura 25), através do tronco; assim, enquanto o Yang no inverno estará agindo na raiz, o Yin agirá sobre a copa, dando-lhe aquele aspecto sem vida.

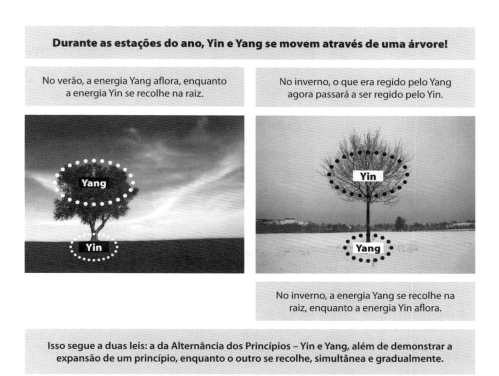

Figura 25. Movimentação do Yin e do Yang dentro da árvore.

Ao contrário, com o deslocamento da energia Yang de dentro da terra para cima e para fora, que culminará no verão, a árvore será restituída de aparente vida, seus brotos começarão a surgir na primavera. Como resultado dessa ação, as flores também aparecerão e, no verão, a copa estará novamente cheia de vida e folhas verdes; os frutos, se por ventura existirem, estarão em ponto de consumo. Somente no final da estação e de sua mudança para a época das chuvas é que eles estarão verdadeiramente suculentos, maduros (Figura 26). Depois disso, cairão e começará um novo retorno à raiz; as folhas cairão novamente e a árvore que estava "viva" terá a aparência sem vida novamente.

Figura 26. A árvore e sua manifestação de acordo com as estações.

De uma forma abrangente, demonstramos alguns dos muitos aspectos do fluxo da energia. Isso se aplica também ao nosso corpo (Figura 27). Antes de irmos adiante, devemos ampliar a noção sobre nosso posicionamento em relação ao Universo.

A Terra é dividida em quadrantes, áreas, mas elas estão ligadas ao observador e este está posicionado de forma que o Leste fique à sua esquerda, e o Oeste, à sua direita; na sua frente se encontra o Sul, e atrás deste, o Norte. Esse posicionamento deve ser observado em uma série de fatores, é cultural, e leva em consideração o deslocamento do Sol no firmamento no Hemisfério Norte. Não devemos, no entanto, mudar isto aqui no Sul, pois além de tudo esse posicionamento é global, por estar ligado às estrelas do céu e não só ao Hemisfério Norte. Além disso, devemos tomar mais alguns detalhes para podermos entender também o porquê de algumas situações que iremos desenvolver ao longo dos diagnósticos.

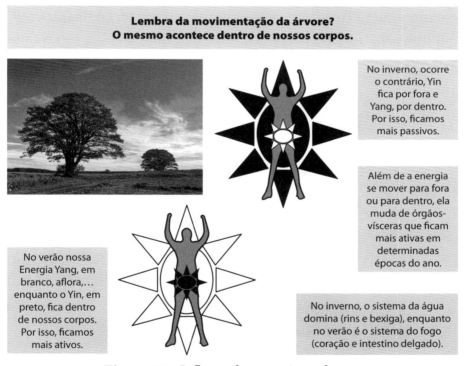

Figura 27. O fluxo da energia ao longo das estações no corpo humano.

Os detalhes dão uma noção do tipo de pensamento que rege a mente daqueles que criaram o sistema. Sempre devemos lembrar que é um sistema integrado, na qual o ser humano está inserido e não tem uma vida longe desses princípios, sendo influenciado por eles. Assim, como citado anteriormente, é uma sociedade neolítica, que depende totalmente do que acontece ao seu redor para providenciar alimentos, abrigo etc.

Aquele homem que percebeu e viveu esse sistema, notou que o Sol faz um tipo de movimentação no céu. Por exemplo, ao meio-dia o sol estaria posicionado mais para perto dele ou para mais longe, conforme os dias iam se sucedendo. No verão, se estivesse sob o trópico de Câncer, o Sol estaria sobre suas cabeças (Figura 28), mas, daí em diante, ele só se deslocaria para ficar mais longe do observador. O princípio vital se afasta dele até um ponto (Trópico de Capricórnio, contrário ao de Câncer)[15] em que estacionaria e voltaria. Desta forma, o calor estaria em seu máximo no verão e em seu mínimo, inverno.

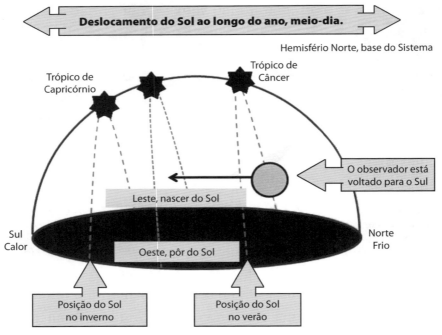

Figura 28. Deslocamento do Sol entre os Trópicos.

---

15. O Trópico de Capricórnio passa por São Paulo.

Como a parte da frente do observador está voltada para o calor, é óbvio constatar que às suas costas está o frio, é só lembrar-se do Polo Norte. Era o relógio que havia naquele tempo, tudo isso associado ao conhecimento das constelações que ajudavam a marcar o tempo e também a ditar o comportamento da sociedade e de seus costumes. Podemos observar isso ainda no Ano Novo Chinês, que ocorre quando Sol e Lua estão em conjunção em Aquário.

Esse conhecimento de que o Sol se deslocava de um lado ao outro, nascimento e ocaso, além dessa visão de que, ao longo do ano, ele se afastaria, mas depois retornaria para perto do observador – associado a um entendimento particular da cultura chinesa de que existe uma troca dos princípios, Yin-Yang, em relação a sua percepção – forma o sistema total para o que precisamos no momento.

AS INFLUÊNCIAS TROCADAS

Outro ponto a ser assimilado para nossa análise é o que chamamos de "influências trocadas". Para facilitar a visualização desse ponto, os chineses antigos diziam que a Terra se apresentava plana, além de quadrada, e o Céu, curvo (observe a moeda chinesa na Figura 29).

Na moeda, a parte quadrada e central é a Terra, enquanto a parte redonda é o Céu. Desta forma, muito se falou sobre como eles antigamente viam a Terra sendo plana, e ela tinha um fim que era um abismo... Hoje, sabemos que é justamente o contrário. Dessa forma, temos a ideia de que existia uma relação direta entre as coisas, mas não é bem assim. Pela regra das influências trocadas, as coisas devem ser entendidas como tendo a aparência de seu oposto, ou seja, por influência do Céu, que é Plano, a Terra se apresenta plana. Por isso, a tartaruga é muito reverenciada, por uma sabedoria inerente a ela (Figura 30). Desta forma, o Céu se apresenta redondo por influência da Terra, que é redonda.

Figura 29. Moeda chinesa.

Pensamos que já era sabido por eles que a Terra era redonda, pois só assim o Céu poderia ser considerado arredondado; é a abóboda celeste que reflete o chão e não o contrário. Da mesma forma, a Terra que se apresenta de forma plana é reflexo do Céu. Ele é plano, como o entendemos hoje em dia. Foi Einstein quem postulou isso? Daí podemos entender a importância da tartaruga como objeto representante desse Todo, que engloba o Céu e a Terra.

Figura 30. A tartaruga e seu casco representam o Universo.

Assim, o que está em cima se apresentará embaixo, e o que está embaixo lá em cima; o que vem da esquerda se fará perceber na direita e o da direita se apresentará na esquerda.

Se observarmos o símbolo do Tai Chi à primeira vista, não perceberemos isso, apesar de dentro do Yin existir o Yang, e do Yang o Yin. Mas, se pensarmos nele em movimento, perceberemos que um irá para o lugar onde o outro se encontra, um invadirá o espaço do outro e vice-versa, seguindo aquelas duas leis já mencionadas (Figura 31).

Figura 31. Símbolo do Tai Chi.

As influências trocadas ou as regências trocadas é algo que realmente atrapalha o nosso pensamento ocidental. "Por que uma coisa se apresenta à outra?" É algo que os esotéricos conhecem bem, tanto os ocidentais quanto os orientais, pois tem a ver com uma forma de entender o universo.

A visão chinesa permite esse tipo de compreensão de uma forma muito prática. Por exemplo, assim se justifica que as pessoas têm a parte posterior do corpo Yang e a anterior Yin.

Não usaremos subterfúgios, como certos autores que preferem representar um homem de quatro para justificar este processo, pois nos parece pouco esclarecedor e sem sentido, além de não seguir nenhum critério que possa ser repetido em outra abordagem. Quer dizer, na Astronomia Chinesa os Palácios ou Shiu são determinados dessa maneira também, o Palácio do Tigre Branco se apresenta à Leste. Tanto o tigre quanto o branco pertencem ao Metal, oposto ao Leste. E o Palácio do Dragão Verde se faz presente no Oeste; tanto o Dragão quanto a cor verde se referem à Madeira, oposta ao Oeste. Nos nossos corpos isso também ocorre. Por isso, talvez cause estranhamento quando ocorrer a troca da influência, mostrada logo abaixo.

A seguir será apresentada, dentro dos critérios conhecidos como "influência trocada", a visão sobre os terrenos de nossos corpos ou sobre as camadas de pele que temos em nós.

Tudo gira em torno do observador ou de quem determinou o Sistema que estudamos. Como ele está voltado para o Princípio Vital, o Calor que alimenta nossas vidas é o ponto de maior importância a ser percebido e acompanhado, pois ele determina as épocas do ano que interessam. O observador estará voltado para o Sul[16], que é a morada do Sol, onde temos esse Grande Yang se deslocando ao longo do tempo e à nossa frente; por outro lado, o Yin estará localizado às suas costas e lá encontraremos a região Norte, e atrás, o Polo Norte, o Grande Frio.

Para que tudo se "estabilize" de uma forma dinâmica, seguindo aquilo que está preconizado pelo Símbolo do Tai Chi e pelas influências trocadas, o Yang se apresentará em nossos corpos na parte posterior, de trás, e, dentro do Yin, Norte, frio, haverá um Yang para equilibrar este Grande Yin (Figura 32).

Ao contrário, teremos o Yin se apresentando na região frontal de nossos corpos, seguindo os mesmos princípios, ou seja, como o Grande Yin está localizado às costas do observador, ele se fará sentir na região frontal de nossos corpos. Da mesma forma, para dar a dinâmica preconizada pelo Símbolo do Tai Chi e também pelas influências trocadas, dentro do Yang teremos um pequeno Yin (Figura 31). Tudo segue esta lógica inversa.

---

16. Isto se refere ao Hemisfério Norte, onde o Sol nasce no Leste, circula em sua trajetória ao Sul e se põe no Oeste.

Seguindo esse princípio, o deslocamento da esquerda, nascente do Sol, para a direita, poente, fará com que a energia proveniente de lá se apresente neste novo local.

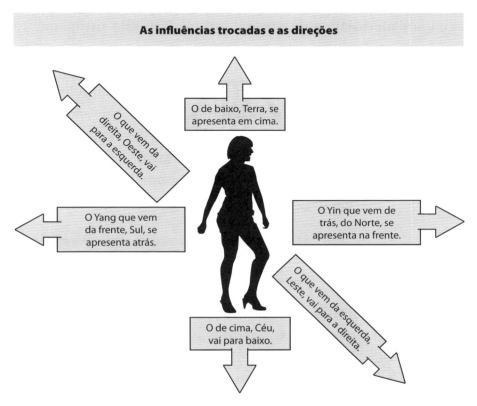

Figura 32. As regências ou influências trocadas.

A energia da vida proveniente do Leste se fará sentir no Oeste, e a energia do Oeste e ligada ao princípio Yin, no Leste.

Esses princípios trocados dificultam, no início, o entendimento, mas como qualquer dogma deve ser aceito e depois pensado, é só lembrar que um princípio procura o outro, seu par, e se move na direção desse. Assim, o Yang do Céu se manifesta na Terra pelo "desejo" do primeiro de se relacionar com o segundo, é o movimento natural da energia, o masculino irá buscar o feminino e o contrário também se verificará.

CICLO DA ÁGUA

Outro ponto em que a observação da natureza nos ajuda a compreender os mecanismos internos é o que liga o ciclo da água aos meridianos de nossos corpos. Isso está intimamente ligado ao comportamento do Sol que, em contato com a água, gera um vapor que se acumula, condensa e se precipita na forma de chuva, formando os rios e mares, tanto aqueles onde nos banhamos quanto aqueles internos da terra, que são conhecidos como aquíferos. Esse ciclo deve ser associado ao que ele acarreta na topografia do terreno também, influenciando e sendo influenciado por esse terreno por onde passa ou onde se encontra (Figura 33).

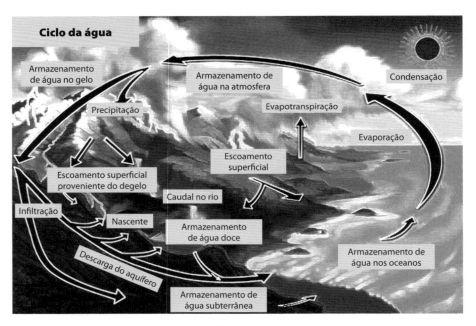

Figura 33. O ciclo das águas.

Todos devem conhecer este ciclo, ele é ensinado na educação básica. Além disso, devemos lembrar que toda a vida deste planeta depende e provém da própria água.

Tanto nos primórdios da criação do planeta como ainda hoje, a água exerce um forte impacto sobre o terreno. Essa ação erosiva, aliada ao movimento interno do magma e das placas tectônicas, retorce a Terra, criando a topografia com seus vales e montanhas. Outros fenômenos como o vento, o calor, as marés também não devem ser esquecidos na hora de pensar nas alterações do terreno, mesmo a constituição da própria Terra, seus minerais e a maneira como ela está apresentada ou sua constituição faz parte do entendimento.

A lava expelida pelos vulcões que se solidificou vai criando, transformando a própria Terra, além dos diversos materiais existente nela, que reagiram ou reagirão de forma diversa ao encontro dos mais variados fenômenos, da erosão causada pelo sol, chuva, ventos etc. Como resultado, criou e criará a um determinado tempo todos os sistemas que estamos acostumados a encontrar na topografia: rios, florestas, mares, rochas das mais diversas qualidades e vida, principalmente.

Não cabe ficar falando sobre as tremendas forças da natureza encontradas aqui e que resultaram em tudo aquilo que nos rodeia, mas já deu para ter uma ideia de que estamos falando não só desse ambiente externo do planeta em que vivemos, mas também desse microcosmo que é o homem, que, por correspondência é também formado das mesmas coisas e da mesma forma. Não quer dizer que existe um vulcão dentro de nós, mas podemos ter em mente que o estômago e o baço-pâncreas têm este papel correspondente à terra (corpo como um todo), que é renovada pelo fogo do coração (sangue). As estruturas minerais encontradas na forma de pedras, jazidas minerais etc. possuem correspondência com nossos ossos e por aí vai. Assim, podemos usar essa compreensão para entender o mecanismo interno dos corpos.

É a esse sistema que estamos nos referindo quando falamos de topografia do terreno, do ciclo das águas alterando nosso corpo. É um sistema integrado por diversos itens que interagem entre si e que formam o sistema que estamos analisando parte a parte e montando paralelos entre ele e o nosso corpo, pois somos um microcosmo, um pequeno universo à semelhança desse grande Universo, macrocosmo, que nos envolve e a quem respondemos em ressonância. Sua força é enorme, já a nossa é frágil e totalmente dependente dele.

Os fluxos das águas dentro dos corpos são, portanto, os fluxos da energia dentro de nós, e podem ser mais bem designados sob a forma de trajetos da energia, ou meridianos; eles dependem da topografia do terreno, que, neste caso, é o próprio corpo humano, bem como das relações que existem no fluxo da energia interno sob influência dos fluxos externos ao corpo, tudo vibrando de uma forma única, em uma mesma frequência, sintonizado como numa "rádio" que toca uma determinada música, vibrando em um mesmo diapasão.

O HOMEM E SEU CORPO

O ser humano é um animal único, diferente de todos os demais, como já sabemos, mas a diferença que o Taoísmo propõe reflete a compreensão que os chineses clássicos tinham sobre a natureza universal.

A primeira consideração que temos que levar em conta é a de que o ser humano vive em um ambiente comum a todos os seres que foram criados, como os outros animais, por exemplo, e este ambiente em que estamos vivendo fica no meio, entre o

Céu e a Terra. Nós habitamos tanto na área de influência de um quanto do outro. O Céu não está lá em cima, ele age até o chão e também o penetra; a Terra também não está sob nossos pés. Somente ela tem um campo de atuação que pode ir até o Céu, até uma parte dele, pelo menos.

Sob esse ponto de vista, podemos dizer que nós, seres humanos, somos os únicos animais conhecidos que estamos em plena correspondência com o Todo, possibilitando que a energia de nossos Pais, Céu e Terra, nos atravessem como uma passagem e recebendo deles suas influências. Por isso, somos formados à semelhança de nosso Pai-Céu e de nossa Mãe-Terra.

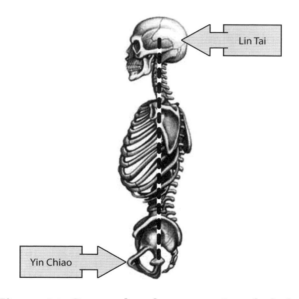

Figura 34. O esqueleto humano visto de lado.

Nossos corpos estão aptos a ser o caminho dessas duas fontes de energia devido ao simples fato de nossos corpos serem feitos de maneira que os dois centros de energia principais possam se alinhar internamente, interligando-se um ao outro e também se conectando tanto com o Céu como com a Terra (Figura 34).

Mesmo o ser que se parece mais conosco (Figura 35) não tem um eixo vertical que possibilite esta ligação com o Céu e a Terra, como visto na figura abaixo. Esse alinhamento com o Céu explica sermos Seres Espiritualizados, e não apenas materiais.

Figura 35. Esqueleto de um chimpanzé.

Dessa forma, somos os seres que refletem melhor o comportamento do Céu e da Terra, e seguimos as suas influências. Estamos abertos, pelo menos até certo ponto, a elas e nossos corpos respondem muito diretamente às mudanças ocorridas nesse ambiente em que vivemos. Vale dizer até que os centros de energia de cada indivíduo não somente se conectam aos centros Yin e Yang do Universo, mas aos centros de toda a humanidade, como se fôssemos um só organismo (Figura 36). Esses centros fazem com que existam aquelas comoções em massa comuns à nossa natureza humana, correntes de pensamento que se assemelham, comportamentos, moda, invenções podem ser atribuídas a esse mecanismo de interligação à "mente coletiva". Nossa linguagem de sonhos que permitem interpretações análogas remontam também a esse tipo de ligação que possuímos.

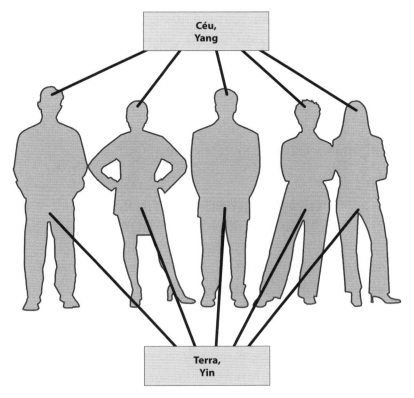

Figura 36. Nosso vínculo com o Universo.

A utilização dos centros de energia de nossos corpos podem se desenvolver em muitas direções, fisicamente falando, aumentando nossas percepções e o refinamento delas.

Ao expandir a percepção, usaremos essa palavra apenas por falta de uma melhor. Em qualquer grau que seja, podemos sentir acontecimentos que se distanciam de nós em metros, quilômetros etc., o que era o caso de Buda. Tempo e espaço se tornam relativos, além de podermos usar essa energia treinada para tratamentos, aumentando nossa "roupagem" de energia à nossa volta para evitar ataques etc.

Os centros, quando abertos e capazes de sentir, podem interagir com outros seres, com o ambiente a nossa volta, atraindo as energias que são responsáveis pela nossa vida, podendo restaurar os mecanismos internos de nossos corpos.

Há pessoas em que tais canais já estão abertos e desenvolvidos, mas a maioria delas precisa de treino para torná-los acessíveis. Para tanto, existem práticas, como por exemplo a meditação. Recomendamos a chamada Meditação Ativa, que complementa os estudos taoístas que seguimos.

OS PRINCIPAIS CENTROS DE ENERGIA DE NOSSOS CORPOS

Dois são os principais centros de energia no corpo humano, o Lin Tai e o Yin Chiao. Muitos outros existem, mas devemos nos ater ao extremamente necessário para podermos um dia avançar pelos demais. Damos preferência ao Tan Tien, mas ele não é um centro de energia, é onde as energias de outros centros poderão se juntar. Devido à sua importância, será mencionado aqui.

A localização dos Principais Centros de Energia

Temos dentro de nós o plano de correspondência entre o micro e o macrocosmo, à semelhança do Plano Cósmico. Um Sol interno, que é o centro Yang existente na cabeça humana, está localizado no centro do cérebro, mais precisamente no terceiro ventrículo (Figura 37), é algo e ao mesmo tempo não é. Ele reúne em si as qualidades desse Yang, incorpóreo, quente, ativo e muito mais.

Nessa condição, dentro de nossos corpos ele tem de ser limitado por um poder antagônico, algo de natureza Yin, como um líquido. Esse local é recheado dele, é o fogo sendo contido pela água, e os dois em contato gerando ação, movimento neste líquido[17]. A estrutura ou centro a que estou me referindo tem o nome de Lin Tai, ou Morada do Espírito. É o espírito do Céu que habita em nós, que nos liga ao Céu fora de nós, que nos alimenta com seus veios magnéticos. Dessa forma, entendemos a máxima taoísta: "A Unidade do Céu gera a Água".

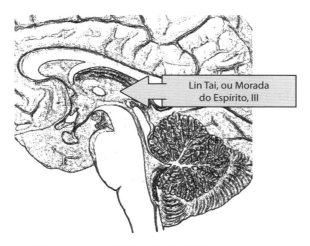

Figura 37. O Lin Tai, III Ventrículo.

Já mencionei os nomes desses veios magnéticos que o Lin Tai traz para dentro de nós: os Troncos Celestes, como são conhecidos (Figura 22), que são em número de 10, ou cinco pares de energia associados a direções específicas gerando, em contato com os Ramos Terrestres, as estruturas de todo o Universo, tanto do micro como do macrocosmo.

---

17. Mais à frente falaremos sobre órgão e víscera, mas o que cabe aqui é saber que o Yang tem seu poder na periferia, sua atuação se faz na borda. Nesse local a que estamos nos referindo, o III Ventrículo, ele tem a produção de líquido espinhal justamente nessa borda, efetuado pela tela coroide, responsável por sua geração.

Como tudo é Yin e Yang ao mesmo tempo, é claro que teríamos em nossos corpos também uma estrutura responsável pela captação da energia Yin da Terra. Ela é chamada de Yin Chiao, ou simplesmente Centro Yin, posicionada na estrutura humana "útero". Na mulher fica fácil de identificar, pois é o próprio útero (Figura 38). No homem, esse centro de energia fica na próstata, e, antes de continuar, faremos um breve comentário.

Como sabemos, nós, seres humanos, temos uma estrutura básica feminina que dura, para os indivíduos do sexo masculino, até ser secretada pela mãe uma quantidade de hormônios que fará inibir essa forma, para se desenvolver no futuro certas estruturas que se encontravam adormecidas. É necessário uma preleção justamente sobre a existência de uma estrutura residual na próstata que teria a mesma função do útero da mulher, o "utrículo prostático" (Figura 39).

O útero nas mulheres é algo bem caracterizado em sua função Yin de gerador de forma, pela sua ligação com a geração humana. No caso do homem, isso não fica muito claro, mas a próstata, lugar onde encontramos aquele corpo atrofiado, secreta uma parte do composto chamado de sêmen. Já a existência daquela estrutura, mesmo atrofiada, nos ajuda a entender quem realmente é responsável pela atração dos Ramos Terrestres, e que tem a ver com a forma, ou corpo.

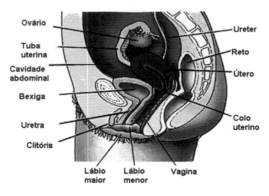

Figura 38. Centro Yin, útero.

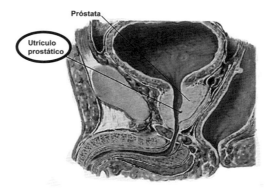

Figura 39. Centro Yin, próstata e utrículo prostático.

Dessa forma, o Lin Tai, ou Morada do Espírito, na função equivalente de Sol, emana sua luz, calor, sua força vital para a Terra (Figura 40), posicionada no homem na região do baixo ventre, onde encontramos tanto o Tan Tien quanto a estrutura do Yin Chiao, Centro Yin do corpo, bem mais abaixo.

Figura 40. O Sol emanando sua luz e calor para a Terra.

Os dois centros de energia atraem de fora os Troncos Celestes e os Ramos Terrestres e depois emanam para dentro de nossos corpos estas características ou energias emprestadas dos "Pais".

O local, chamado de Tan Tien ou Campo do Cinábrio, é o ponto de reunião de todas aquelas energias, e tal encontro realiza a criação do Chi, energia ou vapor. O Tan Tien se posiciona a três polegadas anatômicas abaixo do umbigo, e a três polegadas para dentro da superfície. Ele não é um centro propriamente dito, pois depende de outros para existir. Ele é um ponto de reunião dos princípios originais Yin-Yang, e poderíamos considerá-lo um centro, pois ele gera uma coisa nova particular ao indivíduo, seu próprio Chi.

Existem diversos centros de energia no corpo humano. Vale mencionar que, dentro da cabeça humana, existem outros três centros de energia importantes, mas o que gostaríamos de mencionar é que o Lin Tai forma um casal superior com o centro da rede nervosa, que está associado ao cerebelo. Enquanto aquele se liga ao cérebro, os dois fazem um elo interno através da medula. Queremos ressaltar a importância "dela" por ser responsável pela força de atração dos veios magnéticos do Céu que penetram nossos corpos, através do Lin Tai.

O TAN TIEN

O Tan Tien é um local, como já dito anteriormente, e sua tradução pode ser Campo de Cinábrio, ou Campo do Elixir. O Cinábrio citado aqui não tem relação direta com o sulfeto de mercúrio, tradução literal desta palavra, mas com a pedra filosofal.

Os Treinadores de Energia, ou Taoístas, buscam gerar tal pedra para manter sua saúde. Isso ocorre a partir de uma alquimia interna que se dá pela junção dos Três Tesouros encontrados no homem. Assim, o Campo seria o cadinho, ou o caldeirão, onde os materiais necessários seriam juntados para a confecção da Obra Maior, e o Tan é a junção daqueles três tesouros em um único produto.

Esse cadinho dentro de nós tem aproximadamente as mesmas dimensões de uma bola de golfe, mas ele pode ser aumentado ou diminuído conforme a necessidade.

Existem treinos que, além de recriá-lo, pois na idade adulta este lugar é completamente esquecido, fazem-no voltar a ser flexíveis e com dinamicidade.

O TAN

O Tan é a união do Sol com a Lua, é a pedra filosofal dos alquimistas da China Antiga, importante para a obtenção da longa vida preconizada pelos Taoístas. Adquirir essa pedra é essencial para que nossos corpos possam viver saudavelmente por muito tempo. Ela é criada a partir da mistura dos Três Tesouros internos do homem, o Suco Cerebral, o Sangue Verdadeiro e a Essência. Esses três em reunião e também devidamente "cozidos" neste caldeirão, que é o próprio Tan Tien, gerarão essa pérola, como também é conhecida. Muitos são os Taoístas em que, após sua exumação, foram encontradas essas estruturas, ou pedrinhas.

Na concepção do Taoísta, existem estágios que podem resultar da vida de uma pessoa. Esses estágios dependem de ganhos de mérito, externo e interno. Na porção externa, podemos encontrar aqueles que todas as filosofias e religiões preconizam, por isso não interessa comentá-los aqui. Quanto à questão interna, achamos que o ponto que determina o modo de vida destes são os treinos de Energia.

Quem se interessar por esse tipo de literatura, busque o livro do *Caminho para a Imortalidade*, de J. Blofeld; o *Segredo da Flor de Ouro* ou o *Livro de Zhao Bichen* (ver bibliografia).

O MECANISMO DO UNIVERSO

O mecanismo interno segue o mecanismo externo da natureza. O Sol, Lin Tai, emana sua luz, seu calor, sua vitalidade para baixo, em direção à Terra, e ela recebe esse calor e emana de si, em resposta, um vapor, pois é na Terra que encontramos também a Água e a umidade.

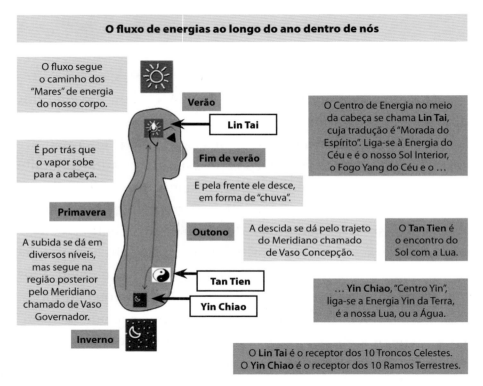

Figura 41. Circuito microcósmico.

O centro correspondente que acumula em si maior quantidade de energia Yin em nossos corpos é o Yin Chiao, ou simplesmente Centro Yin, que está localizado no baixo ventre (Figura 41). Vale a pena abrir um parêntese aqui: existe um campo comum à atuação dos dois pais, Céu e Terra, e todo o jogo da vida acontece justamente nesse campo intermediário. É o setor regido pelo filho, a Energia. Pode-se dizer que vivemos em uma atmosfera comum aos dois. Já aproveitamos a palavra Atmosfera com este duplo sentido, ou seja, de campo de atuação daqueles dois, mas também onde as nuvens se condensam, formam a chuva etc., o que ocorre em uma de suas camadas mais baixas (Figura 42), chamada de troposfera.

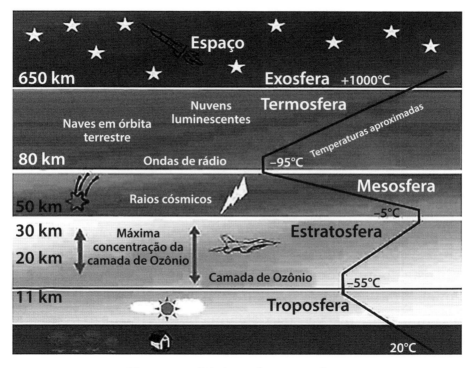

Figura 42. Divisão da Atmosfera.

O vapor que sobe irá chegar "perto do Céu", onde, em contato com a energia fria daquele ambiente, se condensará e cairá na forma de chuva. Só isso já é suficiente para que entendamos os meridianos, o ciclo das águas ou da chuva. É o mecanismo que explica a rotina dos meridianos. Logo abaixo, iremos ver este ciclo e depois compararemos com os tais meridianos de energia. Fica muito mais fácil.

O ciclo das águas se mantém em um sistema onde temos, em cima, o Céu com suas temperaturas baixas, enquanto dentro da Terra temos um núcleo muito quente, fazendo o papel contrário, ou seja, a água, por natureza, corre para baixo, mas é impedida de se alojar dentro do corpo dessa Terra, porque bem lá no fundo seu núcleo é quente, fazendo a água voltar à superfície. Este mecanismo, em seu oposto, faz com que o vapor não continue subindo indefinidamente, pois as temperaturas vão diminuindo até que ele, vapor, se condense e caia na forma de chuva. Isso acontece dentro de nossos corpos também.

Para ficar mais fácil o entendimento sempre recorremos ao símbolo do Tai Chi (Figura 14), que, em ambos os segmentos, Yin ou Yang, apresenta uma pequena bolinha com seu oposto, quer dizer, dentro do Yang existe Yin e dentro do Yin o Yang.

Dentro do Yang, quente, existe um pouco de energia fria; no lado contrário, Yin, sempre existe um pouco de calor. Quando o Yang domina o ambiente, ele comprime o Yin, fazendo com que este tenha vontade de se expandir. Ao contrário, quando o Yin está dominando o ambiente, o Yang está comprimido, com aquela vontade de se expandir. Quando algo chegou ao seu máximo, enfraquece e só existe uma possibilidade: o outro que se encontra comprimido se expande. Esse é o processo contínuo do universo, qualquer que seja ele.

Na Figura 43, mostramos parte do nosso sistema solar, com o Sol em cima e a Terra bem pequena embaixo, os raios solares atingem a Terra, banhando-a nessa luz e calor que são perigosos, pois podem nos queimar, mas ao mesmo tempo são indispensáveis à vida no planeta.

O Lin Tai, Sol interno, banhando de luz e calor nossos corpos, irá gerar uma série de respostas por parte da Terra. O que se quer mostrar aqui é o campo magnético da Terra (Figura 43).

Importante instrumento de manutenção de nossas vidas, ele impede que grande parte destes raios solares nos atinja e nos matem torrados.

Dá até para observar nesta representação o campo magnético que nos rodeia, a força com que os raios solares nos atingem e comprimem a parte voltada para o Sol, que fica pequena pela força exercida sobre ele. Para aproveitar o momento em que estamos falando de microcosmo = homem (Figura 48) e macro-cosmo = Universo, é bom falar sobre nosso sistema de proteção contra agressão externa, que está baseado no mesmo princípio; existe um "campo magnético" ao redor de nossos corpos físicos que também nos protege, à semelhança daquele.

Figura 43. O Sol e a Magnetosfera Terrestre.

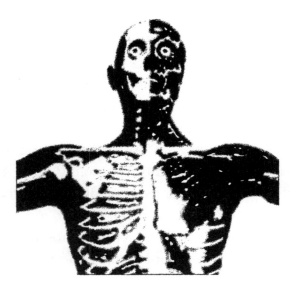

Figura 44. Tronco Humano.

Dá para imaginar uma imagem sobreposta à outra?

Fica interessante pensar que o ser humano (Figura 44) é semelhante ao Universo. O Sol que está presente dentro de nós, naquele centro conhecido como Lin Tai, emana sua energia em direção à Terra que fica na parte debaixo de nossos corpos, se assemelha muito com as figuras, não é?

Pois bem, imagine nosso corpo sem que essa energia proveniente de nosso Sol interno chegue até a parte inferior dele; imagine o Planeta Terra não recebendo mais a energia vivificante do Sol!

Como funcionaríamos sem que isso acontecesse?

Não existe essa possibilidade, não é mesmo? Pois bem, os taoístas revelam que devemos manter o contato desse Sol interno com nossa terra interna, levando aquele calor, aquela luz para baixo, para o baixo ventre que é o nosso mar interior, ou Tan Tien, o lugar onde a energia quente proveniente de cima encontra a energia fria proveniente de baixo. O Chi é gerado dentro de nós neste ponto, mais do que em outros, mas isso não quer dizer que nossos corpos não estejam recheados de Tan Tiens menores. Pode-se dizer que cada célula é um Tan Tien.

Por meio da utilização de nossa intenção, podemos conduzir o Chi pelo corpo.

Todos aqueles Tan Tiens são geradores de energia e também são passíveis de polarizações, apesar de cada um deles já estar alocado em seus sistemas, portanto, já polarizados.

As células-tronco que os cientistas estudam hoje são aquelas estruturas básicas de todo o corpo. Nesse caso, no estudo das energias, as nossas células-tronco são nossos Tan Tiens.

Outros Tan Tiens são os próprios pontos de acupuntura e têm a qualidade de reforçar a união desses dois princípios, Yin-Yang, gerando Chi, ou mesmo regulando suas funções.

POSTURA ANATÔMICA CHINESA

Antes de continuar a descrição dos meridianos e a analogia existente entre o ciclo das águas e nossos meridianos, iremos introduzir o conceito de postura anatômica chinesa, pois dependeremos desse tipo de entendimento para o estudo. Diferentemente dos ocidentais, que apresentam o corpo humano em uma determinada posição anatômica (Figura 45), com os braços ao longo do tronco, os chineses colocam os braços voltados para cima (Figura 46).

Deve-se sempre lembrar, no entanto, que a cabeça é a parte mais Yang de nossos corpos. As necessidades ocidentais e orientais são diferentes: uma busca a apresentação da forma física e a outra indica uma orientação energética.

Figura 45. Postura anatômica ocidental.

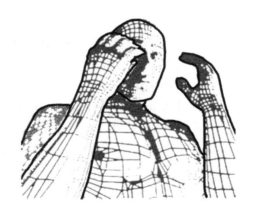

Figura 46. Postura anatômica chinesa.

Lembra do que foi dito sobre a parte anterior do corpo ser Yin e a posterior ser Yang? Agora ampliaremos ainda um pouco mais esse pensamento, acrescentando uma nova perspectiva sobre o assunto.

Nessa nova óptica, é como se fôssemos duas bacias coladas uma à outra pelos fundos (Figura 47), uma virada para o Yang. Montando um paralelo, as bordas são as extremidades, os dedos

dos pés e das mãos em sua parte posterior, enquanto a bacia virada para o Yin também tivesse as bordas como nossas extremidades, os dedos dos pés e das mãos, captando essa energia Yin. A parte mais profunda das bacias seria os mares onde as energias Yin se acumulariam e na outra bacia, aquela voltada para o Yang, acumularia na parte mais profunda o Yang, formando os mares de Yin e Yang, desconsiderem o efeito da gravidade.

As bordas das bacias receberiam o fluxo mais superficial e mais tênue da energia, que iria se juntar na forma de riozinhos correndo lateral "abaixo", rumando e se alargando cada vez mais para o fundo delas, onde encontraríamos aqueles "mares".

Figura 47. A bacia virada para cima recebe a energia do céu; a virada para baixo, da Terra.

Sabemos que o calor do Sol faz com que a água existente no planeta se aqueça e, por conseguinte, evapore e depois se associe a partículas em suspensão de sal e pólen principalmente, entre muitas outras existentes no ar, aglomerando-se em gotas de água, em um fenômeno conhecido como condensação. E, a seguir, com a ação de outros ingredientes, se transformam em chuva e se precipitam sobre o planeta.

Topografia do Terreno

O sistema das águas (Figura 35) só estará completo se a ele estiver associada a noção de topografia do terreno, o que, nesse caso, é a do planeta em que vivemos.

Essa topografia, que são as irregularidades do terreno (Figura 48), fará com que exista um movimento natural da água para baixo, começando com as pequenas gotinhas da chuva que se vão juntando em função da força causada pelo declive do terreno e formando pequenos fios de água, que se somarão e formarão pequenos riozinhos. Estes formarão rios e se transformarão nos mares e oceanos que conhecemos, aquelas bacias de que falamos acima.

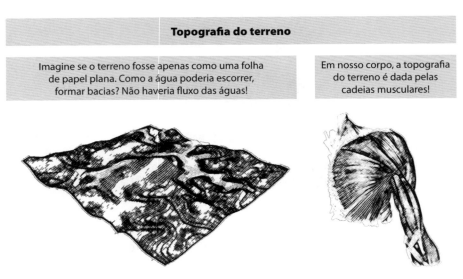

Figura 48. Topografia do terreno e a humana.

Eis o mecanismo básico da formação de nossos "rios", ou meridianos:
- Ciclo das águas (fluxo do Chi) + campo polarizado (topografia do terreno) = trajetos dos meridianos (Figura 49). Em nosso corpo, o terreno são as cadeias musculares. Quer dizer, a

topografia do terreno será a topografia principalmente dos músculos que formam nossos corpos. Embora haja trajetos internos da energia que não dependem das cadeias musculares para existir.

O sistema interno de nossos corpos é sustentado por um sistema paralelo ao da natureza. Portanto, não é concebível isolarmos o ser humano do universo que está a nossa volta, pois a energia que nos rodeia penetra nos meridianos mais externos e segue a mesma lógica apresentada ao ciclo das águas. Por fim, os mesmos caminhos de entrada são os de saída da Energia.

Como o terreno é polarizado, a "água", Chi, flui polarizado por ele. Assim, o fluxo da água pelo terreno se transforma no fluxo do Chi pelo nosso corpo ou dos diversos meridianos. A nossa polarização é determinada na hora de nosso desenvolvimento embrionário, através da movimentação da energia nas várias direções espaciais que existem.

Figura 49. Ciclo do Chi ou dos Meridianos.

O Fluxo do Chi

Existem rotinas para a circulação da energia pelos meridianos. A mais importante é a que mostra como a energia é conduzida pelos canais. Não só pelos trajetos, mas por todo o corpo a energia segue um padrão de funcionamento. Esse padrão revela algumas coisas básicas relativas a todas as estruturas, formas, desempenhos de nossos corpos etc.

A rotina básica é a que mostra o deslocamento da energia em seu aspecto mais sutil, intermediário e denso. Queremos dizer com isso que a forma de energia mais sutil é a que comanda todo o processo, seguida pela intermediária, que não é nem tão sutil nem tão densa, e por fim a mais densa fecha o circuito. Elas têm nome e são: o I, que é a intenção; o Chi, que é a energia; e por fim o Xue, que é o sangue.

O I, intenção, que é a mais leve e mais Yang de todas, vem na frente, arrastando o Chi em seu encalço, que é uma forma intermediária e mistura em si os dois polos, sendo seguido pelo Xue, sangue, mais lento, pesado, mais Yin no final.

É como as famílias orientais se deslocam também (Figura 50). Você já reparou que o pai vem na frente, ele é o mais Yang, mais leve e ágil, seguido pelo(s) filho(a), que não é(são) tão Yang assim, mas que também não é(são) tão Yin, e, por fim vem a mãe, mais Yin, e, portanto, mais lenta e pesada?

Figura 50. Sequência do deslocamento do Chi pelo corpo.

O Yang do Céu, o mais sutil, é aquele que impregna as coisas com sua vontade. Por isso, ele é o Pai gerador de tudo, como o Wu Chi daquela história que eu já contei. Ele impregna o outro ambiente (Yin) com sua vontade geradora e deixa a cargo da capacidade deste transformar essa vontade em coisas materiais para concretizar, assim, aqueles desejos, que são suas ordenações.

Figura 51. As Ordens do Céu seguidas no ambiente intermediário.

O pingo que cai de cima é a vontade emanada do Céu (Figura 51) para criar "algo" no ambiente intermediário em que vivemos. A parte responsável pela formação é o meio que contém em si as propriedades materiais para concretizar essa ação, Terra. A coluna d'água no meio da figura que foi criada por reação daquela força proveniente do Céu é a forma física imbuída daquele sentimento, a que chamamos de ordenação. Ela só foi possível porque existem duas forças criadoras: a do Céu e a da Terra, uma através daquelas ordens e a outra pela sua capacidade de gerar um "corpo" físico, que acaba acumulando tanto uma força quanto outra, e com características próprias no final. Quer dizer, para existir uma forma física, primeiramente deve existir um movimento do Yang nesse sentido; portanto, o corpo físico só aparecerá depois daquele, o que faz com que o Yang seja o responsável inicial pelo corpo físico.

Estamos falando de três ambientes diferentes, um regido pelo Yang, outro regido pelo Yin e o intermediário, que é, até certo ponto, independente, mas que é resultado do encontro dos dois primeiros.

No ambiente Yang, quem "manda" é o Yang, e tudo ali está relacionado a ele. No ambiente Yin, o equivalente acontece. O terceiro ambiente é independente também, apesar de ser manifestação dos dois anteriores. Os dois primeiros são os responsáveis por o novo ambiente surgir e acabam exercendo influência sobre ele.

Isso significa que quem manda neste último ambiente são os três setores, com relevância ao terceiro. Essa é uma constatação que vai afetar todas as decisões. Nossa forma de pensar sobre o que iremos estudar mais tarde depende da distinção desses lugares interdependentes aqui, antes chamado de atmosfera. Tudo o que existe nesse meio intermediário é afetado pelos três ambientes e tudo depende de uma interação, mas como tudo é cíclico, cada um dos três agirá mandando mais em uma hora e deixando os outros atuarem em outros momentos.

Portanto, existem três ambientes diferenciados que reagem de acordo com certos estímulos de formas peculiares, devido, principalmente, às diferenças existentes nos três ambientes. Temos uma sequência temporal da energia relacionada aos ramos e troncos, por meio do encadeamento temporal apresentado pelos meridianos, além de a energia ser conduzida da forma mencionada anteriormente, I, Chi e Xue, que também segue os horários do dia.

Forma de deslocamento

I, Chi e Xue fluem pelos trajetos polarizados específicos, ou meridianos, com deslocamento temporal de duas em duas horas para cada meridiano principal. No tocante aos Vasos Maravilhosos Ren e Du Mai, esse deslocamento pode ter duração igual a um ano, e também a duração de um ciclo de vida de sessenta anos, após os quais retoma o ponto inicial, na região do baixo ventre, neste sentido – por trás e para cima –, e, após, a descida, para baixo pela frente até o inevitável fim e recomeço.

O fluxo através dos meridianos principais segue a seguinte lógica: das 3h até às 5h, o metal está atuando plenamente, em sua porção Yin do Pulmão; depois, entra em ação o lado Yang do Intestino Grosso, o Espírito do Céu agindo. Em seguida, o ciclo muda para a Terra Yang, com o Estômago. A energia percorre seu caminho durante duas horas, passando à Terra Yin, Baço-Pâncreas, por mais duas horas, ou seja, a sequência será: Coração, Intestino Delgado, Bexiga, Rins, Pericárdio, Triplo Aquecedor, Vesícula Biliar e Fígado, sempre de duas em duas horas. O ápice da energia através do meridiano principal se dará após uma hora de seu início.

O pico antagônico inferior se dará no horário exatamente contrário. Por exemplo, o pico máximo de energia do Pulmão é às 4h e seu pico de mínimo é atingido às 16h, quando a energia estiver em seu máximo na Bexiga. Neste caso, um bom momento de tonificação do referido meridiano do Pulmão é aquele que compreende a sua energia em ascensão. Deve-se tomar cuidado para que a energia da Bexiga, se estiver muito baixa, não venha a sofrer com isso.

O sistema é igual a uma balança com seis pratos movimentando durante duas horas aquele meridiano do exemplo. O Pulmão estará mais pesado, forte. Assim, o prato em oposição,

Bexiga, por essa lógica temporal, estará leve, fraco, quase sem energia, ou seja, em seu mínimo.

Existem outros ciclos internos da energia, como o que abrange a Energia Defensiva que ora está fora do corpo (durante o dia), ora está dentro deste (durante a noite).

Assim, o fluxo de energia através dos meridianos ou qualquer outra parte do corpo depende de um sistema organizado e que segue a ordem mencionada. Os meridianos têm um caminho a seguir, não só por uma série de ordenações que montaram o corpo humano e que acabaram por criar os tais rios, meridianos, mas porque permitem que a energia corra por eles, acabando por recriar este homem, mantendo-o e sustentando o corpo humano (Figura 52).

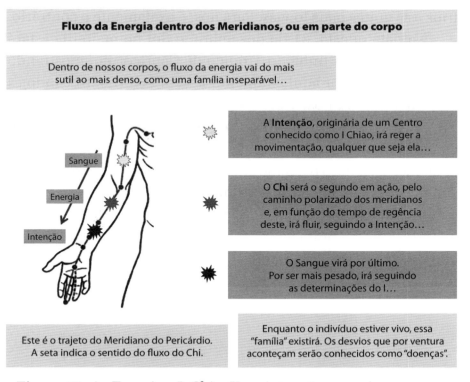

Figura 52. As Energias: I, Chi e Xue; intenção, energia e sangue.

Antes de terminar o assunto, o sistema será apresentado como ele é em sua totalidade, e, para isso, devemos visualizar nosso Sistema Solar, pois é com base nele que conseguiremos ter essa visão. Quando a Terra se desloca ao redor do Sol em seu movimento de translação, podemos perceber que, devido à inclinação de aproximadamente 23,5 graus, os dois hemisférios são iluminados pelo Sol diferentemente. Assim, no Solstício ocorrido em 21 de junho, o Sol estará sobre o Trópico de Câncer, o que significa que será Verão no Hemisfério Norte, enquanto no Hemisfério Sul será Inverno. Em São Paulo passa o Trópico de Capricórnio. Quer dizer que, enquanto estamos sob a influência do Yin o Norte, o Hemisfério contrário ao nosso está sob a influência do Yang – no nosso caso o Yang se encontra recolhido e o Yin deles está recolhido também, os dias são mais escuros e frios e as noites mais longas. Para nós, é exatamente o contrário.

Na data oposta, 21 de dezembro, o Sol no meio-dia estará exatamente sob a linha do Trópico de Capricórnio, mostrando que será Verão por aqui, enquanto lá será Inverno, trocando as influências. Para nós, Yang aflorado e Yin recolhido; para eles Yin aflorado e Yang recolhido. Agora será a vez de eles terem as noites mais compridas e nós os dias mais longos. Por isso, adotamos o Horário de Verão em algumas regiões, para aproveitar a maior incidência de luminosidade dos dias.

Nas datas do Equinócio, 21 de março e 21 de setembro, quando o dia e a noite têm igual duração de doze horas, haverá antagonismo, um ampliando o tempo da noite e o outro ampliando a duração do dia (Figura 53).

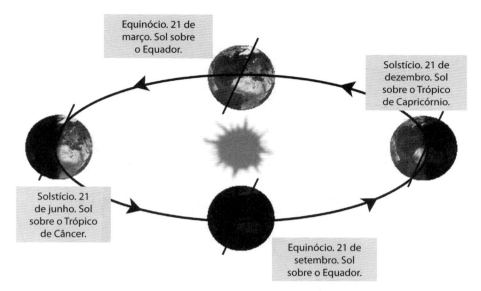

Figura 53. As estações do ano.

FORMA HUMANA

Devemos acrescentar agora o Símbolo do Mistério, ou simplesmente conhecido como "Forma Humana" (Figura 54). Ela revela o entendimento de que o ser humano deve se assemelhar ao Universo. Dessa forma, somos um Todo dividido em três setores. O primeiro, posicionado em cima, está ligado ao Céu; o segundo, embaixo da Terra, e na intersecção de ambos, o filho deste encontro, o Chi.

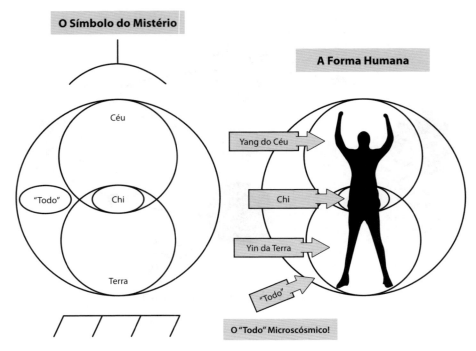

Figura 54. O Símbolo do Mistério e a Forma Humana.

Os primeiros "Seres Humanos" que surgiram são considerados anteriores à Energia do Céu, eram "Pré-Natais" e tiveram uma gestação de dezoito meses lunares (o mês lunar é equivalente a 28 dias). Depois disso é que apareceram os seres humanos normais com gestação de nove meses.

O Mestre Liu dizia que, naquele tempo, os seres ainda não eram definidos como macho ou fêmea. Os primeiros homens a aparecer em uma época posterior àquele período inicial, nasceram na Primavera, que é a primeira época do ano em que a Energia Yang começa a aflorar, e, por isso, os homens estão ligados à Madeira, sendo regidos pelo Chi propriamente dito.

Depois que essa energia Yang chegou à sua plenitude, o Yin começou a abraçar o Yang, no Outono, o que deu origem a uma nova manifestação entre os Seres Humanos, as mulheres, ligadas à energia do Sangue, criadora da matéria.

Homem e mulher acompanham a manifestação da Energia. O homem segue os movimentos relativos à Madeira: expansão, movimentação, agitação... A mulher segue o princípio relativo ao Metal: introspectivo, calmo e tranquilizador. Os problemas de cada um não devem, portanto, seguir tais orientações da respectiva energia regente, ou ao contrário, estar em um movimento que possa reforçar em demasia cada um deles.

▶ Homem = Madeira, externo Yang e interno Yin.
▶ Mulher = Metal, interno Yang e externo Yin.

Tudo isso deve ser observado quando fizermos uma análise pessoal, pois a energia deslocada causará distúrbios no funcionamento do corpo humano.

Diferença entre homem e mulher

As mulheres são mais ligadas ao Yin, enquanto os homens, ao Yang, e nossas naturezas feminina ou masculina dependem de um princípio ou de outro, embora tenhamos dentro de nossos corpos as duas formas de energia: Energia, Chi, Madeira e Sangue, Xue, Terra.

Sempre perguntamos aos nossos alunos se eles sabem diferenciar um homem de uma mulher e todos acabam rindo e falando que sim, pelas razões óbvias, ou dizem, quando têm um pouco mais de conhecimento sobre a matéria, que o homem é Yang, e a mulher, Yin, o que não está totalmente errado, mas também não está certo. O que realmente estamos perguntando a eles é sobre nossa forma energética completa, o que nos diferencia totalmente um do outro, e, dessa forma, todos sem exceção não sabem diferenciar o indivíduo "homem" da "mulher".

Há alguns princípios específicos que devemos ter em mente, quando vamos analisar ou tratar um indivíduo do sexo masculino ou do feminino.

Além do que mencionamos anteriormente, existe ainda um aspecto relacionado à forma básica apresentada pelo Símbolo do Tai Chi, que é: o Masculino consiste de uma grande parte externa Yang, com um pequeno Yin em seu interior; ao contrário, temos o Yin que está associado ao feminino como sendo grande parte Yin externa e uma pequena parte Yang dentro dela. Portanto, o que nos diferencia é a quantidade de uma energia e também a localização dessa energia (Figura 55).

O que justifica ou aponta para nossas preferências de atividades e também para nossa participação na reprodução.

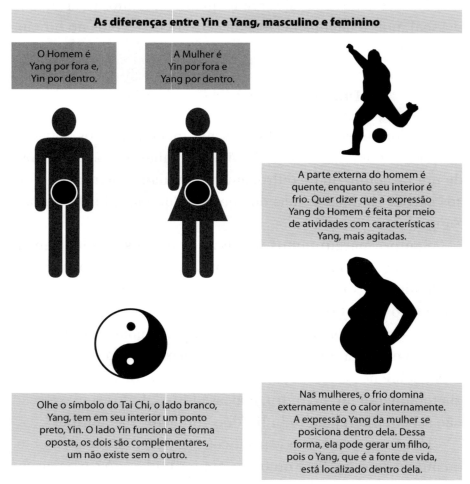

Figura 55. *Yang e Yin*, homem e mulher.

RESUMINDO

Quando vamos pensar sobre o Ser Humano, não podemos perder a noção de que estamos tratando de um sistema interdependente e não sobre algo isolado. Dessa forma, podemos destacar vários pontos:

▶ O humano com estrutura única na natureza, aquele animal que anda sobre os dois pés, em uma postura ereta;

▶ A posição anatômica chinesa em que o indivíduo está com os braços levantados para o Céu, mostrando que existe uma ligação de nossos corpos com as energias provenientes daquele local (Yang), mas também com o Yin proveniente do chão;

▶ O Símbolo do "Mistério", que mostra as diferentes partes de nossos corpos em ligação com a energia proveniente tanto do Céu quanto da Terra, e, é claro, com a intersecção dos dois onde é criado o Chi;

▶ A troca de influências (Figura 56):

  ⬧ **Em cima**, que mostra nossa ligação com o Céu e com o Yang, agindo na região debaixo de nossos corpos. Uma observação se faz necessária sobre esse ponto: com o passar da idade a pessoa começa a ter enfraquecida essa ligação cima/baixo, ou seja, a energia Yang proveniente da cabeça (Céu) deixa de chegar aos pés. Isso explica o porquê de pessoas idosas caírem com mais frequência, o que pode ser resolvido pelo desbloqueio interno da energia, facilitando que a energia celeste chegue até o chão e/ou aumentando essa mesma energia;

  ⬧ **Atrás**, por projeção da região Sul, que é quente devido ao trajeto do Sol ao longo dos dias do ano e está posicionada à frente e por último;

- **Direita**, por projeção da energia proveniente do Leste, nascer do Sol, que é Yang, devido ao seu sentido ascendente e ligada à madeira, Chi. Todos estes pontos mostram a localização masculina da energia.

- **Embaixo**, local da Terra que, apesar de posicionado embaixo, se manifestará em cima. Esse mecanismo explica o porquê de a mente ser controlada pela Terra. É o mesmo processo antes mencionado. A energia Yin da Terra não chega até a cabeça devido a uma série de bloqueios ocorridos com o passar do tempo, ou porque a energia diminuiu e não consegue chegar mais até lá[18];

- **Na frente**, por projeção da região Norte que é fria e está posicionada às costas, naquele modelo observado por quem percebeu o sistema;

- **Na esquerda** por projeção da energia proveniente do Oeste, que se liga à Lua e é uma energia fria e também regente das marés ou do fluxo das águas, e do sangue[19], Xue.

---

18. Existe uma série de bloqueios sistemáticos que ocorrem com o passar do tempo, na altura da cervical número três ocorre um bloqueio natural da energia. O Travesseiro de Jade é outro ponto de diminuição de fluxo entre o cerebelo e o cérebro. É como se uma porta se fechasse e bloqueasse a circulação interna da energia. Com os treinos de circulação do microuniverso, esses problemas podem ser sanados.

19. As mulheres são regidas pela Lua, seus ciclos menstruais estão ligados ao prazo de 28 dias entre as luas.

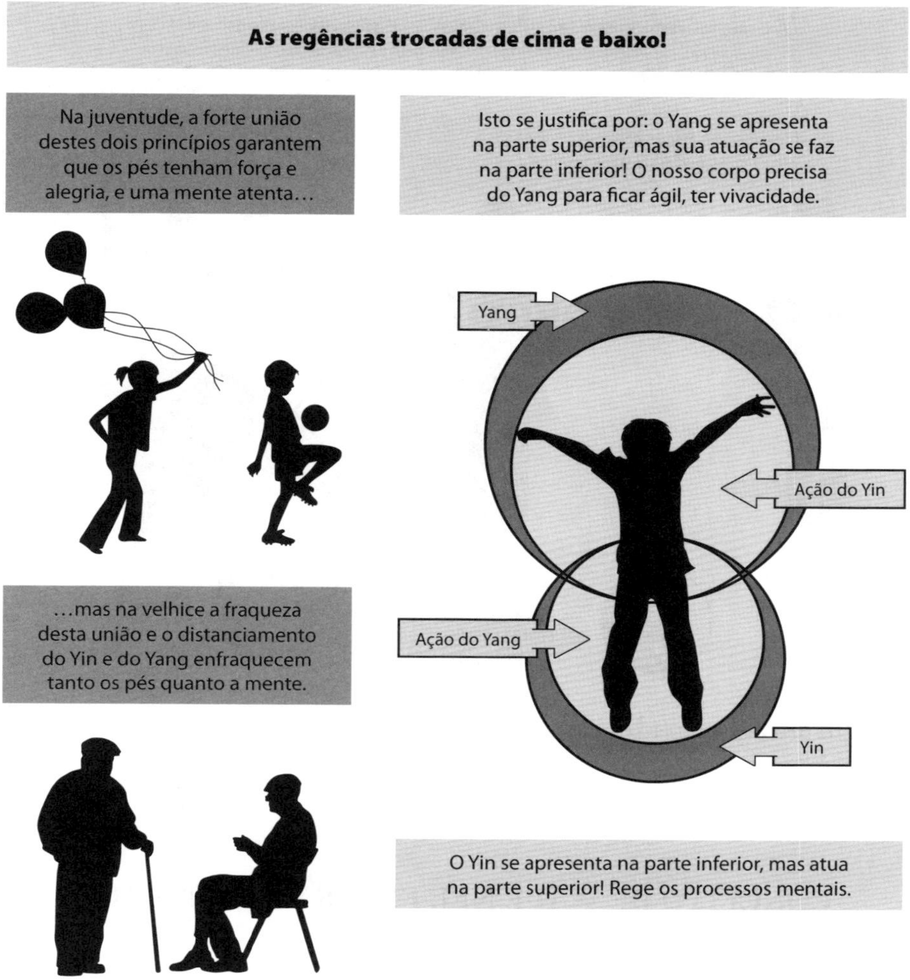

As regências trocadas de cima e baixo!

Na juventude, a forte união destes dois princípios garantem que os pés tenham força e alegria, e uma mente atenta...

Isto se justifica por: o Yang se apresenta na parte superior, mas sua atuação se faz na parte inferior! O nosso corpo precisa do Yang para ficar ágil, ter vivacidade.

Yang

Ação do Yin

...mas na velhice a fraqueza desta união e o distanciamento do Yin e do Yang enfraquecem tanto os pés quanto a mente.

Ação do Yang

Yin

O Yin se apresenta na parte inferior, mas atua na parte superior! Rege os processos mentais.

Figura 56. Influências trocadas.

Devemos considerar também como noção básica a diferença entre tratarmos um ser humano do sexo masculino ou feminino (Figura 57).

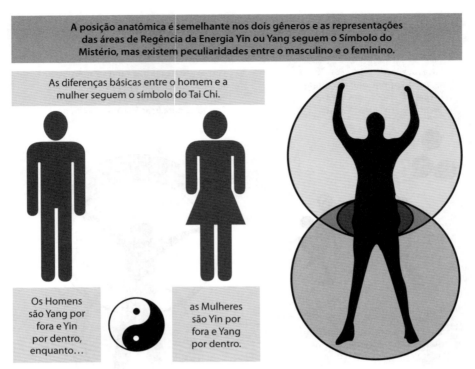

Figura 57. Forma humana e sua atuação no homem e na mulher.

CONCEITO DE WAI E NEI, EXTERNO E INTERNO

Achamos importante deixar registradas as duas palavras expostas aqui para termos uma noção, apesar de breve, sobre esses dois termos: Wai quer dizer simplesmente externo, ou seja, aquilo que está fora de nós, nos alimenta, nos abastece de energia, mas, apesar dessa relação de dependência, devemos nos precaver da ação desse agente externo, de nosso "Pai" para não perdermos nossa identidade e independência. A isso podemos acrescentar o conceito de Céu Anterior.

Quanto à palavra Nei, simplesmente interno, é o campo de atuação delimitada pelo nosso "corpo". Existe uma paliçada que impede aquele agente externo de penetrar e nos agredir, transformar etc., sempre lembrando que dependemos dele, ambiente externo, para sobreviver. A isso acrescentamos o conceito de Céu Posterior.

Os dois conceitos aparecem em diversos livros de Medicina Chinesa e também podem ser observados acima, onde expus de uma forma bem simples tais sentidos. É só se lembrar daquele campo magnético, parte mais externa de nossos Seres, não quero dizer corpos, pelo simples motivo que minha energia faz parte de mim, não só o corpo material. Desta forma, se minha energia está a 1m do meu corpo, eu também estarei lá, é minha parte sutil, meu campo magnético.

Fora, Céu Anterior; dentro, Céu Posterior; passou de fora, anterior; para dentro, vira interior ou posterior; foi de dentro, anterior; para fora, vira posterior.

BIAO E LI[20], TECIDO SUPERFICIAL E INTERNO

Existe ainda um mecanismo que deve ser abordado em sua forma conceitual mais conhecida no meio, que é a da dupla Biao/Li. Ela tem em si também a noção de algo externo e interno, mas se diferencia dos conceitos anteriores, pois estão diretamente vinculados ao nosso meio, nosso corpo humano por excelência. Mas tal conceito pode ser levado mais longe, como ao mencionar o fluxo entre o interno e o externo, formando um fole que apresenta dois movimentos concomitantes, ao mesmo tempo e em harmonia. Veja o fluxo da energia Yang e da energia Yin ao longo do tempo em função do mundo em que vivemos ou do próprio ser humano.

O conceito principal a respeito dessa dupla é o de se assemelhar a uma vestimenta. Um casaco de pele deve ser mais

---

20. Os conceitos de Biao/Li fazem parte das Oito Regras.

viável para um comparativo, pois encontramos duas partes: uma interna, Li, forro, e a parte externa que se apresenta do lado de fora, Biao, que é o lado direito. Na parte externa, Biao, encontramos os pelos, enquanto na parte interna ela parece lisa.

A esse conceito temos ainda associada a existência de dois movimentos, ou duas forças, uma centrípeta e outra centrífuga, igual ao movimento da Terra, diretamente vinculado aos dois sentidos da energia. Superficial e profundo, é a isso que estamos nos referindo, e ao fluxo das energias que ocorrem entre esses dois lugares, externo e interno.

Quando apresentamos aos alunos este conceito, sempre utilizamos uma jaqueta que tenha forro, e mostramos a eles que, para unir um ao outro, é necessário haver uma costura entre eles, que está tanto em um terreno externo quanto no outro, interno. Associamos sempre com os tecidos de nosso corpo, onde há uma distinção clara entre eles. Como devemos saber, somos constituídos de três tecidos: endo, ecto e mesoderma, respectivamente: interior, exterior e intermediário, este agindo como a costura entre os dois anteriores, mesclando suas características. Dentro da visão oriental, temos o tecido Yang, fora, o Yin dentro e o Chi, no meio, fazendo e utilizando o material de ambos para construir uma ponte entre eles.

Existe, portanto, uma diferenciação entre os terrenos, depois das dobras e redobras ocorridas durante nossa formação embrionária associadas ao desdobramento e alongamento desse corpo. Essa situação leva à criação de caminhos polarizados e resulta no fluir daqueles "rios" ou meridianos pelo corpo.

Quer dizer, o desenvolvimento da topografia do terreno inclui os rios que devem estar polarizados também nessas camadas. Apenas em um pequeno livro[21] foi possível encontrar referência à diferenciação do terreno com os meridianos princi-

---

21. *Acupuntura, A arte chinesa de curar*, de Félix Mann, Hemus Ed.

pais associados, muito coerente, por sinal, com os horários do dia: primeiro os Yang, seguidos pelos Yin e depois pelos Chi, como também se desenvolve a vida – os pais vêm primeiro, depois os filhos.

Quando aprendi Chi Kung (Qi Gong), meu Mestre falava da diferença entre as duas peles que temos: uma exterior e outra interior. O Treino de Energia, que é a tradução literal do termo acima, significa passar pela parte externa a energia interna. Dessa forma, os pelos da camada externa se agitariam como os cabelos ao vento. O que queremos salientar é que quem pratica pode sentir que o vento move, agita a camada Yang de nossos corpos, dita externa, que compreende aquela porção localizada não na superfície toda do corpo, mas na área compreendida pelas costas, parte anterior dos braços e externa das pernas.

É por lá que este Chi circula. Daí, a noção do que é externo e do que é interno deve ser acompanhada de outra lógica, pois a parte anterior do tronco, por exemplo, o abdome, é Yin; portanto, interno. Quando pensamos sobre o desenvolvimento embrionário ou sobre o momento chamado de gastrulação, em que ocorre a diferenciação dos tecidos e a formação dos lugares, interno, externo e mediano, tem-se a noção mais precisa do que estamos falando. As dobras do terreno fazem com que parte do interno se apresente no externo, e vice-versa, entremeados do tecido intermediário, e costurados por este (que faz a liga entre os setores Yang e Yin de nossos corpos).

Quando é ensinada essa modalidade de treino sempre utilizamos uma visão que meu Mestre deixou. O tecido externo de nossas peles é como um amontoado de insetos com asas sobrepostas umas às outras que vibram ao sabor do vento, Chi. Essa é a sensação mais precisa que podemos dar. As asas são vibradas de acordo com aquele vento, é o vento no cabelo! Só quem treina sabe a verdade sobre onde ficam os tecidos endo, ecto e mesoderma.

Como funcionamos, um entendimento da Medicina Tradicional Chinesa

SOBRE A ORIGEM DAS DOENÇAS

Valendo como introdução ao assunto, muitos afirmam que a Medicina Tradicional Chinesa é preventiva, o que não deixa de ser verdade, pois ela faz com que o indivíduo se mantenha no caminho da saúde e da longevidade com qualidade de vida. Dentro da divisão desta mesma Medicina, há outro setor, o que depende da atuação de um terapeuta. É onde se encontra a Massagem Terapêutica e a Acupuntura – elas pertencem a um grupo de atividades que tratam a pessoa que já carrega em si um componente da doença.

Não que todas as pessoas não carreguem em si a possibilidade de ficar doentes, mas, no estágio mencionado, a doença já existe em um patamar inicial em que o Yang domina: na Psique, Espírito, Mental etc. A seguir, ela pode migrar para o estágio intermediário, pertencente ao Chi, Energia, que é também um estado pré-clínico, ou seja, ainda não pode ser detectado por exames que o médico ocidental indica para diagnóstico. Ainda não foi desenvolvida uma tecnologia capaz de medir a energia pessoal e relacioná-la a estados de saúde ou de doença.

No último estágio da doença, em que a pessoa já tem seu estado físico alterado de alguma forma, os exames clínicos já podem enxergar tais problemas.

Os diagnósticos da MTC percebem alterações mais sutis. Portanto, não é que as atividades contidas naquela divisão são preventivas ao aparecimento da doença; o indivíduo já está doente só que em estágios anteriores àqueles apresentados pelos exames clínicos atuais.

Uma pessoa pode permanecer muito tempo, senão a vida inteira, em um dos estágios iniciais da doença sem que ela evolua para o último, estágio de alteração física ou fisiológica e que pode ser percebido por aqueles exames, mas estará doente assim mesmo.

O Mestre Liu Pai Lin informava que aproximadamente 90% dos pacientes que atendia tinham como origem de seus problemas a parte emocional, e o restante, eram advindos de acidentes.

Na nossa visão ocidental enxergamos que até os acidentes podem ser gerados por nosso querer inconsciente. Nossa cultura é muito influenciada por aquilo que desejamos para nós mesmos. Os desejos de punição, ou culpa, implantados por nossa cultura fazem com que estes sejam mais evidenciados.

Nossos vínculos emocionais com os pais, parentes e amigos, e toda espécie de pessoas com quem nos relacionamos de uma forma ou de outra, além de nossos ambientes de trabalho, acabam por colaborar com a evolução de nossos problemas, ou mesmo com criação destes. Quanto ao ambiente, podemos incluir ainda aquele em que o Feng Shui atua, pois ele influencia a saúde e o desempenho da pessoa nos diversos lugares por onde transita.

Fatores sociais, culturais e "raciais" devem sempre ser levados em conta na avaliação dos problemas de saúde apresentados. Em algumas culturas, certos problemas são mais evidentes ou recorrentes, sendo uma visão simplista dizer que os orientais têm problemas crônicos e os ocidentais, agudos.

Os fatores climáticos também devem ser percebidos e entendidos, pois as alterações deles influenciam no reforço de algum fator interno. Nesse item, vale lembrar a importância do tempo sobre a vida, o que se chama de Cronobiologia, ou mesmo Cronoclimatologia. As duas Ciências são bem desenvolvidas na Cultura Chinesa, mas seus parâmetros não se aplicam totalmente para nós do Hemisfério Sul. Por exemplo, os pontos Shu antigos que utilizam esses conhecimentos para a sua aplicação devem ser revistos no Brasil, quando tratamos de doenças sazonais e da qualidade dos pontos.

A alimentação, os hábitos de vida, lugar onde mora, trabalha, dorme, seus horários, a profissão, os conflitos, tanto internos quanto externos, devem ser questionados.

As mulheres são mais cuidadosas consigo mesmas, por isso vivem mais tempo, embora as mudanças atuais no estilo de vida delas, procurando atividades mais Yang, têm alterado isso, infelizmente. Os problemas antes quase exclusivos dos homens passaram a afetar diretamente a saúde feminina.

Além disso, como reflexo desse novo estilo de vida das mulheres, houve uma mudança na dinâmica de suas Energias e isso tem afetado também a sua parte de reprodução. As novas atividades exigem que o Yang que habita o interior da mulher se volte para o exterior, reduzindo o calor da área interna antes preenchida por aquela qualidade geradora, o que acaba por enfraquecer os genitais internos.

Sempre devemos pensar que a doença se inicia no Yang, que pode ser em cima ou mesmo na parte externa, e depois ela vai adentrando até chegar ao ponto final, que é o interior do corpo ou o Yin, concreto.

Segundo a Tradição Chinesa, existem quatro tipos de Adoecimento, que são: Desunião, Dispersão, Estagnação e Agitação.

TIPOS DE DOENÇAS

DESUNIÃO

A Desunião, pela nossa experiência, é a mais comum e revela outro fato interessante associado, que é a falta de valor dado ao nosso corpo físico.

Para entender o que vem a ser a Desunião, é preciso entender que o Ser Humano é formado por duas partes antagônicas, uma ligada ao Céu e outra ligada à Terra, uma ao "corpo etéreo", ou "espiritual" e a outra ligada ao nosso corpo físico (ver novamente o Símbolo do Mistério e a Forma Humana, Figura 54).

Esses dois ambientes vivem em conflito no ser humano. Atualmente, todos são valorizados somente por sua aparência, sendo o lado Espiritual e Mental deixado de lado; ou contrariamente, por sua capacidade "intelectual" frente ao lado físico, animal.

As pessoas, de maneira geral, se esquecem que somos o resultado do encontro dessas duas forças antagônicas e complementares, uma não pode existir sem a outra.

Nós somos aquela velha lenda do Fausto: ser "mental", de um lado, o qual teve a seu dispor as forças que lhe garantiram ter tudo possível, e até mesmo o impossível; de outro, Mefistófeles, representando o lado "material".

Fausto, obra de Goethe em que dois seres, Fausto-Mefistófeles formam um único Ser ou o "punho diabólico[22]", encontro das forças antagônicas do mental e do material, segundo Jung, e um Ser que tem tudo a seu dispor, portanto, integral.

Essas duas forças antagônicas na MTC são o Yin-Yang. Em nós, isso se apresenta como setores de nossos corpos físicos e também de nossas identidades, como aquelas duas facetas: Mental e Física.

Esses dois setores devem sempre estar harmônicos, mesmo que alternadamente. O setor superior pertence ao Yang, rege o Mental, enquanto o inferior, ao Yin, regendo o Físico. O ponto de intersecção é onde o nosso Chi é gerado. Se este estiver enfraquecido, nossa energia e saúde será afetada e enfraquecida também.

O setor superior, por ter a natureza do Fogo do Céu, quer voltar para ele, e o que impede esse movimento ascendente é justamente o encontro das duas forças antagônicas. Por outro lado, o Yin, ligado à Terra, quer também se deslocar nesse sentido, e o que o mantém "preso" é a união, seu filho, o Chi, representado pelo Tan Tien[23].

No entanto, reforçando-se muito um dos dois setores externos, Yin ou Yang, esse contato vai se diluindo, enfraquecendo-se, por predominar um sobre o outro. O setor predominante depende do tipo de personalidade de cada indivíduo.

Isso é a Desunião, ao reforçar um dos setores ou enfraquecer o outro, o resultado é o mesmo, o Chi diminuirá e a saúde também, até o esgotamento das reservas de Energia do indivíduo e a morte.

---

22. A mão fechada em punho representa a união dos cinco dedos ou forças da natureza em uma única coisa (Terra, Madeira, Fogo, Metal e Água), do polegar ao dedo mínimo, respectivamente, formam um amálgama indissolúvel, o Tan, Sarira, a pedra de toque de nossa saúde, vitalidade e longevidade e de nosso poder.

23. Para melhor compreender quem realmente segura esses dois movimentos antagônicos, leia adiante sobre o Fogo Ministerial.

Isso é muito comum. As pessoas buscam se desgastar, se esgotar como se isso fosse o objetivo de suas vidas. Na realidade, é o oposto que deve ser buscado, o equilíbrio dinâmico entre esses dois setores de nossas vidas será mais útil à nossa saúde. A tendência de cada um é um dos fatores mais difíceis de lidar. Dessa forma, esse equilíbrio dinâmico é muito complicado de atingir.

Por exemplo, uma pessoa que procura sempre reforçar as atividades mentais, sempre buscará mais e mais esse mesmo desgaste, dormindo cada vez mais tarde, usando sua mente cada vez mais, lendo, ouvindo, vendo, percebendo cada vez mais e "melhor", pondo para fora suas preciosidades, por meio desses veículos de saída de nossas energias (Figura 58). O engraçado é que os mesmos meios de saída são os meios de entrada da energia que nos mantém. A pessoa reforçará esse modo de viver a ponto de que haverá um "estreitamento" da intersecção no meio do corpo, e por aí esvairá suas forças até seu fim.

Figura 58. Deslocamento para cima.

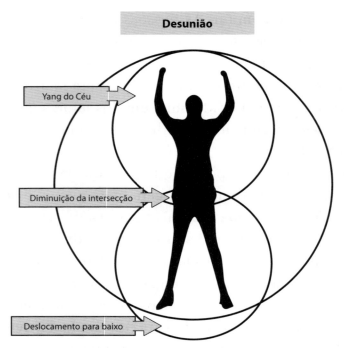

Figura 59. Deslocamento para baixo.

Em contrapartida, a busca por exercícios físicos, cada vez mais extenuantes, buscando a forma perfeita, e o excesso de atividade sexual lesam nossos corpos físicos (Figura 59). Isso, associado a momentos críticos do dia, como a hora do almoço, perturbará, desgastará a energia ainda mais, causando distúrbios como a insônia crônica. O processo de desgaste é o mesmo, apenas em sentido oposto; o fim é o mesmo, a doença e a morte, por meio da Desunião.

DISPERSÃO

A dispersão é um caso um pouco mais grave – vimos apenas alguns pacientes a desenvolverem –, mas imaginem a energia de um dos setores perdendo a unidade que lhes é particular. É como um tecido esgarçado, ou esgarçando, aquela "bolha" de energia se parecendo com uma bolha de sabão que vai estourar logo a seguir (Figura 60). Antes de explodir, dá para ver milhões de gotinhas de água revelando a falta de integridade da bolha, que desaparecerá, e sua vida se esvairá.

Figura 60. Bolha de sabão dispersando.

O indivíduo parece perder sua força para viver em um dos ambientes. São os casos em que a Mente ou o corpo físico se enfraquecem, apesar de o outro se manter ainda em bom estado.

São os casos de Alzheimer ou aqueles de "ELA."[24]. Nos primeiros, a mente se perde, mas o corpo se mantém, enquanto, neste último, o corpo se esvai e a mente se mantém. Neste, a "bolha" que está por explodir é a do Yin. Existem muitas variações, mas estas duas, como são estados extremados, servem para ilustrar melhor o ponto a ser entendido.

ESTAGNAÇÃO

A estagnação é um processo em que a energia do indivíduo vai parando. Não quer dizer que ele não a tenha, somente que ela está sem seu poder natural de se mover pelo corpo; o "vento"

---

24. Esclerose lateral amiotrófica (ELA.).

perdeu sua capacidade de conduzir o sangue, por exemplo. Um bom exemplo é o de dor migratória. Entende-se que a dor é um estado de falta de circulação de energia, por isso algumas pessoas costumam andar para, quando o nível de energia aumentar, a dor passar, devido ao fluxo. Quando ela novamente diminui o ritmo, volta a se estagnar e volta a dor. Assim, temos a percepção dessa migração da dor no indivíduo. Muito se diz atualmente sobre a associação desses quadros com os de depressão, simplesmente pelo fato de que a energia do Metal está em oposição àquela da Madeira, vento, agitador, incitador, que move, faz fluir, contrária, portanto aos quadros de estagnação.

AGITAÇÃO

A Agitação é um processo natural e pode ser causado pelo excesso de atividades, pertencente a qualquer um dos setores, mas pode ser causado por excesso de Sol também. Tomar Sol, o que é muito comum aqui no Brasil, é uma das causas de adoecimento segundo a Tradicional Medicina Chinesa. Essa atividade pode, em casos extremos, levar a pessoa a ter dores de cabeça constantes. Atualmente, existem até nomes pomposos para esse tipo de dor, mas ele tem em seu fundo o aquecimento interno.

Em casos mais graves, o líquido espinhal pode ser lesado e até mesmo "secar", e, como consequência, lesar nossos sistemas de defesa e também a medula.

O envelhecimento precoce não só está associado à parte externa, como é notado na pele pelas rugas, mas principalmente aos sistemas internos. Como outro exemplo, podemos citar o envelhecimento ligado à medula, caminho de circulação mais interno de nosso sistema. Tanto a subida quanto a descida da Energia dependem da boa saúde desse caminho. A Energia que vem do cérebro desce até o ponto em que se encontra, por volta da 2ª Lombar, o chamado de "Portal do Retorno" e sobe, a partir deste até o cerebelo, garantindo a vida, a saúde e a manutenção de um estado de juventude da pessoa. Portanto, o mau funcionamento ou a falta de circulação de energia por aí causam um envelhecimento interno muito sutil e que pode causar aquelas tremendas dores de cabeça.

Essa via interna é a nossa Via Láctea, e todos os Centros de Energia são os "Sóis" que temos internamente. As glândulas têm uma relação muito forte com a medula, e nosso sistema nervoso ao fluxo daquela energia. A hipófise, ou Ru Pu, que é a "Teta que amamenta com o leite Celeste", não pode ser afetada pela seca ou pelo aquecimento interno. A secreção dessa glândula que "goteja" na medula, fortalecendo-a, e regendo todas as outras glândulas abaixo dela, não pode deixar de ocorrer ou ser minimizada, por razões óbvias.

Nossa mente também perde a vivacidade quando a energia deixa de passar por esse trajeto, o que já ocorre naturalmente, a partir do fechamento das "portas" internas. Com a descida do esperma no menino e o aparecimento da menstruação nas meninas, essas portas quase fecham totalmente. Imagine se esse fluxo for afetado ainda pela "secura" interna, causada pelo aquecimento da parte de dentro? A velhice vai chegar mais cedo, não é mesmo?

Esses são, de forma geral os quatro tipos de adoecimento segundo a MTC. Eles podem ser mais bem abrangidos e também entendidos se forem estudados a fundo. O presente livro é apenas introdutório ao assunto; precisamos de muito mais para chegar a entender os mecanismos internos do fluxo de energia, que é o mesmo que entender a doença nos mais diversos níveis.

OS MERIDIANOS DE ENERGIA

CONSIDERAÇÕES GERAIS SOBRE OS MERIDIANOS, ÓRGÃOS E VÍSCERAS

Primeiramente, daremos uma breve introdução do que são os Meridianos de Energia e sobre os chamados órgãos e vísceras.

Os meridianos de energia são os trajetos por onde uma energia polarizada caminha dentro de nossos corpos. São como um pequeno depósito dessa energia. Agem como se fossem rios, têm começo, meio e fim[25], um sentido definido na maioria dos casos[26], e estão vinculados a uma calha por onde fluem. Afinal, são rios, mantém uma relação de interdependência com o local por onde passam, os arredores dessa calha, além

---

25. Este fim pode ser algo apenas virtual, some pelo aparecimento de outro, se ramifica em parcela infinitesimal, "some", ou somente não pode ser percebido.

26. Podem ser bipolarizados, pois permitem a passagem de dois tipos de energia. Assim, são os de conexão.

de um fluxo que pode ser definido e determinado temporalmente, pelo menos na maioria dos casos[27]. Mantêm, portanto, aquelas qualidades mencionadas do Chi de espaço-tempo, um vínculo real.

O que diferencia basicamente um ramo ou meridiano de outro é o tipo de energia que por ali passa ou sua polarização, e depende de relações de amor e ódio entre as mais diversas possibilidades de junção entre aqueles Troncos Celestes e Ramos Terrestres. A polarização é uma questão de tempo e espaço, ou seja, quanto ao tempo, tem a ver com o momento da fecundação (dia e ano), com sua constituição durante a gestação (sequência de geração a partir da madeira e findando na água), com o momento em que a geração está acontecendo (dentro do ciclo sexagenário) e com o momento em que se desenrola a vida da pessoa (dentro do movimento sexagenário). Quanto ao espaço, onde tudo isso anteriormente está se desenrolando, onde ele foi fecundado, até onde ele vai morar durante sua vida. Devemos também levar em conta todo o processo hereditário que entrará em questão no processo de individuação da pessoa.

Simplificando, devemos saber disso, mas vamos nos ater ao que pode ser visto na prática.

Quanto maior o volume dessa água (Chi) a percorrer um determinado trajeto, mais polarizado ele estará e a isso se associa ainda a qualidade da energia, pois existem meridianos que não

---

27. Os chamados Principais percorrem um determinado trajeto de duas em duas horas, independentemente de sua extensão. Nos casos dos mares, vasogovernador e vasoconcepção, esse circuito de energia pode ser temporalmente associado ao ciclo das estações do ano. Dessa forma, quando estão em união cíclica, demoram um ano para a circunvolução. Por acaso, esse mecanismo explica diversos tipos de sintomas energéticos que a pessoa sente ao longo do ano e que podem ser entendidos sabendo-se o local onde está transitando a energia. Também revelam um ciclo total que tem duração de 60 anos.

dependem somente da sua localização para estar polarizados, mas também de um determinado atributo da energia para agir.

Existe uma quantidade enorme desses caminhos por onde a energia se desloca pelo corpo, mas, dentre os mais importantes, temos os meridianos chamados de Principais em número de doze, seis pares bilaterais, dispostos em cada uma das metades do corpo, e centenas de outros, ditos secundários, espalhados pelo corpo e formando uma rede imensa.

Os meridianos são como rios, e eles são diferenciados em sua constituição energética por meio de sua polarização ou qualidade. Deve ser entendido que a energia, sendo apenas uma só, muda sua aparência em função de uma determinada rota que segue e por se assemelhar a esta. Mas isso só acontece porque a energia também influencia o lugar que percorre (parte do corpo), além de existirem aquelas qualidades definidas em função das heranças ou ordenações.

Assim, se a energia transitar por um campo polarizado em uma determinada conformação, irá agir, se comportar, ter aquela determinada polarização, mas o campo polarizado é formado por essa mesma energia polarizada de acordo com um sistema de desenvolvimento formado ao nascer. Assim, um irá reforçar o outro, à medida que entrarem em contato, campo polarizado <> energia; energia <> campo polarizado. E o campo polarizado será desenvolvido por aqueles trajetos que têm em si a missão de desenvolvê-lo, polarizá-lo. Portanto, polarizará o terreno naquelas referidas qualidades herdadas ou ordenações, oriundas de nossos Pais, ancestrais e de nossa espécie. Estes se enquadram melhor em dois tipos de meridianos: os Vasos Extraordinários, ou seja, em quatro dos oito dos meridianos desta espécie, e os Meridianos Tendinomusculares, que são os responsáveis pela fase de desenvolvimento embrionário.

Resumindo:

- Existem meridianos que "preparam" o terreno, criando-o, estipulando seus limites, dividindo-o em setores, atribuindo funções, fazendo aparecer as situações necessárias ao desenvolvimento de todos os sistemas. Estes são os vasos extraordinários e os tendinomusculares. Eles carregam em si uma quantidade de ordens a ser seguidas para o desenvolvimento do campo polarizado, ordenações recebidas de nossos ancestrais.

- Existem meridianos que vão aparecendo em função do tempo que vai passando e, portanto, do terreno que vai se desenvolvendo, alterando e se soterrando. Eles se polarizam em função tanto deste terreno quanto de onde a energia é proveniente, Céu ou Terra. Assim, as energias Yin ou Yang, proveniente do Céu ou da Terra, serão atraídas para locais afins no terreno. A atuação destes faz com que sejam alimentadas e realimentadas as áreas por onde passam.

POLARIZAÇÃO

Quanto à polarização, um bom exemplo é encontrado aqui no Brasil, quando observamos o Rio Solimões e o Rio Negro (Figura 61), que têm suas características muito diferentes porque a água que os percorrem vai carregando os "sedimentos" que eles encontram pelo caminho. Assim, no caso destes rios, um terá a cor mais escura, dada a decomposição das folhas das florestas por onde passa, enquanto o outro vai arrastando os sedimentos de terra das margens, por isso seu aspecto é mais barrento.

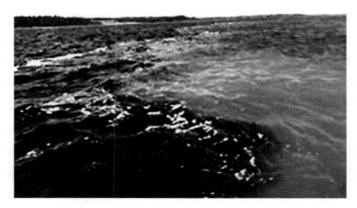

Figura 61. Encontro do Rio Negro com Solimões.

Isso é a polarização. O trajeto por onde o rio passa altera a água, dando peculiaridades únicas a estes, e também a própria constituição do rio altera a paisagem em que ele está inserido.

Por outro lado, a energia também acaba influenciando o terreno. Isso quer dizer que a água em si carrega atributos diferentes, pois sua origem pode ser tanto proveniente do Céu Yang, quanto da Terra Yin. Assim, já é parcialmente polarizada também. A chuva que cai sobre uma localidade já tem uma afinidade com o terreno, isso devido a esta chuva poder vir daquele ambiente Yin ou Yang.

Depois da pré-polarização, será novamente dividida de acordo com o lado mais Yin ou Yang onde a tal "chuva" cai. Quer dizer, ela pode ser de origem Yang e cair em um terreno Yang, ou intermediária, ou simplesmente Yin. Da mesma forma ocorrerá quando a "chuva" Yin cair, podendo correr pela encosta Yang, ou intermediária, ou mesmo Yin. São aquelas divisões que os chineses deram para diferenciar os meridianos, Tai Yin ou Tai Yang.

OS MERIDIANOS DE NOSSOS CORPOS

Como já foi dito, existem diversos conjuntos de meridianos e eles aparecem de acordo com nossa formação e desenvolvimento embrionário. Assim, existem dois sistemas que, na fase de surgimento do indivíduo, podem ser considerados os mais importantes: os Tendinomusculares (Jing Jin ou Tching Kann) ou tendinosos, em número de doze. São seis pares bilaterais que representam os mais externos no conceito dos seres já formados, e os Vasos Extraordinários (Qi Mo) ou Maravilhosos, em número de oito (atualmente são considerados apenas quatro). Desses dois sistemas recebemos as primeiras configurações que garantirão o desenvolvimento do nosso campo polarizado (corpo). Aí estão as informações básicas recebidas, chamadas de "ordenações" do nosso ancestral Céu, o Imperador, responsável pela nossa criação. A menção das Energias Hereditárias, que também contém e interferem mutuamente na criação do campo polarizado, será feita mais adiante.

Durante nosso desenvolvimento embrionário e fetal, outros meridianos serão constituídos, mas somente ao final de sete anos estarão totalmente desenvolvidos, finalizados pela complementação dos chamados Meridianos Principais, que dependem da integralidade da topografia do terreno para funcionar plenamente. Eles evoluem paralelamente ao terreno, mas, na fase pré-sete anos, isso não acontece. Daí a razão de não utilizarmos totalmente os pontos de acupuntura nas crianças até essa idade.

Podemos comparar aqueles dois conjuntos iniciais como se constituíssem um ovo, com casca de um lado e clara/gema de outro. Nesse comparativo, temos os meridianos tendino-musculares como a casca do ovo, enquanto alguns dos vasos maravilhosos são a clara/gema desse ovo primordial.

A casca faz a interface com o meio ambiente, interno e externo, levando o que está fora, chamado de pré-natal para dentro, e o de dentro, chamado de pós-natal, para fora. Na fase inicial de nossas vidas, a entrada de energia é maior do que a saída da energia, o que se reverte na adolescência. Aquele conjunto de meridianos pode ser associado a uma rede extensa.

Já o meio interno gema/clara carrega em si as ordenações que configurarão toda a topografia interna e também a alocação de recursos, e disporá sobre as formas básicas do sistema de águas. Parece que são duas coisas diferentes, mas não podemos imaginar que os dois, casca e parte interna, possam estar desligadas uma da outra.

Os dois sistemas, tendinomusculares e extraordinários, não necessitam da topografia para existir, já que formam essa "topografia" especial embrionária!

Vale mencionar, no entanto, que, no caso dos vasos extraordinários, somente os quatro mais importantes estarão disponíveis para agir, a saber: os dois mares de energia, Vasoconcepção (Ren mai, Mar Yin) e Vasogovernador (Du mai, Mar Yang), da Vitalidade (Chong Mai) e Cinturão (Dai Mai). Os demais serão desenvolvidos ao longo do tempo. Eles podem ser associados a uma área alagada, várzea, mas, no instante inicial, é melhor dizer que seriam os mares que mencionamos. Parece que tudo se relaciona com a natureza, ao momento em que, na evolução de nosso Planeta, tudo ou quase tudo está coberto por água. É mencionado também que se assemelha a um capote de arlequim, algo sobreposto a nossa constituição (ver Schatz/Larre/La Vallée).

A estrutura desses quatro fará a rotina de circulação maior do Chi e da circulação do Vapor.

O mecanismo básico é o Vaso Chong Mai, que muitos traduzem por penetrador; somente lembrando de sua localização, mas o Mestre Pai Lin o chamava Vaso da Vitalidade. Assim, seu sentido fica mais amplo, e isso fica mais visível quando conhecemos a fundo sua função principal.

Nele, encontramos o fogo e a água unidos, fazendo nossa máquina a vapor funcionar, impulsionando nossos corpos. Ele promove a grande circulação interna através dos outros vasos principalmente pelos dois mares Ren e Du, apenas contido em sua ânsia expansiva pelo Daí Mo ou Cinturão que o disciplina, colocando limites à sua atuação.

No princípio, na fecundação, nós somos fogo-água, formando uma unidade indissolúvel, misturados, como o Yin-Yang. Essa unidade irá, por semelhança ao macrocosmo, se reunir em Yin na parte inferior do corpo e Yang na superior, mas mantendo uma ligação entre eles. Se essa ligação se romper, o indivíduo morrerá.

Essas ligações são os meridianos de energia. Os meridianos são como cabos de força de qualquer aparelho elétrico que temos em casa, ligando a fonte ou as baterias com o aparelho. Nesse caso temos duas fontes, uma Yang ligada ao Céu, que está posicionada em nossas cabeças, Lin Tai, responsável pela entrada da energia Yang dentro de nós, e outra, Yin Chiao, na parte inferior do corpo, trazendo para dentro a energia Yin da Terra.

Na realidade, a energia, como uma rota predeterminada, já vem em nosso "pacote" formador. Assim, o corpo físico só se desenvolverá respeitando as "Ordenações" dadas pelo "Imperador", Céu, para a nossa formação.

De um lado, portanto, temos a energia Yang entrando por cima e sendo conduzida para baixo por esse fio condutor, e, do outro, a energia Yin entrando por baixo e sendo conduzida para cima por outro fio condutor, conforme a Figura 39. O Yin busca o Yang e vice-versa, como será mostrado nos casos dos meridianos.

Dessa forma, em nossa formação, o "Campo Polarizado" será desenvolvido pela energia ordenada, formando o Corpo Físico, mas, à medida que este corpo esteja formado, a energia polarizada irá caminhar milhares de vezes por ali reforçando seu caráter, revitalizando a ordenação inicial criada desde o momento de nossa fecundação.

Devemos primeiramente ter a ideia de que recebemos "presentes" de nossos diversos Pais para a formação de nosso corpo físico. Nossos pais são quatro: dois Celestes, Céu e Terra, e dois terrestres, pai e mãe. Estes presentes irão montar um quebra--cabeça, contendo peças dos vários ambientes Pais. Recebemos as Ordenações Celestes de nosso Pai comum, o Céu; recebemos de nossa Mãe coletiva, a Terra, as nossas peculiaridades que construirão esse corpo físico, nos moldes solicitados pelo Pai Celeste, além de unir as energias de nossa própria espécie humana, no fundo dada por estes mesmos Pais.

Em adição, recebemos de nossos pais "terrestres" a mescla da energia deles, responsável pela mistura que formará o corpo físico. Este, polarizado pela energia, será constantemente reafirmado pelo trânsito da energia polarizada adicionada de nossas peculiaridades individuais, conhecida como Jing, essência.

Dessa forma, os Meridianos são repositórios de energia em movimento, são como rios que fluem para os mares.

Nossos corpos, no momento de nossa concepção, não se detêm em ser apenas um ovócito fecundado por um espermatozoide. Em seu interior, as ordenações do Imperador Celeste já se fazem sentir, à medida que esse "ovo" tem em si todas as qualidades necessárias à formação de um corpo humano.

O novo corpo precisa de uma série de informações que serão incorporadas e posicionadas de maneira a conduzir nosso funcionamento, e será responsável por diversas atividades que serão desenvolvidas ao longo de nossas vidas.

AS ENERGIAS CONSTRUTORAS DO INDIVÍDUO

Existem algumas categorias sobre a energia, mas elas podem ser qualificadas em diversas modalidades: as Hereditárias, Macroscópicas e Microscópicas.

Energias Hereditárias

São as seguintes, pelo menos a princípio, no que se costuma chamar o "choque inaugural da concepção", e formam as chamadas Energias Hereditárias:

▸ **Ben Shen**, ou Almas Vegetativas, responsáveis pelas características psicossomáticas de nossos corpos, fazem a individuação do Ser Humano em algo único;

▶ **Energia Zong**[28], ou Ancestral, fundamental para explicar os mecanismos respiratórios e cardíacos, tem a ver com a filiação e faz com que cada indivíduo respeite sua linhagem familiar. Vem debaixo e irá reger a área superior do corpo;

▶ **Energia Yuan**, ou Arcaica, é a mais arcaica das três e está presente em todas as coisas do universo. É ela que dá os códigos para permitir que um Ser que entra na vida o faça de acordo com as prescrições filogenéticas, o "homem se parecerá com o homem", assim como as outras criaturas deverão respeitar as suas próprias formas. Entrará pela parte superior e regerá a inferior;

▶ **Energia Jing**, Seminal ou Essencial, é muito importante no que concerne à composição dos alimentos sólidos e líquidos, é o resultado da união dos Jing dos pais terrestres. Ela também é responsável pela concretização das duas energias anteriores. Ficará alocada no meio do corpo;

▶ O **Xingming**, ou o Fogo Ministerial, responsável pela ancoragem dos dois princípios, fogo e água, em nossos corpos.

Pode-se perceber que as três energias acima estarão dispostas internamente de maneira a se posicionarem como um dos três aquecedores do corpo – a Zong proveniente debaixo ficará em cima no corpo, a Yuan proveniente de cima se alocará embaixo e a Jing, produto dos Jing de nossos pais terrenos, ficará no meio. E o Administrador Xingming manterá tudo em funcionamento.

---

28. Em *De Aperçus de Médecine Chinoise Traditionnelle*, de Schatz, Larre e La Vallée, Zong se assemelha ao RNA e tem por papel atualizar os mecanismos vitais do corpo humano em conformidade com os modelos transmitidos por cada linhagem, enquanto Yuan se assemelha ao DNA e o Jing e pode ser diferenciado como do Céu anterior ou posterior. A primeira é a que fornece material necessário à concepção de um novo Ser, enquanto outra, dita do Céu Posterior, tem a ver com os mecanismos de formação e florescimento do corpo, a partir da alimentação e da respiração, e colabora ainda com as outras energias para compor o Ser. (Livre adaptação)

Energias Macroscópicas: Yong e Wei, energia Nutritiva e Defensiva; e Energia Zhen, Autêntica

Existem outras energias presentes em nossos corpos ou Macroscópicas: Yong, chamada de nutritiva e Wei, defensiva.

A primeira é considerada profunda, vem do interior proveniente de nosso aquecedor médio e, ao atuar sobre os outros dois, levará essa energia a toda parte através dos trajetos de energia.

No caso da Energia Defensiva, ela caminha pelos meridianos conhecidos como canais unitários e se deslocará ao longo do dia por eles, dos mais externos aos mais internos. Depois, ficará refugiada durante a noite nos órgãos, seguindo uma circulação particular, rins, coração, pulmão, fígado e baço. Sairá de cima, olhos até os pés, retornando dos pés aos olhos pelos vasos maravilhosos do Yin Qiao durante o dia.

As duas energias se comparam aos fluxos de energia da Terra. Quando uma está recolhida, a outra está exteriorizada, e quando a outra se recolhe, chega a vez daquela que estava recolhida dominar o ambiente externo.

Energias Microscópicas: Xue e Chi

As duas energias formam a menor unidade de energia, quando se trata de fenômenos biológicos. São inseparáveis e, por que não, uma só. Formam uma dualidade que atinge o espectro do Yang, impalpável, e também daquilo que podemos tocar. São as graduações do próprio Chi que uma hora se apresenta, quando observado enquanto movimento e, por outro lado, parte da matéria. Dessa forma, estamos no começo de tudo novamente, é a menor parte do corpo, energia microscópica que remete diretamente ao Todo, Macroscópica. As duas pontas se tocam, começo e fim em sintonia; nunca acaba, só se transforma.

Pode-se observar também, quando apresentamos a sequência do deslocamento da energia, que o Chi, Energia, toca seu pai Yang, que vai à frente, coordenando o trabalho. O Sangue está associado tanto ao campo vascular quanto à distribuição dos líquidos corpóreos que irão alimentar todo o corpo, pela quintessência dos alimentos.

E quem tem a responsabilidade de imprimir a esta massa seu movimento é nada menos do que a própria Energia, que põe tudo em movimento.

Assim, é necessário que exista aquela topografia organizada e plenamente formada para que haja a ampla rede de meridianos formada ao longo dos anos.

A princípio, somos fogo-água em uma única coisa, pulsante, uma bombinha que será sentida no pulso da mãe assim que esse ovo seja fecundado.

Esses princípios juntos inevitavelmente se separarão, e irão em direção às suas naturezas, somente contidos pelas âncoras que as manterão dentro de nós, seres humanos.

Dessa forma, a separação fará com que as estruturas físicas sejam desenvolvidas ao longo de um eixo polarizado, norte-sul, fogo-água, em cima e embaixo, a princípio.

Depois, com o tempo, as estruturas laterais, eixo leste-oeste, madeira-metal serão criadas como naquele movimento apresentado no Diagrama do Rio (Figura 6), no início do livro.

As âncoras referidas anteriormente são representadas em nossos corpos pelas energias do Triplo Aquecedor e Pericárdio, Xingming[29], que atuam no sentido de segurar, impedir o progresso das duas polaridades infinitamente, causando a ruptura da ligação vital entre os dois princípios. Eles atuam da seguinte maneira: na região do Fogo Imperial ou Coração, o Pericárdio

---

29. Ver *Alquimia e Medicina Taoísta*, de Zhao Bichen.

age como água contendo-o, lembrando que o Pericárdio é uma membrana que envolve o Coração, é a "água" que retém o Fogo em seu lugar; no lado oposto, o Triplo Aquecedor (no Ming Men, entre os rins (que é o local do Triplo Aquecedor Original) aquece a Água dos rins, fazendo com que ela não escorra para baixo. Essas são as duas âncoras que impedem o movimento desenfreado do Fogo, que quer subir, expandir-se, e da Água, que quer descer, se contrair.

A ESTRUTURA DOS MERIDIANOS

Ao longo do tempo, a topografia vai se aperfeiçoando e vai criando condições para os outros meridianos aparecerem. Os primeiros meridianos que surgem são aqueles responsáveis por esse desenvolvimento, os Tendinomusculares e os Vasos Extraordinários.

No caso dos Meridianos Tendinomusculares, o desenvolvimento da topografia irá formar no indivíduo uma rede extensa por onde a energia fluirá superficialmente, além dos chamados Pontos Shu antigos, ou pontos de natureza, cada um identificado por um ponto do rio; eles guardam também relação com as estações do ano.

O primeiro é o Poço, Ting e, devido às duas diferentes polaridades, Yin ou Yang, ele pode ser de duas naturezas diferentes: Metal, para o Yang; Madeira, para o Yin (Figura 62). Na Filosofia Taoísta, existe uma frase para isso, que é "união Metal-Madeira" ou a união entre o Espírito, Metal, e a Matéria, Madeira.

A natureza dos pontos irá se desenvolver conforme a sequência de geração dos movimentos. O Metal gera a Água, a Água gera a Madeira, a Madeira gera o Fogo, o Fogo gera a Terra, terminando assim os cinco pontos de natureza iniciados com o Yang. Os meridianos Yin nascem da Madeira; portanto, Madeira gera o Fogo, o Fogo gera a Terra, a Terra gera o Metal e o Metal gera a Água.

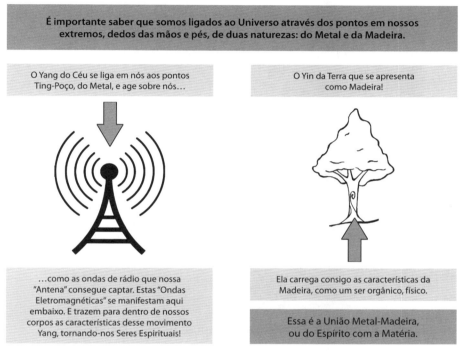

Figura 62. Os Pontos Poço e Tsing, com suas naturezas originais.

Quer dizer, os meridianos que, como os rios, surgem de nascentes ligadas ao Céu, Yang, Metal, Sutil, Espiritual ou à Terra, Yin, Material, Denso, terão seus pontos iniciais em uma ou outra polarização, mas se desenvolverão conforme rios comuns, aumentando seu volume até o inevitável encontro com o mar.

> O próprio meridiano principal possui cinco diferentes pontos: sua nascente, ou poço, Ting. E aqui, onde o que está fora dos meridianos é trazido para dentro, é o contato com o exterior, tanto daquelas energias provenientes do Céu quanto da Terra e do próprio corpo que se reúne aí e entra nos meridianos.

> Depois, ele se torna um riacho propriamente dito, Iong, com um volume um pouco maior, mas nem tanto. Aqui existe uma concentração, ele se afirma como um "rio". Trata-se, nesse ponto, do frio e do calor.

Figura 63. Ponto Tsing, poço, e Iong, riacho.

Os pontos Ting são os pontos onde a energia está mais próxima à origem, Pré-Natal, como no exemplo e na figura acima, onde o Amazonas começa apenas naquele pequeno olho d'água nos Andes.

Em um segundo momento, surge, com o acréscimo das águas que correm para aquele fiozinho de água, um riacho ou Iong, com um volume ainda pequeno, mas maior que o anterior.

Após esse início, temos um relativo aumento de volume e de força, tornando os riachos e rios verdadeiros, por onde se pode transitar usando uma embarcação.

No terceiro estágio, ele vira um rio, Iu, e, como tem a ver com uma "embarcação" ou subir a bordo, ela pode trazer para dentro de nossos corpos energias que nos fazem mal. Por outro lado, também é nesse local que a energia defensiva de nossos corpos se apresenta.

O "Rio" apresenta uma passagem, um afluente, Iun. As energias perversas aparecem nesta bifurcação. Mas as energias defensivas também se apresentam nesse ponto. Os vasos transversais são os afluentes que chegam-saem do ramo principal. Eles servem para regular os meridianos acoplados.

Figura 64. Ponto Iu, Embarcação, e Iun, Confluente.

Os meridianos tendinosos seguem da superfície, pontos Ting, poço, para Iong (Figura 63); adiante, Iu e Iun (Figura 64); após, King; e, finalmente, o Ponto Ho (Figura 65), chamado de estuário, porto final que encontra o "mar".

Pode-se associar os pontos Poço a "ralos" que têm dupla função: deixam entrar a energia do universo em nós, ao mesmo tempo que permitem que nossa energia migre para fora, para o "Todo". O primeiro ralo irá até o ponto de encontro de meridianos de mesma natureza e mesma procedência, que será outro ralo e fará com que a energia proveniente de fora entre verdadeiramente em nossos corpos, pondo fim à trajetória superficial e iniciando a trajetória profunda. Não se deve confundir com o ponto "mar", onde a energia primeiramente se aprofunda.

O segundo ralo tem dupla função também, fazendo com que nossa energia, alterada pelos nossos sistemas internos, saia rumo ao Todo e também receba deste uma nova leva de energia, mas, antes, deve correr até as nossas extremidades.

O Ponto King é um porto. Daqui, você pode continuar viagem, mas também pode desembarcar e ir para outro lugar. Geralmente, esse ponto é utilizado para atingir áreas próximas.

Neste local, chamado de estuário, ou reunião, Ho, o canal se liga ao profundo, e o profundo à superfície! Fica posicionado na região das dobras do cotovelo e do joelho. Este ponto liga o Yin à água e o Yang à Terra, terminando, assim, o que se conhece por pontos Shu Antigos.

Figura 65. Ponto King, Desembarque, e Ho, Estuário.

Os meridianos tendinosos nos envelopam, são como uma rede extensa que nos mantém na parte interna, tanto em quantidade quanto em quais porções do corpo atuam. Estas porções ou profundidades determinam muitas vezes suas qualidades e níveis de atuação. Assim, os meridianos mais superficiais servem de salvaguarda aos ataques de origem externa, enquanto os mais profundos vão nos livrando e protegendo dos ataques que já adentraram nossos corpos.

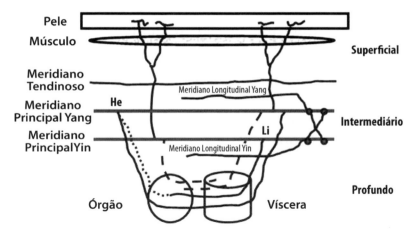

Figura 66. Profundidade dos Meridianos.

O complexo sistema de meridianos abrange todas as camadas do corpo (Figura 66), indo das partes mais superficiais até o local mais profundo, onde, por natureza, guardamos os verdadeiros tesouros de nossa existência.

Figura 67. O Sistema das Águas.

Nossa natureza nos divide em setores – a camada superior, a média e a inferior – e a atuação dos meridianos também segue essa lógica (Figura 67).

O local mais profundo dessa lógica são os órgãos, os quais, por serem Yin, estão localizados na parte mais profunda. É como se tivéssemos reservatórios de água, os aquíferos. Pela lógica, os canais, meridianos, são uma projeção destes reservatórios e possuem qualidades semelhantes. Daí usarmos, para tratamento, os meridianos na regularização do organismo.

Nesse contexto, temos os órgãos da Medicina Chinesa, Coração, Rins, Pulmão, Fígado e Baço-Pâncreas, além do Pericárdio. Tais reservatórios recebem energia polarizada do universo, através de centros de energia das extremidades, via tendinomusculares, e também por transformação das vísceras.

O meio de acessar a energia represada nos órgãos é por intermédio de outro tipo de meridiano, o Divergente. Parte dos meridianos Principais como os cenotes drenam as águas dos rios e as aprofundam (Figura 68).

Como os Meridianos Principais pertencem a uma camada mais superficial, é necessário esse tipo de canalização para chegar ao profundo. Os sistemas de cenotes de nosso corpo funcionam não somente para gerar uma reserva de água profunda, mas também servem para alimentar, ou melhor, retroalimentar o sistema dos rios. Essa retroalimentação serve também para reforçar a energia que percorre o meridiano com nossas peculiaridades individuais. A energia gerada externamente pode estar polarizada de Yin ou Yang, percorrer trajetos, rios, que as reforçam ainda mais com características particulares do terreno, mas ainda falta aquela diferença que só encontramos em nosso íntimo.

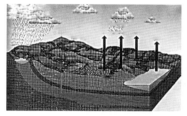 

Figura 68. Cenote e Aquífero.

No sistema que estamos analisando e no entendimento taoísta de cada pessoa, somos constituídos daquela herança cosmogenética e da genética familiar com algo a mais que nos individualiza. São os Ben Shen, almas vegetativas ou psicossomáticas, que carregam nosso jeito de ser.

Essa particularidade recebida na forma de dote, de nosso Pai Celeste, individualiza-nos. Quer dizer que a minha energia é só minha, tem minha assinatura. Ela pertence somente a mim, respeita como Eu fui constituído e me constitui. Fora de mim, existe aquela energia comum a que todos têm acesso, mas, quando entra no meu íntimo, este sofre uma série de alterações, pela topografia do terreno que me é particular também. Depois, ainda, essa disposição é realimentada, reforçada por uma peculiaridade mais profunda, pelos Ben Shen.

Nos meus meridianos corre uma energia só minha, meus sistemas respeitam e respondem de acordo com minha forma. Qualquer coisa em sentido contrário pode alterar a frequência em que vibro e causar distúrbios.

Muitas vezes encontramos os conhecidos ataques das energias externas, que podem ser consideradas perversas, mas elas são, por um lado, as energias que nos alimentam e, por outro, somente mantém uma peculiaridade mais influente que a nossa própria, causando danos. Elas não são convertidas em algo útil, daí a sensação de perversa, destruidora, causadora de distúrbios.

Nós temos aquela energia de proteção, aquele campo magnético que é mantido por um dos sistemas internos de nosso corpo. Ela mantém afastada a influência demasiada que o universo quer nos impingir, apesar de deixar parte dessa energia passar. É como a luz do Sol necessária à saúde e à vida do planeta, mas, em demasia ou na falta dela, nós, habitantes do planeta Terra, morremos.

O mesmo acontece conosco. Precisamos dessa energia externa. Em demasia e de uma forma que não se adapte às nossas necessidades para respeitar os nossos sistemas particulares, ela se "transforma" em danosa.

Da mesma forma que nosso Pai nos dá a vida, ele pode tirá-la.

Pois bem, o sistema de *feedback* que fazemos sobre os meridianos de nossos corpos e sobre a energia que por ali passa utiliza meridianos divergentes.

Temos de lembrar que o meridiano de energia é também um depósito dela. Por isso se assemelha aos órgãos mais do que às vísceras, que são de onde essa energia provêm. Daí a atuação sobre os meridianos se dar em função de como a energia perversa age sobre eles. Isso pode ser visto de outra perspectiva: quando existe seca em uma região, a pessoa que procura por água vai buscar cada vez mais profundamente. Quer dizer, se não houver água (energia) naqueles rios mais acessíveis, tem de se buscar nos mais caudalosos, perenes, e, se não houver ali, a pessoa irá procurar em outros lugares ou cavar a terra, poços, até chegar às águas que estão dentro da terra. Se a seca se prolongar, o poço terá que ser aprofundado também. É assim quanto à utilização dos meridianos. Primeiro, a gente começa mais superficialmente; depois, vai aprofundando, em função de onde a energia benéfica está, mas também devido à profundidade do ataque da doença[30]. A doença ou o ataque externo começa a partir da superfície e vai se aprofundando, à medida que vão ganhando penetração. A busca da energia para restabelecer o sistema saudável de nossas energias é assim também, respeitando essa lógica.

Tudo respeita aquela máxima, Yin-Yang e Chi, ou seja, Pai, Mãe e filho, externo, interno e intermediário.

Podemos dizer que os meridianos principais, em relação aos ZangFu, órgãos-vísceras, são Yang, enquanto aqueles serão Yin, nesse ponto de vista relativo. Fazendo a ponte de interligação entre ambos, existe o filho, o Chi, podendo ser na forma de um meridiano que fará o meio de campo. O filho, como em muitos casamentos, é o "elo de ligação" entre a mãe e o pai.

Na parte externa, temos os meridianos Yin de um lado e os Yang de outro. Fazendo também a ligação temos um outro grupo que faz a conexão entre eles, chamado inclusive dos Meridianos de Conexão. Um destes faz a conexão que mencionei, enquanto outro tipo faz a ligação em um mesmo plano, mas com sentido diverso do primeiro.

Na parte interna temos, portanto, uma ligação entre órgãos e vísceras, como era de se esperar, fazendo com que este casal também se ligue.

---

30. Ver em diagnóstico através da Língua a evolução da doença via aprofundamento do ataque.

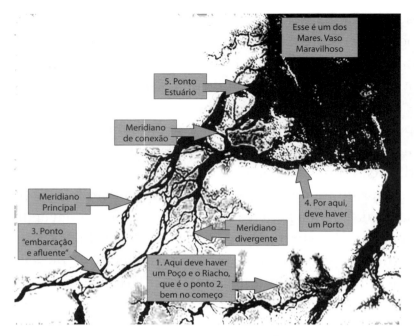

Figura 69. Resumo comparativo: Meridianos *versus* Rios.

RESUMINDO

Resumindo, sobre os Meridianos de Energia (Figura 69), teremos:

▶ Os **Tendinomusculares**, rede superficial, externa, mais antiga na evolução do ser humano:
  ▹ Dozes pares bilaterais;
  ▹ São aqueles que pertencem, na topografia, aos lugares mais altos do terreno. Fazem escoar a energia pelas ribanceiras até pontos mais baixos, mas não demasiadamente, permanecendo sempre na superfície, até um primeiro estágio nos cotovelos e joelhos, onde se aprofundam um pouco mais e, depois, em seu fim, onde adentram pelos ralos;

- Pontos de natureza;
- Ligação com as estações do ano;
- Mecanismo de defesa externa, principalmente, por onde trafega a energia Wei, defensiva;
- Pontos de ligação nas extremidades dos dedos, das mãos e pés (ralos) onde há troca de energia com o Universo (Pontos Ting de cada meridiano) de dentro para fora e de fora para dentro, e outros pontos (ralos) onde essa energia se aprofunda e/ou aflora (ID18, VC03, Vb13 e Vb22);
- Ajuda na formação do embrião;
- Não necessita da topografia do terreno para existir – no princípio da existência, no adulto, a coisa muda um pouco.

▶ **Vasos Extraordinários**, internos, mais antigos na evolução do ser humano; no adulto parecem um capote de arlequim, (jogado por cima) e abrange algumas áreas:
- No adulto, serve de lugar de vazão[31] da energia dos meridianos principais;
- Oito no total, sendo quatro apresentados como pares bilaterais;
- No princípio da existência, colabora com os Tendinomusculares para formar o Ser, não necessitam da topografia

---

31. Parece com um lago, uma várzea, que acumula água quando existe uma sobra. Nos adultos, os Vasos Maravilhosos parecem com caminhões de água que servem a população quando existe escassez, retirando de um lugar, que tem água de sobra, para outro que necessita dela; o trajeto desse caminhão vai abastecendo a rota e percorre de um ponto ao outro, ponto de abertura até o ponto de fechamento. São muitas as propostas de tratamento por meio dessas rotas, mas sempre utilizando "água" sobresselente de um lugar, várzea ou lago, ou até mesmo de um dos rins para abastecer o outro. Dada esta possibilidade, pode acontecer de os recursos estarem escassos; dessa forma, será roubada uma energia que pode ser mais necessária em outra oportunidade ou em um lugar de maior importância. Essa água contém um adicional de memória da pessoa. Dessa forma, devemos usá-la com sabedoria.

do terreno para existir (Ren, Du, Chong e Dai Mai), mas, ao longo do crescimento, irá desenvolver um sistema de apoio aos meridianos Yin e Yang, Yin e Yang Mai, e aos movimentos Yin e Yang Qiao Mai;

> Carrega energia ancestral;

> Pontos de abertura e de fechamento[32], pela lógica cruzados, o que começa de um lado termina do outro;

> Ligação com as Vísceras de Extrema Perenidade, Vesícula Biliar, Cérebro, Medula, Ossos, Meridianos de Energia e Útero.

> **Meridianos Secundários**:

> **Transversais** ou conexão, unindo pares de meridianos principais acoplados, profundidade média, pois liga um meridiano principal Yang, mais superficial, com um principal Yin, um pouco mais profundo:

+ Fazem o equilíbrio entre os meridianos e o papel de vasos comunicantes, drenando a energia de um para outro meridiano;

+ São 12, bilaterais.

> **Longitudinais** ou colaterais, vão aonde os principais não chegam;

+ Compõem-se de 12 ligados aos 12 meridianos principais;

+ Dois ligados aos Vasos Maravilhosos Du e Ren Mai;

+ Dois ligados ao Baço, Grande Lo do Baço e Grande Lo do Estômago, ou Xu Li.

---

32. Na nossa concepção, esses pontos de abertura e de fechamento são os que outrora, em nossa formação embrionária, estavam juntos ou pertenciam a um mesmo lugar. Na hora do desdobramento do terreno, os pontos se distanciaram, mas mantiveram ainda um relacionamento de parentesco.

- Observação: existem ainda os meridianos finos e super finos:
  - ‣ Sun Lo, vasos netos ou terciários;
  - ‣ Fu Lo, vasos flutuantes;
  - ‣ Xue Lo, ou minúsculos, que são horizontais.

▷ **Divergentes**, meridianos profundos:
  - ◆ Em número de doze, apresentam um ponto de partida em cada um dos meridianos principais Yin e Yang, e um ponto de chegada que se apresenta somente nos meridianos Yang; os meridianos Yin, à exceção do meridiano do Fígado, acompanham, tomam emprestado o impulso dos Trajetos Yang para chegar à cabeça;
  - ◆ Passam, em sua maioria, pelo coração, Lar Original e Final dos Ben Shen;
  - ◆ "Retroalimentação" das características originais;
  - ◆ Ligam-se aos órgãos e vísceras.

▷ **Principais**, maiores em volume de energia polarizada, maior abrangência e força, formados totalmente aos sete anos de idade, caminho "reto":
  - ◆ Em número de doze pares bilaterais, acoplados, formam um par Yin-Yang: Pulmão e Intestino Grosso, Baço-Pâncreas e Estômago, Coração e Intestino Delgado, Rins e Bexiga, Pericárdio e Triplo Aquecedor, Fígado e Vesícula Biliar;
  - ◆ Agem da parte mais externa, superficial do corpo para a interna, profunda:
    - Externos:
      - ‣ Intestino Delgado e Bexiga, Tae *Yang*, mais superficial dos *Yang*;

> ‣ Triplo Aquecedor e Vesícula Biliar, Shao *Yang*;
> ‣ Intestino Grosso e Estômago, *Yang* Ming, mais profundo dos *Yang*.
> - Internos:
>   > ‣ Pulmão e Baço-Pâncreas, Tae *Yin*, mais superficial dos *Yin*;
>   > ‣ Pericárdio e Fígado, Jue *Yin*;
>   > ‣ Coração e Rim, que é o mais profundo.

Os meridianos foram apresentados aos pares para mostrar também que, além de serem pares de mesmo movimento da Energia, também podem ser pares, casais Yin-Yang, em movimentos antagônicos, ou melhor, complementares. São os chamados Canais Unitários, que formam entre si uma unidade e demonstram também como a doença se aprofunda no corpo, do mais externo para o mais interno. Como agem de forma única, pode-se ter a ideia de que são um só. Assim, o que afeta um, afeta o outro também, e os tratamentos devem ser pensados desta forma. Para agirmos "indiretamente" sobre uma determinada localidade, por necessidade ou porque fica mais prático o tratamento, podemos usar esse pensamento de unidade. Muitas são as maneiras de pensar essa unidade, mas, pela lógica, o que está em cima se reflete melhor no que está embaixo, de forma antagônica. Dessa forma, o braço direito "é" a perna esquerda, e assim por diante.

CONSIDERAÇÕES SOBRE ÓRGÃOS E VÍSCERAS

Eles são a base do sistema todo, pois serão de um lado o repositório, ou armazém, e de outro serão os produtores da energia. Veja a importância que isso tem em um sistema em que a energia é o ponto fundamental!

Um bom ponto de associação, quando falamos sobre essa dupla, mas principalmente sobre os órgãos, é: somos como árvores, só que funcionando ao contrário, ou seja, no nosso caso, a árvore é sustentada pelos frutos. A árvore é o nosso corpo como um todo, enquanto os frutos são basicamente os nossos órgãos, pois quem nos mantêm vivos são esses depósitos de energia que, em sua maior expressão, são aqueles órgãos, enquanto, em menor porção, teremos os meridianos. No fundo, os dois são uma coisa só, não é verdade?

Os órgãos e as vísceras, e também os meridianos de energia, formam um sistema amplo, um Todo, composto por cinco pares de órgãos e vísceras, mais os canais correspondentes, além de um par que tem uma função muito especial, que é o Fogo Ministerial. Mais à frente será apresentada a complexidade, que vai além dos fenômenos de geração e armazenamento, apesar de os órgãos serem destino das Almas Vegetativas, os Ben Shen, que têm como característica principal nos rechear de particularidades "únicas", tornando-nos entes individualizados, apesar de nossa raiz comum.

Eles, par a par, compõem um microssistema. Portanto, teremos os doze sistemas falados. Cada par forma uma única moeda, o Yin-Yang, uma unidade indissolúvel, os dois lados da mesma moeda; um não existe sem o outro. É claro que podemos encontrar algo que contradiga isso, mas o sistema não perde totalmente a sua capacidade funcional, se parte for extirpada.

Como exemplo, podemos citar a retirada do Baço, fato muito comum por ser causado por acidentes tanto domésticos quanto automobilísticos. O Baço é considerado o órgão central da Medicina Chinesa. Como consequência, a capacidade de controle feito por esse órgão fica avariada. O centro da geração material passa por danos que comprometerão, de alguma forma, tal mecanismo. Por outro lado, como faz parte de um todo, temos ainda e primeiramente o pâncreas, que faz parte de tal controle, mais todos os nódulos linfáticos e músculos, e, depois, o Estômago. Dessa forma, a capacidade de atuação específica não será totalmente perdida. Existe também um Centro de Energia, o Yin Chiao, responsável pela atração dos ramos terrestres e que faz o papel de construtor da forma dentro de nós.

Os órgãos são as "baterias" que acumulam energia polarizada; cada um deles mantém em si uma energia que atuará de determinada forma dentro de nós.

Não devemos confundir o sentido de órgãos na medicina ocidental com a visão muito peculiar da MTC, pois, neste contexto, eles são considerados Yin e respeitam aquela forma básica dos Yin. Sua forma será mais densa e terá sua atuação limitada a refletir essa particularidade Yin em seu interior, onde sua partícula Yang se encontra. Dessa forma, será Yin por fora e Yang por dentro. Para dizer de outra maneira, o princípio ativo do órgão está em seu interior.

Os órgãos (Yin)[33] são alargamentos dos meridianos[34] (Yang)[35], os dois formam um sistema Yin-Yang. As pessoas que já têm alguma noção sobre esses componentes de nossos corpos devem tentar ampliar a visão sobre o assunto neste instante. Temos os meridianos que encerram em si as funções de armazenamento e são responsáveis pelo fluxo da energia, fazendo um casal com o órgão que funciona como um armazém e a víscera, geradora de movimento, do próprio Chi.

As vísceras, ao contrário, pertencem ao Yang e assim agirão. Sua força de atuação está na parte mais externa, na periferia, pois são tubos: estômago, intestinos grosso e delgado, ou sacos, vesícula biliar e bexiga (o triplo aquecedor é um caso à parte).

---

33. Yin, forma material.

34. Refiro-me aos meridianos de forma geral e não de forma individualizada.

35. Yang, forma imaterial, energética.

Como seu centro é oco, muitos entendem que é isso que os caracteriza, mas cometem um erro fundamental, pois desprezam a dicotomia que sempre existirá quando falamos de MTC e de Yin-Yang, dualidade inseparável (Figura 70).

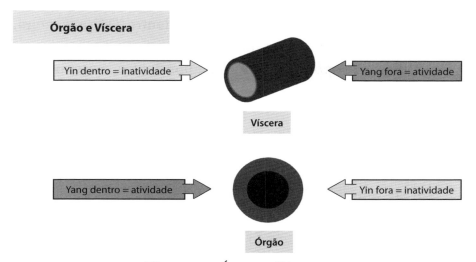

Figura 70. Órgão e Víscera.

Seu princípio ativo está na superfície, na parte externa do tubo ou do saco, e não é o oco de seu interior que o caracteriza como Yang. Se a parte interna for completamente cheia, ele perderá sua função Yang. É o que acontece com o estômago muito cheio; é preciso esvaziá-lo um pouco para que retome suas funções ativas. A vesícula biliar também sofre com os mesmos problemas.

As vísceras agem como "dínamos", geradores de energia, e mandarão sua carga para seus pares, as "baterias", através dos meridianos para mantê-las acumuladas até serem solicitadas no sistema que abastecem.

Os órgãos são reservatórios de energia, ou baterias. Dessa forma, pulmão, coração, fígado, rins, baço-pâncreas e o pericárdio[36] são como as águas subterrâneas, reservatórios.

A distinção entre órgão e víscera se faz sob o mesmo ponto de vista da diferença entre homem e mulher, que é:

▶ O Homem é Yang por fora, mas Yin por dentro. Dessa maneira, as vísceras também são assim;

▶ A Mulher é Yin por fora, mas Yang por dentro, e assim serão os órgãos.

Os órgãos têm uma massa, Yin, corpo denso, enquanto suas funções ativas estão dentro desse corpo, o armazenamento do Chi.

Nesse "automóvel", ou corpo humano, existem cinco diferentes baterias, cada uma responsável por um determinado setor. Isto, é claro, associado a cinco diferentes dínamos, especializados, geradores de uma energia específica ao sistema que assiste.

Nosso "automóvel" é elétrico, que esteja bem entendido. Do contrário, existiriam o motor de arranque, que é elétrico, e o motor a gasolina, para complicar mais ainda o sistema. Apesar disso, podemos encarar que o nosso motor de arranque é o Ming Men, principalmente o I Chiao, que é o Centro da Intenção, enquanto os motores a combustível são os músculos e tendões. O chassi poderia ser os ossos, apesar de, dentro deles, também conter uma reserva de energia...

---

36. Muitos consideram apenas cinco órgãos e seis vísceras por existir uma associação com as influências trocadas. O 5 é um número associado ao Yang, enquanto o 6 é associado ao Yin. Dessa forma teremos o número 5 do Céu gerando as manifestações Yin ou os órgãos, enquanto o número 6 da Terra estará gerando as manifestações Yang ou vísceras.

OS MOVIMENTOS DA ENERGIA

O FOGO

Figura 71. Fogo.

O Fogo (Figura 71) talvez seja o mais importante dos movimentos, pela sua associação com o Princípio Vital, e sua ligação com os Ben Shen, Almas Vegetativas. Dessa maneira, em vez de falar sobre cada uma de suas divisões, apresento a seguir o conglomerado Fogo e suas divisões: o Coração, órgão feminino; o Intestino Delgado, seu acoplado, víscera, masculino e também o Pericárdio, designado como órgão dentro da Medicina Chinesa e que compõe com os dois anteriores o ideograma Xin de coração. Neste caso, ele faz parte de outro sistema, que é o do Fogo Ministerial, acoplado ao Triplo Aquecedor, mas, por ter características que mais se aproximam daqueles dois primeiros, pertencentes ao Fogo Imperial, os manteremos juntos.

Outra coisa de suma importância é saber que o par constituinte do Fogo Ministerial será desmembrado para dar uma visão que garantirá a eles um lugar de destaque dentro do sistema que é o nosso corpo. Assim, o Triplo Aquecedor será tratado separadamente para melhor dispor de suas qualidades e peculiaridades.

No conjunto Coração e Pericárdio, deve-se ressaltar que os dois agem como uma unidade diferente daquela que faz o coração com sua víscera acoplada, e mesmo do Pericárdio com o Triplo Aquecedor.

Nesse novo conjunto, eles funcionam como um par, sendo o Coração a parte Yang, e o Pericárdio a parte Yin. Nesse caso, encontramos o fogo Yang (fogo) na parte interna e temos o fogo Yin (água) na parte externa, a fim de controlá-lo. Se tivéssemos que enquadrar o Pericárdio como um órgão, a ele estaria associado um Ben Shen, o que não acontece. Isso está satisfeito por ele representar um "Ente", o Ministro, em sua parte Yin (veja mais adiante sobre o Fogo Ministerial).

A questão se resolve quando observamos a Água na forma dos dois Rins, sendo um Yang, fogo, e o outro Yin, água, respectivamente direita e esquerda. No fundo, existe uma parceria entre Fogo e Água, Sistema do Coração/Pericárdio e Sistema dos

Rins, da direita e da esquerda. Para entender melhor os Rins, eles são os únicos órgãos duplos do sistema inteiro, e, por suas qualidades especiais, têm uma "anatomia" peculiar que envolve tanto o Fogo quanto a Água.

Quanto ao rim do Fogo, ele é parte de outro conglomerado que será explicado mais à frente e que se traduz por Ming Men, ou Portão da Vitalidade, região quente localizada na região centro-direita de nossa caixa torácica, envolvendo vários setores, os quais serão abordados mais adiante.

Dizendo de outra forma, temos um casal Yin-Yang formado pelo coração e pelo pericárdio e outro formado pelos rins, da direita, quente, e da esquerda, frio, completando um ao outro. Enquanto o pericárdio se incumbe de proteger o coração – para que este esteja equilibrado, não atinja seu máximo de movimento e de expansão, que são as características do Fogo –, tem-se em oposição um rim pertencente ao Fogo que protege também a água, figurada pelo rim esquerdo, que se movimenta para baixo.

Em outros momentos, encontraremos isso dito de outra forma, mas deve-se ter em mente que o sistema humano é um complexo de forças atuantes e que, por ter particularidades muito fortes que podem ser até chamadas de emblemáticas, precisam necessariamente de um "freio" aos seus ímpetos ou, ao menos, algo que não lhes deixe chegar aos extremos. Se isso não ocorrer, o sistema simplesmente se desintegraria com cada uma das forças, indo para uma direção diferente e resultando na extinção da pessoa.

Coração

Figura 72. Coração.

A diferença básica que se apresenta, quando falamos de Coração (Figura 72) para o ocidental e para o oriental, é que o primeiro sempre associa a palavra "coração" àquele músculo e seu trabalho de bombeamento do sangue, enquanto, para o segundo, isso fica meio implícito. O que interessa realmente é o que ele faz, não nos níveis fisiológicos, mas no seu íntimo. Por isso, os órgãos guardam em si uma Alma, chamada de vegetativa, que reúne em si um determinado rol de atribuições de características muito diferente das nossas. É, como se diz por aqui, "guarda no coração". Ele é um órgão do sentimento básico de todos nós.

O coração guarda em si uma ligação com aquele Imperador do Céu e com as características que nos acompanharão por toda a vida. Não é simplesmente um pedaço da máquina, é o que a anima, o que torna essa "máquina" humana diferente de qualquer outra máquina, de lavar, de dirigir. Elas não têm o "animador" interno. O veículo da Alma é esse corpo que ela habita e preenche com suas peculiaridades.

Aqui falamos da principal, que deveria ser sempre considerada à parte dos outros órgãos por estar em um nível acima das demais.

É o lugar da "primeira morada" das Almas Vegetativas, antes de elas irem morar nos respectivos recipientes apropriados a suas atribuições.

Existem Cinco Almas, os Ben Shen. No coração, fica uma alma de nome Shen, e seguem as outras quatro para os Rins, Pulmão, Fígado e Baço. No momento final de nossa passagem por aqui, elas novamente se reúnem no coração e partem rumo à morada original, o Céu.

Muitas são as características do Coração. Ele comanda o Brilho, o sangue, faz a distinção entre as almas, levando a vida a tudo o que toca. Aquece com este calor que dá vida, transforma, alimenta, imbui de vida, dando aquele impulso vital. No fundo, assemelha-se ao Fogo do Céu que nos dá a vida nas suas mais diversas formas.

A sua característica principal é a do Imperador, impassível, frio em seus julgamentos, apesar de quente em sua essência. A agitação prejudica o discernimento deste imperador, o fogo tumultua o que está à sua volta. Apesar disso, imprime uma consciência própria, deste que é o Soberano do corpo e que carrega em si uma ligação com o Pai Celeste, o Fogo do Céu, comandante supremo de tudo e de todos.

Faz com os Rins o Casal Principal de nossas Vidas, Fogo e Água. Coração e Rins têm atributos como qualquer casal Yin-Yang: não existem desunidos, carregam em si uma ligação com o outro que só os cúmplices entendem, não funcionam separadamente. Dessa forma é impossível falar de um sem falar no outro.

Nos Rins, encontramos a Vontade, princípio da animação, e isso fica muito evidente quando imaginamos ser impossível algo animado, vivo, com aquela alegria de viver, que só o Coração pode dar, sem esta vontade agindo em complementação.

O Fogo é formado por dois aspectos. Da mesma forma que temos um casal fogo-água, rins-coração, por exemplo, temos também dentro deste fogo um casal Yin-Yang, coração-intestino delgado, respectivamente. Como qualquer coisa Yin, o coração é um receptor, mas, como Yang, é um repassador. O Coração recebe as almas do céu, os Ben Shen, enquanto a parte mais Yang se incumbe de formar o lugar que elas irão habitar no corpo.

O Intestino Delgado, como sabemos, é responsável por quase a totalidade da absorção dos alimentos que entram em nossos corpos. Portanto, fabrica o sangue que é a substância que irá nos dar a vida. Por um lado temos o coração como responsável pala entrada das Almas Vegetativas que irão nos "animar", imaterialmente, e, de outro, o Intestino Delgado também fará o mesmo papel, só que no ambiente material de nosso corpo.

Os dois fazem, por um lado, a parte sutil de dar a vida e, por outro, a parte mais grosseira, agindo da "mesma" maneira nos dois ambientes de nossa existência.

Intestino Delgado

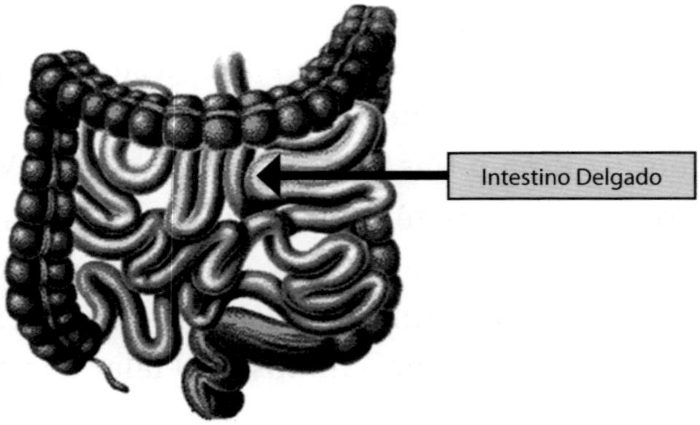

Figura 73. Intestino Delgado.

O Intestino Delgado (Figura 73) é uma víscera e, portanto, segue o padrão de todas as demais, ou seja, sua principal atividade está em sua parte Yang, nas bordas ou na periferia de seu corpo, enquanto em seu meio, pertencente ao Yin, se encontra vazio, necessitando ser preenchido pelo alimento processado que será absorvido principalmente pela parte inicial deste.

Nesse caso, essa víscera é responsável pela produção daquilo que nos vai dar e manter a vida, ao menos na parte material, enquanto na outra o coração será responsável pelo movimento, mostrando que a parte Yin possui um componente Yang, e o outro um componente Yin, formação do corpo através do sangue.

Sua aparência está vinculada a do Cérebro e sempre associamos seu funcionamento com o "digerir" dos pensamentos, além do óbvio que é a assimilação tanto dos conhecimentos quanto das diversas formas de alimentação que temos. O corpo não assimila somente através do processo de quebra da comida, nem só pelo ar que respiramos. Existe a assimilação também da energia, que é proveniente de fora e também daquela que é produzida dentro de nossos corpos.

Em ambos os casos, Coração e Intestino Delgado estão ligados à vida, daí sua ligação com a alegria, principal característica emocional do Fogo. Acrescento a isso uma palavra que se encontra no I Ching: o Fogo, é "Aderir". Essa talvez seja a sua principal função, tanto do Coração quanto do Intestino Delgado, ou mesmo quando nos referimos ao Fogo Ministerial, onde se enquadram o pericárdio e também o triplo aquecedor.

O "aderir" é a maneira de o Fogo agir. Ele encosta em algo e lhe transmite suas características. Quando falamos do corpo humano sem vida e o Fogo entra em contato com ele, este estará preenchendo-o de vida, de autonomia, de movimento. Enquanto isso não acontece ou, quando isso deixa de acontecer, o corpo para de ser animado e morre.

O Espírito aderiu à matéria e a tornou viva.

Quando falamos de sangue, isso também é perceptível. O sangue leva consigo a vida, tanto faz se na forma de nutrientes para suprir o corpo ou com as características daquelas almas do indivíduo. Estamos falando em ambos os casos de formas de vida, de alimentação, de nutrição, que é a principal função deste Fogo.

A mente também deve ter o brilho associado ao Fogo, às ideias, aos pensamentos. Tudo o que se faz passar na mente está também imbuído deste Calor ou Fogo. A região da cabeça é a mais Yang, apresenta mais Calor.

A voz que clama, esse som humano característico, é o canto, ligado ao Fogo também e a estes meridianos de energia.

O tato é aderir, portanto, ligado ao Fogo. Quanto aos sentidos, todos necessitam de uma ligação com o Fogo para acontecer. Quer dizer, a visão, apesar de estar ligada à Madeira, necessita do Fogo para se ligar às coisas para podermos compreendê-las. A audição, ligada à Água, também necessita do Fogo para podermos distinguir os sons. O paladar, sem esta ligação da Terra com o Fogo, não teríamos as sensações provenientes do que está sendo saboreado. O olfato, ligado ao Metal, necessita também deste aderir para que possamos perceber as diferenças entre todos os cinco odores. Neste ponto de vista, temos o sabor amargo ligado a esse movimento, como o cheiro de queimado, por razões óbvias, está ligado ao Fogo.

A língua é o ponto de manifestação do coração, ou como diria meu Mestre, a "língua é o broto do coração".

Como já foi dito, a direção ligada ao Fogo é a Sul, e sua cor são as tonalidades do vermelho.

O FOGO MINISTERIAL

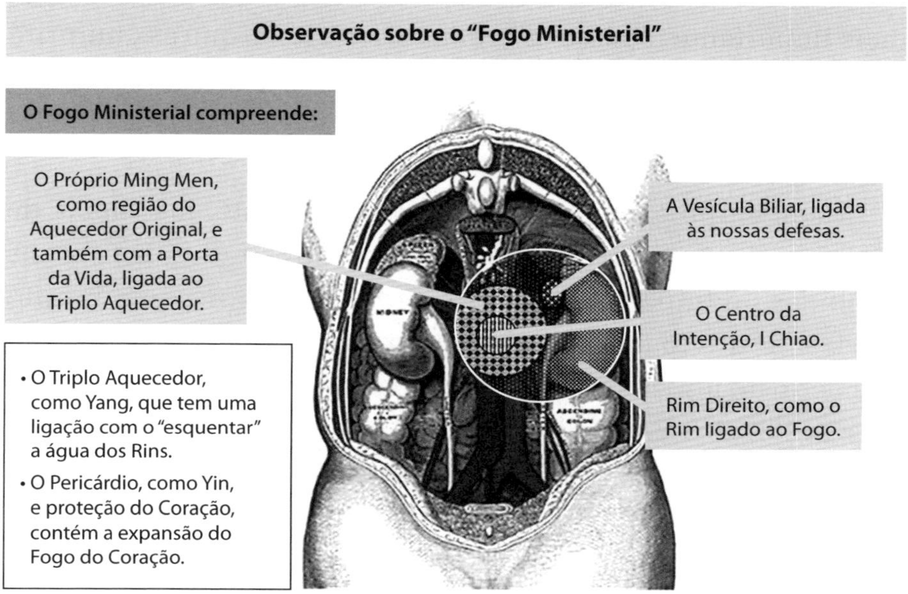

Observação sobre o "Fogo Ministerial"

O Fogo Ministerial compreende:

O Próprio Ming Men, como região do Aquecedor Original, e também com a Porta da Vida, ligada ao Triplo Aquecedor.

A Vesícula Biliar, ligada às nossas defesas.

O Centro da Intenção, I Chiao.

Rim Direito, como o Rim ligado ao Fogo.

• O Triplo Aquecedor, como Yang, que tem uma ligação com o "esquentar" a água dos Rins.

• O Pericárdio, como Yin, e proteção do Coração, contém a expansão do Fogo do Coração.

Figura 74. Fogo Ministerial.

O Fogo Ministerial (Figura 74) mereceria um tratado exclusivo, não só pela abrangência do assunto, mas pelas suas implicações. Ele representa um dos pontos mais importantes, quando estudamos a MTC. Representa o nosso mais íntimo Eu, nossa característica principal, e muitas vezes é desprezado simplesmente pela ignorância de sua importância. Porém, a ignorância some quando a luz chega até nós. Tudo fica claro e entendemos vários mecanismos que nos mantém vivos por aqui.

O Ministro, como a própria palavra diz, é um servo, obedece a alguém que está em posição superior. Nesse caso, sua importância se estende mais ainda quando sabemos que as palavras "ministro", "servo" e "administrador" têm uma origem comum. Isso quer dizer que o Fogo Ministro é um servo de algo maior, do Fogo Imperial; na realidade é uma energia que desprende daquele Fogo que permanece em seu Trono de Reinante lá no Céu distante, não pondo a mão na massa diretamente. O Fogo mais importante repassa as ordens a seu servo, que as cumprirá da melhor forma possível com os recursos disponíveis a este emissário que tem a capacidade de executar a tarefa que lhe foi designada.

É um empregado, um servo como já foi dito, mas deixa de ser o simples servo para atuar como administrador das ordens recebidas do Imperador, para unir todos os esforços no intuito de fazer as atividades que lhe foram atribuídas. Servo, quando está perto do Imperador, mas Administrador e Emissário, quando em sua função dentro da gente.

Na posição de realizador das ordens emitidas pelo Imperador, torna-se um pequeno imperador também. Ele é agora, à distância, o Representante Imperial, com o Selo Imperial nas mãos, determinando o que se deve fazer e quando. Agora, ele terá seus próprios servos, que agirão no sentido de obedecer a uma vontade maior, a do próprio Imperador, na figura deste Ministro.

As ordens básicas do Imperador serão:

> *Vá lá naquele lugar, e, com os recursos que houver, desenvolva uma nova colônia, e que esta nova localidade respeite as minhas ordens e aja de acordo com as normas que agora lhe passo por meio deste livro de "ordenações", você será "meu Ministro" a extensão de minhas mãos e minhas vontades, será responsável, portanto, pelo bom funcionamento desta nova Colônia, neste novo lugar, tendo como finalidade principal manter a vida desta nova localidade, tudo deve fluir, conquistar o desenvolvimento, o crescimento e a prosperidade deste novo lugar e que ele faça parte deste Reino*

e que respeite as ordens e ande direito de acordo com as novas vontades e situações. Se por falha ou qualquer outro motivo aquela localidade deixar de existir, você voltará para cá, de volta ao começo.

Este é o papel do Fogo Ministro. Agora, pense o papel dele em nossa formação como Ser, como indivíduo. Seu comportamento será o mesmo, suas funções são as mesmas, sua forma de agir também, suas obrigações e tudo mais. E também nossa ligação com ele, nós dependemos dele para existir como Colônia do Império Celeste. Devemos seguir não só os ditames trazidos com ele para a nossa formação, mas devemos manter uma ligação com o Império de forma a atender a todas as suas vontades. Mesmo que isso possa ser uma guerra ou outro problema qualquer, também colheremos os frutos da boa administração desse enviado celeste, como também colheremos os frutos do bom estado do Império.

Essa energia, que tem duas aparências, faz uma ancoragem, e essa âncora será responsável pela manutenção dos dois princípios fundamentais circunscritos àquela localidade. Assim, manterá o fogo preso, na mesma medida em que manterá a água presa também. Ele evita que o Fogo, que tem a natureza Yang, fuja, suba de volta para o Céu, trazendo-o, segurando-o aqui embaixo; enquanto, no lado oposto, ele tem de manter a água, que tem a natureza Yin, de escorrer para baixo, para dentro da Terra, voltada para cima, empurrando-a para cima.

Nossas vidas dependem do encontro sistemático das duas forças principais, que são o Fogo e a Água, dentro de nós.

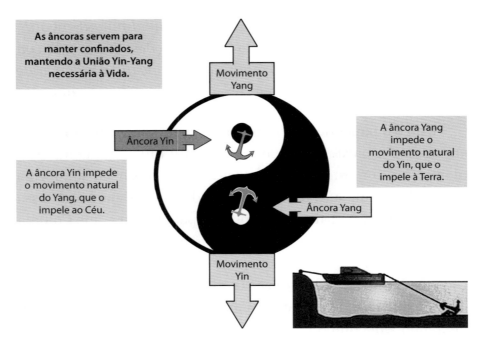

Figura 75. Ancoragem.

O Fogo Ministerial é algo que se deve entender primeiramente como um sistema montado em duas peças, o Triplo Aquecedor e o Pericárdio. Eles desempenham uma função essencial para a formação do ser humano, no seguinte sentido. A "ancoragem" (Figura 75), que mantém presos os dois princípios fundamentais da nossa formação, é a dupla "XingMing". Por um lado, Yin, fará com que o Fogo não dispare rumo ao céu, sua morada original, matando o ser que só existirá enquanto este fogo habitar seu interior. Por outra parte, o Yang aquecerá a Água, mantendo-a também dentro daquele ser formado sob as ordenações do Céu.

Existe dentro da gente, na época de nossa formação feto-embrionária, um aquecedor original que irá habitar a região das águas (Rins) e fará com que ao menos um deles se mantenha quente o suficiente para que, como uma caldeira, alimente o sistema de vapor vivo, essa energia que concentra tanto o fogo quanto a água em seu interior.

O Fogo Ministerial, em sua parcela Yin, manterá refreado aquele ímpeto do fogo em ascender ao Céu, enquanto a parcela Yang deste mesmo fogo será responsável por impedir que a água siga seu fluxo natural em direção ao solo, morada da Água na Terra. É como o Fogo sob a chaleira que aquece a água e a faz seguir em caminho oposto a sua natureza, enquanto do outro lado, é a chuva que impede que as matas sejam consumidas imediatamente pelo Fogo, abrandando seus efeitos destrutivos, de se tornar refém do Fogo.

Enquanto os dois estiverem atuando em nossos corpos, estaremos vivos e, se estiverem em seus devidos lugares, agindo naquele sentido acima mencionado, estaremos, a princípio, com saúde. Invariavelmente, a perda de força de um deles trará a destruição de nossos corpos físicos. A água irá esfriar e se deslocará para baixo, e o fogo aumentará e se deslocará para cima.

A separação desses dois princípios é inevitável, pois, quando eles chegam ao corpo humano, dividem-se e vão agir, mas mantém entre si uma ligação "amorosa" ainda. Quando qualquer um deles for afetado gravemente, isso causará inevitavelmente a morte. Por exemplo, temos uma doença energética, que, no Ocidente, é conhecida como diabetes. Ela é uma das consequências desses deslocamentos ou enfraquecimentos de uma das potências do Fogo Ministerial.

Agora, uma peculiaridade sobre a Medicina Tradicional Chinesa: nós temos vários "Dragões" em nosso corpo, mas um deles habita as instâncias das águas; lá, ele tem o papel de aquecer essa água, tornando-a uma moradia aconchegante para ele. Se por acaso essa água esfriar a ponto de o dragão não conseguir mais morar ali, ele voltará para sua residência no Céu.

Pois bem, vamos agora analisar a historinha. Ela diz que o dragão habita a água que ele aquece, mas que, se ficar muito fria o dragão a deixará sem qualquer cerimônia, partindo para um lugar mais saudável para ele? "Como?" Ele é o responsável pelo aquecimento da água, mas se ela esfria, ele vai embora? Parece incoerente, não é mesmo?

Mas há uma explicação: o dragão, que é o responsável por aquecer a água, quando for afetado ou desgastado de alguma forma, por exemplo, por causa de relações sexuais muito frequentes, apesar da capacidade de o indivíduo se recuperar. Ele não mais terá o calor suficiente para manter a água quente, este lugar se tornará muito Yin e o Yang, dragão, que ficou muito pequeno para aquecê-lo, será expulso de volta para sua moradia original, o Céu.

O calor proveniente do dragão é responsável por fazer subir aquele vapor que alimenta todos os sistemas internos. A umidade que chega até os órgãos é proveniente deste local; é aquele ciclo interno das águas que mantém irrigada a terra através da chuva. Quando a pessoa é acometida de doença, ela sente muita fome, pois a terra que ficou seca não consegue absorver os nutrientes dos alimentos.

O vapor que sobe aos céus, umedecendo a "tampa da panela" ou a parte superior da estrutura dos pulmões, fica seco também, pois a umidade não chega até aquela localidade. A pessoa também sentirá muita sede, a umidade do corpo deixará de existir, não existe mais aquele fogo que faz as coisas aderirem à gente. Os olhos serão afetados, pois dependem da água para ficar saudáveis – água gera madeira; muitos outros sintomas são reflexo dessa falha no mecanismo interno que é o Ciclo das Águas ou da Chuva. Só isso já deu para entender sobre a importância do dragão.

Triplo Aquecedor. O Dragão que mora nas águas

Quando essa parte do Fogo Ministerial chega aos futuros domínios do Eu, "eu mesmo", "meu corpo", ele será instalado em uma Morada "provisória", localizada na porção média do que se conhecerá como o Aquecedor Médio.

O Administrador regerá as três partições do corpo, ou dos Três Aquecedores, onde estarão alocadas as Três Energias Hereditárias, Yuan, Zong e Jing.

Comandará, assim, o Triplo Aquecedor as funções de cada um desses lugares, e seu relacionamento com o que lá encontrarmos: as Almas Vegetativas, os processos fisiológicos, o sistema de fluxo energético, entre outros.

O Aquecedor Original será encontrado na porção média do corpo, dada a sua ligação com a Água, localizada nesse setor. Não dá para imaginar água sem fogo e fogo sem água. Nesse caso, falamos da primeira parte, pois esse Aquecedor estará fazendo com que as coisas aconteçam dentro do corpo. Como Administrador, incentivará os demais componentes dessa empreitada a agir, mostrando bem sua função de aquecedor (que leva a vida, que ativa…) e que atua no sentido de fazer a máquina a vapor, que é o corpo humano, funcionar.

Na prática, "Empurrar o Céu" contido no "Pá Tuan Chin": encontramos a forma de entrar em contato com esta região. Quando empurramos o Céu, nossa atenção se volta para a região média contida entre os rins, localizada na altura da 2ª vértebra torácica, lugar do Ming Men. Com essa prática, conseguimos ativar todos os setores dessa localidade administrados pelo Fogo Ministerial.

O casal separado na concepção, T.A. e Pericárdio, marido e mulher, serão responsáveis pela administração dessa "fazenda", serão os caseiros que farão o papel de "senhores deste local". É uma propriedade que se autogere, os donos verdadeiros apenas amparando as resoluções daquele casal. Tudo o que eles fizerem deverá respeitar as ordenações do Céu e da Terra. Agirão assegurando a evolução dessa "propriedade" e, ao fim, serão reunidos novamente e partirão para o Império de onde sairão com a morte do indivíduo.

A manutenção da pessoa só é possível se esse casal, apesar de separado, se mantiver em união. Quanto mais o vínculo entre os dois for reforçado, mais o indivíduo administrado viverá. Fogo e Água ligados, apesar de separados, morando a alguns centímetros um do outro, buscam sempre respeitar ao mesmo tempo suas tarefas e também a manutenção deste relacionamento.

Em outra prática taoísta ensinada pelo Mestre Liu Pai Lin, encontramos o reforço desse relacionamento, com a aproximação dos dois princípios em um ponto intermediário, na região do Chong Mai.

Tal prática é muito importante. Depois de algum tempo separados, os laços de casamento ficam frouxos e precisam ser reatados, aquecendo o frio e esfriando o calor. Na visão do mesmo Mestre, o Chong Mai une o fogo do Coração com a Água da bexiga, nesse caminho vertical interno.

Nossa intensão "I" será a alcoviteira desse casal que não pode ser separado, unindo-os na região média, fazendo seu relacionamento se equilibrar e gerar frutos sempre, pois os dois também são Yin e Yang, Fogo e Água e, por sua união, geram Chi, filhos, que acabam por impulsionar a máquina funcional do corpo vivo.

Pericárdio

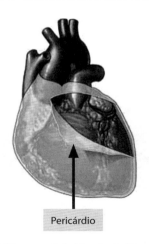

Figura 76. Pericárdio.

O Pericárdio (Figura 76), ou a membrana que envolve o Coração, tem aquele papel de esfriar o calor do Coração, de controlar suas ações impetuosas, de garantir que o conteúdo desse invólucro seja afetado. Controla suas paixões e, mesmo assim, dá liberdade de ação a ele. Parece uma "ama" que cuida do filho do Imperador, mimando-o e, ao mesmo tempo, direcionando suas ações, enquanto o seu par, T.A., cuida da filha, água, aquecendo-a e fazendo com que ela também tenha um papel fundamental nessa propriedade dos Pais Celestes, Imperador Céu, Fogo Imperial, e da Imperadora da Terra, Água.

TERRA

Figura 77. Terra.

A Terra (Figura 77) é o elemento central da Medicina Chinesa, tanto faz sobre qual delas estejamos falando. Ela sempre será o Eixo ao redor do qual tudo gira. Só por este comentário já deu para perceber algumas coisas: ela é um eixo de ligação entre os diversos elementos constituintes; não tem uma forma única, pois pode ser a Terra Mãe, força material, mas não é uma força terrena, pois pertence à categoria de Energia Celestial, imaterial mesmo, sem erro. Ela será a força antagônica complementar ao Céu, que também é Celeste, imaterial também.

Ela, que, por ser constituída de uma energia mais densa, aceita ser chamada de material, de pesada e de outras atribuições que devemos dar mesmo e somente à outra terra – notem que eu coloquei esta em letra minúscula, quer dizer ela tem todas as qualidades da Terra, menos de ser celestial, ela é material de fato –, é uma potência feminina, antagônica à potência masculina do Céu.

Quando observamos o quadrado mágico na forma do Céu Posterior, poderemos verificar a presença de três formas de terra: uma é a Terra Central; outra terra é geral, mas pessoal, e uma terceira terra é responsável por algo menor, mas não menos importante que a Primeira. As duas últimas são energias ligadas à geração do corpo. A primeira, que chamamos de geral, está ligada à terra geradora de nossa linhagem, à geração dos filhos; enquanto a outra será responsável por um tipo de geração que é a da forma física, estará associada aos órgãos do Baço/Pâncreas e Estômago, aos músculos e a todo o nosso corpo, enquanto a anterior, a geral, estará associada a um Vaso Maravilhoso, o Ren Mai, da Concepção.

Dessa forma, teremos estas diversas maneiras para encarar a Terra. Outras coisas podem ser associadas a ela, tais como aquelas partes de nossos corpos que ficam na porção inferior, sob o domínio do Yin. Os pés, pernas, aparelho reprodutor, excretor e mesmo o intestino delgado e parte do intestino grosso estão sob a égide desta "Terra". Fica fácil de entender o porquê de o I.D. ser ligado à Terra, pelas suas qualidades de gerador do alimento e portanto pela forma de nossos corpos e da nutrição também. Os demais estarão se reportando a um determinado local que seria aquele dominado pelo Yin (ver forma humana).

Sua força está vinculada ao Eixo Central de nossos corpos, nos três planos em que vivemos: altura, largura e profundidade, afinal somos animais tridimensionais que se ligam à Terra também. Quer dizer, qualquer problema encontrado em cada um deles deve sempre ser associado a uma alteração na Terra.

A Terra tem a capacidade de alterar o sentido dos demais movimentos. Assim: para cima ou para baixo, para um lado ou para o outro será alterado, sempre em decorrência da influência da força da Terra. Nela, encontramos a força harmonizadora, a força que evita os excessos, se ela estiver bem regulada.

A energia da Terra consegue essa empreitada, pois em seu interior existem duas forças antagônicas. Muitos dizem que ela "neutraliza", mas, na verdade, os movimentos centrífugo e centrípeto, um que vai de dentro para fora e outro que vai de fora para dentro, são capazes de alterar a direção dos demais. Só para relembrar, a Água se posiciona embaixo; o Metal tem uma força no sentido para baixo; o Fogo está posicionado em cima, já que tanto ele quanto a Água são os ápices de movimento, e por último a Madeira, que é o início do movimento para cima. A Terra fica no centro, por natureza.

Dessa forma, entre um movimento e outro, sempre teremos o surgimento da Terra para alterar o sentido da força que está atuando. Assim, diz-se que a Terra é "harmonizadora" ou "neutra", melhor dizer neutralizante, porque ela não acaba com o movimento, ela apenas transforma a direção, evitando que se vá em uma só direção.

É muito importante saber a maneira de agir da Terra. Vários mecanismos ficam obscuros, se não se observar essa maneira de pensar. Parece faltar algo que julgamos ou achamos estar subentendido ou apenas aceitamos como dogma.

Um aspecto importante para termos noção de como é entendido o conceito de Terra é a sua ligação com o Palácio Central do Pá Kuá, na sua configuração do Céu Posterior. Essa divisão territorial provém de uma divisão espacial oriunda de uma Constelação, Tsing, o Poço, ou Gêmeos. A forma do "Jogo da Velha", muito conhecida por causa do Feng Shui, determina o entendimento sobre o comportamento da energia, tanto no Céu quanto na Terra.

Nessa casa central, encontramos o poço da aldeia, ponto muito importante para qualquer localidade estabelecida. Este setor, nessa comunidade antiga, está ligado a uma determinada pessoa, a mais importante daquela aldeia e que detém vários tipos de poderes. Esse ponto controla o acesso à água e sua divisão igualitária entre as mais diversas regiões; como é um ponto central todos os caminhos cruzam-se ali. Dessa forma, será o lugar das trocas da aldeia, pelo simples fato de que lá também se pagará alguma forma de "retribuição" pela administração de todos os serviços prestados pelo Administrador, no tocante à divisão da água proveniente do poço, pela sua manutenção, limpeza, pelo amparo à resolução de conflitos etc.

A pessoa responsável por essa área tem um papel importante em relação à comunidade. Ela é o representante da localidade; é também o líder guerreiro, e todos o seguirão em qualquer batalha, ataque de inimigos externos à comunidade; também por sua posição central, mantém relacionamento em pé de igualdade com todos que o cercam, mantendo o equilíbrio entre eles e também com a administração central.

Uma figura que associa muitos dos elementos da Terra é a figura da Justiça (Figura 78), uma mulher vendada, com uma balança em uma das mãos e a espada na outra.

A mulher é a própria casa central, mostrando suas características básicas de mãe, geradora, alimentadora, criadora, educadora, a quem se pode recorrer em qualquer situação; que cuida e ampara todos sem distinção, tratando-os de forma igualitária, respeitando suas limitações e capacidades, movendo-os na direção mais correta de acordo com suas peculiaridades; seus movimentos de acolher, trazendo para si as mais diversas situações, desde tratamentos, resolução de conflitos de interesses diversos, e de mandar para longe os já preparados, fazem parte do movimento inerente dessa casa representada por essa mulher ideal.

Achamos interessante mencionar uma a uma suas atribuições para que se tenha uma ideia de como a Medicina Tradicional Chinesa vê a atuação da Terra. No tocante à geração, ela é responsável pelo aparecimento da forma. Portanto, sua ligação com o útero é inegável, toda a forma de constituição está ligada a este processo. Por isso, o corpo humano está sempre ligado ao movimento Terra.

Criar é dar condições a algo de desenvolver dentro de parâmetros estabelecidos. Pode ser atendendo a solicitações tanto hereditárias das referidas ordenações celestes, dos familiares, dos pais ou da própria linhagem, e também de sua espécie, quanto às necessidades do próprio indivíduo, suprindo-o das mais diversas necessidades: educação, comportamento, maneira de agir, alimento propriamente dito, material ou não. Podemos ver aqui a divisão interna do terreno no corpo humano, com seus três aquecedores, cada um ligado a uma das energias: Yuan, Original; Jing, Essencial, e Zong, Ancestral. Os aquecedores são administrados pelo Fogo Ministerial, mas mantidos pela força da Terra, que dispõe de seus recursos para a sua existência.

Dentro da capacidade criativa, os ditames da Terra fazem com que as virtudes sejam aprimoradas dentro de suas próprias condições, ao mesmo tempo em que aqueles desvios naturais da personalidade sejam transformados ou mesmo ajustados para um bom funcionamento.

Sempre falamos aos alunos que a mãe saudável percebe nos seus filhos, ou mesmo naqueles que a rodeiam, seus movimentos, dando-lhes uma nova direção. Aquilo que pode levar a um movimento excessivo em uma determinada direção será alterado. Assim, se um filho se encontra muito parado, ela logo o põe em movimento, e também faz o contrário com aquele que se encontra em movimento demasiado, fazendo-o parar um pouco, diminuindo seu ritmo ou mesmo direcionando tal comportamento para outro foco de atenção. Isso amplia os horizontes da pessoa.

Aqui, podemos verificar os dois movimentos da Terra: o centrípeto e o centrífugo, que muitos dizem ser neutro, mas que, na verdade, é um compensador, um agente neutralizador, o que é muito diferente de ser neutro, pois ele é capaz de alterar os outros movimentos que podem levar, se muito acentuados, a uma desintegração pela tendência de cada um deles. Portanto, existe uma ligação com o centro de onde provém toda a alimentação. Por exemplo, se existe demasiado Fogo em seu movimento ascendente, é necessário que se cubra com Terra esse Fogo, não o apagando, mas diminuindo seu poder inesgotável de subir ou de ficar em cima. No movimento antagônico da água, que se move incessantemente em direção descendente, a Terra fará com que o movimento seja impedido de descer continuamente.

Quanto à capacidade da mãe ligada à alimentação, podemos dizer que, como a terra possui em si todos os movimentos em equilíbrio, ela abre a possibilidade ao outro de conhecer os diversos sabores, tendências; quanto ao dela própria, o doce, é assim que essa mãe deve se comportar. É com este sabor que se conquista. Dizem que os romanos utilizavam-se do doce, ou do açúcar para conquistar novos povos, deixando-os mais tranquilos para a inevitável invasão. Temos a percepção de que, se o mundo acabar, ou melhor, a humanidade, não será por qualquer tipo de cataclismo, mas pela mudança de parâmetros essenciais da mãe, abandonando os que descrevi acima.

Todo tipo de alimentação ou de nutrição está sempre vinculado a este movimento. Por isso, a boca está ligada à Terra, à digestão, à transformação do alimento que constituirá o corpo, ou reconstituirá, reconstruindo-o e realimentando também. Daí sua ligação com o estômago, com o sangue e também com a própria constituição física, músculos etc. Como a Terra saudável é também úmida, isso compõe bem a situação do Poço em si, que é um buraco cavado na Terra para "produzir" Água. Nesse contexto, temos que, se as paredes do poço não forem feitas de Terra úmida, não haverá sustentabilidade para a existência dele. As calhas dos rios são assim, mantém a Água dentro daquele caminho, direcionando-lhe o fluxo. O mesmo pode ser visto quando nos referimos às cadeias musculares que formam os meridianos de energia. Também os vasos sanguíneos estão ligados a esta forma de compreensão.

O amamentar, que não é só o aleitamento, revela a capacidade de a mãe se relacionar com o filho recém-nascido, mas também mostra as formas de evitar que seu filho adquira doenças, via leite. Por isso a ligação da Terra com os sistemas de proteção de nossos corpos. As defesas oferecidas pelos glóbulos brancos, gerados pelo Baço, nos mostram isso de outra forma. Por outro lado, também podemos enxergar nossa ligação com a Via Láctea, que nos abastece de energia, e com o Centro Ru Pu, ou Hipófise, ligado ao mecanismo do aleitamento, bem como da dilatação para a hora do parto. O Centro ligado aos "Seios que amamentam com o Leite Celeste", como seria mais bem traduzido Ru Pu, promove também a saúde da medula espinhal, suprindo-lhe deste leite, ou hormônios, que asseguram também o bom funcionamento das demais glândulas abaixo do sistema de defesa proveniente da própria medula.

O Lin Tai complementa a ação daquele, pois a energia essencial ou seminal está relacionada ao Poder de Unidade do Céu e sua maneira de adquirir energia proveniente do Universo, através dos Troncos Celestes. Essa Energia Branca Espiritual mostra-se no próprio sêmen, no leite, e por que não, no próprio óvulo. Dessa forma se explicariam os mecanismos de geração de um novo ser, tanto pela energia espiritual, imaterial, quanto pela material, ligada à nutrição e a todo o sistema glandular.

Como era de se esperar de um sistema integrado de tratamento, existem práticas como a de "Bater o Tambor de Céu" para ativar a energia da hipófise, no sentido de estimular a produção daquele "Leite" do Céu. Tal treino permite que mesmo aqueles não aptos à geração humana, assegurem um melhor nível de hormonal e também de defesa interna contra as agressões externas. O mencionado treino pode propiciar às futuras mães a dilatação necessária no parto e a existência de leite para a amamentação, além de tornar a mulher mais fértil, dada a ligação do seio com o ovário.

A balança que resolve também qualquer tipo de conflito, ponderando todos os prós e contras, associa-se à divisão de forma igualitária entre as mais diversas situações, pois as formas de irrigação estão ligadas a esse tipo peculiar de balança e está ligada ao nível de água, muito comum para apurar desníveis entre locais. Quer dizer que os mecanismos de que a Terra está dotada para levar essa umidade, ou água, a todos os lugares, têm muito a ver com ela, a nutrição. Sem água é possível gerar alimentos? Impossível! Como levar alimentos sem ser por estradas constituídas de Terra ou de Água, na forma de rios e mares? Esse é um sistema integrado de produção e também de distribuição da nutrição, ligado tanto aos "rios" que são os meridianos de energia, quanto aos sistemas do próprio sangue, produtores do corpo humano.

A casa central é análoga ao mercado de trocas, muito comum nas sociedades mais antigas, onde se escambavam as mercadorias. Aquilo que era produzido em uma determinada área era trocado por outro tipo de bem proveniente das mais diversas regiões. Como a Terra tem esse papel fundamental de trocar ou distribuir, trazendo, dentro daqueles movimentos centrífugo e centrípeto, para si; para, depois, suprir as mais diversas localidades, é possível entender como o sistema interno da Terra faz daquilo que é trazido para esta localidade. Mas, além da distribuição, é feita também a transformação daquilo que chega até lá. Aqui, aparece um novo ponto a ser discutido, da ação de um agente que não só o da mãe, muito passiva. É a ação ligada ao movimento do Fogo, responsável pela transformação. Neste instante, percebemos que, para existir qualquer coisa, é necessário também que o Yang esteja presente.

Nas sociedades muito antigas isso não era percebido, mas, quando existe uma divisão de terrenos, onde o setor mais importante é o central, pertencente e dominado por uma pessoa que seria a mais forte e também a mais importante da região – pois detém a posse sobre tal setor e o poder de ascendência sobre os demais –, é necessária uma distinção e uma forma de assegurar a transmissão aos herdeiros daqueles bens que garanta a posição de centro das atenções. Nesse caso, ocorreu a criação de uma ferramenta muito importante: o casamento, evento que, segundo os chineses antigos, foi criado pela esposa-irmã Nü Wan, de Fu Xi, criador ou observador do sistema apresentado, e que garante saber quem é filho de quem. Aparece agora a importância do Pai, não só como gerador obscuro na relação, não presente muitas vezes, mas Senhor de tudo e por que não dizer, de todos daquela região. Nesse setor central encontramos visivelmente a Mãe, Terra, palpável, e também o Céu, impalpável, com ascendência sobre tudo e todos os demais.

Outra coisa a acrescentar no entendimento da Terra são os relacionamentos, do casal, da família, com a sociedade, com todos. Esse setor se mostra mais ligado à casa dois do Pá Kuá, mas também pertence à Terra.

Na casa oito, encontramos também outro setor ligado à Terra, mas sua característica principal está voltada ao próprio setor que apresenta como uma Montanha, ou seja, forma material das coisas, com uma movimentação rumo ao Alto, para o Céu; ligado às oferendas, pois ali é o Altar dos sacrifícios, do agradecimento e da forma do corpo humano. É só lembrar que o corpo humano é constituído de diversas montanhas que criam toda a topografia do terreno, ou cadeias musculares, por onde escorrem os rios.

Quando se ara a terra para o plantio, são formados aqueles montículos, os sulcos formados pelo arado, instrumento masculino de fendidura da Terra; que, aberta, recebe as sementes gerando os alimentos, que tanto se referem a este tipo de geração quanto ao outro. Dessa relação da Terra fecundada, há um recomeço dado pela época do degelo, em que novos seres começam a surgir, com o outro princípio presente que se posiciona em cima dela.

No tocante à espada que a figura segura em uma das mãos, isto não representa somente a resolução dos problemas de uma forma justa, representa também a defesa contra conflitos externos e sua atuação do mundo interno da comunidade.

Figura 78. Figura da Justiça.

O carro de guerra que servia de tribunal para julgar as querelas mundanas, é visto até hoje, quando observamos uma sala de julgamento com o juiz sentado em seu carro colocado em uma posição elevada em relação aos demais, presidindo e conduzindo de forma mais isenta possível a resolução de problemas. Aqui, novamente a questão da partição de algo de forma justa, levando-se em consideração as solicitações de cada um dos envolvidos. Quer dizer que é uma justiça cega, mas não tanto, pois leva em consideração vários aspectos que só alguém acima de qualquer suspeita poderia ter, como é o caso da mãe que enxerga em seus filhos defeitos e qualidades, suas necessidades mais imediatas e aquelas que são essenciais à vida daqueles que estão sob sua guarda. Achamos, por isso, que até a toga usada representa a mulher e seu papel de maior isenção possível.

O Metal da lâmina pode ser associado ao sabor da pena que pode ser dada. O sabor acre do veneno é o sabor do metal, outra alusão tanto às penalidades quanto à forma de julgamento pela espada, doa a quem doer.

Os pés no chão são outra lembrança da ligação com a Terra e a questão da estabilidade, da cabeça vazia de preconceitos, dos julgamentos acertados sem paixões.

Baço/Pâncreas

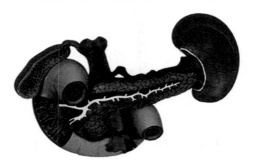

Figura 79. Baço e Pâncreas.

O Baço é o órgão central da MTC, Terra. Ele regula todos os demais. Se pensarmos, poderemos notar que quem fica fisicamente no meio do corpo é verdadeiramente o Pâncreas. O Baço está disposto à esquerda em oposição ao Fígado, que fica à direita (Figura 79). Ele é um órgão linfático em sintonia com o que se diz aqui no Ocidente. É responsável pela produção dos glóbulos brancos responsáveis pela defesa e com os processos de nutrição, além de todas as qualidades mencionadas.

Os processos mentais estão ligados a esse órgão, devido à influência ascendente da Terra, que se apresenta embaixo, mas que age em cima.

No ideograma do baço encontramos sua ligação com a Lua e os processos das marés. Portanto, tem a ver com os fluxos e refluxos de qualquer líquido do corpo. É o órgão de maior importância para as mulheres, tanto que é seu regente.

Como é sabido, o ciclo de 28 dias da Lua tem uma relação direta com o ciclo menstrual. Dessa forma, as mulheres são afetadas física e emocionalmente pela alteração ocorrida durante as fases lunares. As parturientes sabem da incidência maior de nascimentos em Luas mais fortes, a Cheia e a Nova.

Também se deve lembrar que o período de gestação da mulher é de 10 Luas, ou 280 dias. Cada um dos cinco períodos bimensais está relacionado aos movimentos de: Madeira, Fogo, Terra, Metal. Quando se rompe a bolsa cheia de "água", o nenê nasce.

Outro fato importante a saber, sobre a Terra e o Baço/Pâncreas, é que ele rege o diafragma. Assim, aqueles inchaços na parte inferior e a fraqueza do baixo ventre, Terra, têm a ver com a alteração nessa região.

OS TRÊS CORAÇÕES

Sob o ponto de vista da Medicina Tradicional Chinesa, nosso corpo reflete o comportamento da Natureza. Assim, devemos entender primeiro que a Terra sob nossos pés é um organismo vivo e nós, seres humanos, mantemos uma semelhança incrível com ela.

Sob esse prisma, ela tem um pulsar característico que depende tanto do Céu quanto da Terra, e que age como um grande fole. É esse pulsar que faz com que nossos corpos também pulsem em sintonia com ele, pois agimos sincronizados com o Macrocosmo.

Existe um mecanismo atrelado à terra. Colocamos em letra minúscula por estarmos nos referindo à nossa terra particular, que age como se fosse uma bomba, daquelas que tiram água de poço por exemplo, e que faz nosso corpo mover líquidos ou energia.

Quem está lendo o livro deve, a essa altura, já ter percebido que o nosso corpo depende não só da atuação de nossos Pais Celestes para funcionar, mas também depende de nosso próprio sistema para isso acontecer. Quer dizer, existem três setores a considerar: o do Yang, Céu; do Yin, Terra, e do Chi, nosso próprio, cada um com suas peculiaridades, variações de densidade da energia, da mais sutil à mais densa, passando por aquele plano intermediário, onde os dois se misturam.

Resumindo: nossa terra interna[37] fará com que todos os sistemas mantenham uma correlação entre si, uma sincronicidade interna, e se relaciona com o funcionamento da Terra em seu pulsar característico.

De acordo com a tradição, possuímos três Corações, um ligado ao Fogo, outro a Água e por fim um ligado à Terra/terra. Este último é o que rege, no entanto, os demais.

A capacidade e a importância dessa bomba de sucção ligada à terra é enorme, pois deve vencer tanto a força da gravidade quanto ao grande volume de líquidos existentes na região das pernas. Sem ela estar funcionando plenamente, a parte inferior de nossos corpos fica inteiramente comprometida, com sangue[38] e líquidos estagnados. Além disso, prejudicará o próprio coração, que deverá trazer de volta sozinho o sangue das partes mais remotas, além de mandá-lo à cabeça, resultando em sua expansão de tamanho e importância, afetando os órgãos que

---

37. Um exemplo muito claro disso veremos nos diagnósticos, em especial na Pulsologia.

38. A falta de força do baixo ventre deixa o sangue se acumular nos vasos, expandindo-os.

lhe estão associados[39]. Isso também afetará os rins, que fazem o mesmo tipo de trabalho só que com as águas, exaurindo-os.

Dessa forma, temos um sistema de bombeamento regido pelo que nosso Mestre costumava chamar de "Diafragma". O Treino conhecido por Tai Chi Nei Kung[40] é uma forma de dar tônus a essa região inferior de nossos corpos e que, além de regular o funcionamento de circulação propiciado pelos outros dois corações – um ligado à circulação do sangue e o outro aos líquidos –, rege também a entrada e saída do ar, pois a Terra gera o Metal e a respiração é gerada pelo baixo ventre. Não podemos deixar de mencionar que este pulsar do baixo ventre atua na circulação da energia pelos caminhos internos da medula e pelos mares de energia.

Esse fluir da energia irá alimentar o fluxo com velocidade e força natural aos meridianos, fazendo chegar às extremidades toda a nossa capacidade de exteriorização da energia utilizada de forma que o nosso contato com o mundo externo seja capaz de trazer para dentro novas quantidades de energia pré--natal. A bomba a que estamos nos referindo tem aqueles dois movimentos da terra, o centrífugo e o centrípeto, que lhe são característicos.

Para entender melhor esse mecanismo, devemos recorrer ao Estômago, ou melhor, ao Meridiano Grande Lo do Estômago, Xu Li, vinculado ao Músculo Ancestral localizado na região do períneo e que se responsabiliza pelos mecanismos da Bomba Cardíaca e Pulmonar. Não devemos nunca pensar que o sistema terra pode ser entendido separando-se suas partes. Este tipo de raciocínio da Tradicional Medicina Chinesa é lógico.

---

39. Uma das consequências é a de que o par fogo-metal, de Coração e Pulmão pode sofrer com a alteração para maior do Fogo, Coração, frente ao Metal, Pulmão (só para lembrar, o Fogo destrói o Metal).

40. Ou simplesmente treino interno do Tai Chi.

Quanto à bomba dos rins, devemos alertar para o fato de que temos dois rins, um Fogo e o outro Água, assim o conjunto dos dois compõe uma máquina a vapor que se responsabiliza por circular o Chi, ou vapor, impulsionando-o por todo o corpo, fazendo esse corpo agir e também umedecendo todas as localidades.

Os inchaços das pernas e também as varizes[41] são efeitos do mau funcionamento dessa bomba, ou "coração", localizada na parte inferior do corpo, no baixo ventre, terra, que faz com que os líquidos (terra controla a água) que temos na parte inferior do corpo possam ser carregados de volta ao baixo ventre e, só então, os outros dois começarem a atuar.

Estômago

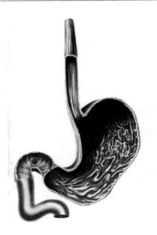

Figura 80. Estômago.

Esta víscera pode ser chamada de fornalha, pois, nessa parte da terra, encontramos o fogo transformador, "destruidor", separador, como melhor lhe aprouver. Ele é responsável pelo

---

41. A falta de força do baixo ventre deixa o sangue se acumular nos vasos, expandindo-os.

movimento descendente que empurra os alimentos alterados em sua constituição, tornando-os aptos para ser absorvidos, o que ocorre principalmente no intestino delgado. O estômago (Figura 80) retira daquilo que é depositado ali em suas mãos os suprimentos necessários à formação do sangue. Muito se pode dizer dessa parceria, mas o principal é: o fogo que aquece a fornalha pode ser visto como esse fogo que se situa logo abaixo do recipiente que é o estômago, onde são colocados os materiais necessários ao suprimento das nossas carências. Como o calor tem aquela qualidade de aderir, de envolver, de mover, de agitar, de dar vida, esses dois processos não podem ser separados.

No conceito clássico, a terra está relacionada aos armazéns, ou celeiros, onde se acumulam os alimentos. Poderia ser associada também a um caldeirão a transformar algo que deve ser digerido. O calor que se encontra embaixo faz acontecer as transformações necessárias para que a comida seja preparada. Não é só uma questão de um lugar para guardar algo, é também de ter algo acontecendo ali, sendo gerado, transformado pela ação de alguém que está acostumado a esse tipo de atividade de cozinhar, de preparar o alimento para ser servido e que dará sustento. Daí a forma física, que dará vida, na forma tanto de alimento como de calor, que fará o ente recebedor desse alimento capaz de agir e também de fazer acontecer algo no plano em que vivemos, que pode ser no nível interno ou no externo.

São três partes, o casal da terra, Yin-Yang, estômago de um lado e baço/pâncreas de outro, e ainda mais a lenha que está sob o caldeirão, que é o fogo consumindo esta lenha. O caldeirão, estômago, guarda em si, o calor recebido daquele fogo que se situa abaixo dele.

A regulagem do calor para cozinhar é muito importante e não apenas os ingredientes. É o calor que fará a comida se tornar saborosa. Vários são os itens de uma boa alimentação/cozinha, não é só ter alimentos na despensa. Se tivermos um calor muito baixo não ocorrerá a transformação da mistura que torna palatável a comida. Ela ficará dura, rígida, intransponível, indigesta, pesada. No entanto, se ela estiver cozida demais ou mesmo queimada pela ação excessiva do fogo, o sabor será alterado, suprindo somente algum tipo de instância, ou mesmo secando sua composição. Estamos falando tudo isso porque o estômago tem essas funções de regulador de calor, de medida, de transformação, de exercer o transporte, também, pelo menos até a próxima etapa que é a da absorção, que se fará por aquelas estradas que já mencionei. A temperatura deve ser regulada também para que não se leve calor em demasia a outras regiões do corpo, o que pode ser prejudicial à saúde.

METAL

Figura 81. Minério, o Metal.

O Metal (Figura 81) é por excelência o Espírito, a Unidade, o Imperador, o Senhor, o Velho, duro, muitas vezes dourado como o ouro. Apresenta um significado de preciosidade, de tesouro muitas vezes escondido. As preciosidades do corpo estão sempre escondidas de forma protegida, tanto que o centro espiritual está no núcleo central do cérebro, na sua parte mais protegida. No fundo da água, encontram-se essas preciosidades também, pois é o lugar de atuação mais forte da influência que vem do Céu.

Costuma-se dizer que o Metal é o Fogo Seco, enquanto o Fogo é o Fogo Molhado. Eles repartem o Yang na parte superior do corpo, formando um casal, sendo aquele o marido e esta a mulher.

O metal também pode ser entendido como todos os minérios, as pedras, e, dessa forma, em nossos corpos podem ser encontrados como sendo os ossos. Na maior parte dos textos e comentários feitos sobre os ossos, os encontraremos associados sempre à água, mas o que se deve ter em mente é que aquela unidade do Céu é a responsável pela geração da Água em qualquer instância. Dessa maneira, o centro Lin Tai é responsável pela criação e também pela manutenção dessa estrutura. Achamos que, algum dia, isso deverá ser provado pela ciência ocidental, quando for possível verificar em um ser vivo a atuação de determinadas partes de nossos corpos.

Como é sabido, o metal é um condensador da umidade do ambiente. Quer dizer que ele, simplesmente por ser um condensador, capta a água que existe na atmosfera na forma de vapor, fazendo-a se aglutinar e direcionando-a para baixo, seguindo sua natureza.

A importância desse movimento é agir de maneira a juntar, manter coeso algo que pode a qualquer momento se separar. Assim, o espírito é algo que mantém também a unidade do corpo. A saúde da mente ou da sua memória, tudo depende desse movimento. A coerência também é algo a estar associado ao metal. Veja o movimento do metal agir sozinho. Primeiro, ele não dará capacidade para a ação, ou seja, não fará com que o corpo tenha movimentos. Apesar de ele ser o Espírito animador, precisa estar associado ao fogo, que mantém com ele uma cumplicidade. Apesar de este tornar o primeiro menos coeso, o fogo derrete ou amolece o metal, não é? Assim, o fogo garante que o Espírito consiga fazer uma interface com o corpo, apesar de ter suas capacidades um pouco alteradas. Por outro lado, tudo deve estar em "harmonia" para que se possa ter aquela unidade fornecida pelo metal, àquela dinamicidade fornecida pelo fogo, tudo associado ao movimento terra que é o corpo. Só falta falar aqui do Chi, que é a nossa energia e que dá contornos peculiares aos seres.

Como o metal representa o ser em um estado de idade mais avançada, também se infere a existência de sabedoria ou, ao menos, experiência sob seus cuidados.

Na casa da criatividade ou do Lago[42], encontramos algo que se espelha com o Criador, o Céu. Dessa forma, também temos em nossos corpos esse tipo de criação a nosso alcance.

Ao contrário da doçura que pode ser encontrada com a mãe, aqui encontramos os julgamentos citados na análise da espada segurada pela Justiça. O instrumento cortante, afiado, nos mais diversos sentidos que isso possa ter, pertence à interpretação do metal.

Quando nos encontramos com pessoas que se mostram muito autoritárias, lembramo-nos sempre que existe este componente em abundância dentro de sua constituição. As palavras ríspidas, o "inflexível", o "turrão", mesmo aqueles que nos deixam essa impressão têm esse componente em maior escala.

Mesmo assim, dependendo de como foi a evolução dessa pessoa, podemos também encontrar os Mestres, pois a sabedoria pertence ao bem equilibrado e que deixou passar os desejos, as suas paixões, e as transformou em fonte de experiências, de conhecimento, de capacidade analítica, fria muitas vezes, mas sempre enriquecedora.

Gostamos de lembrar sobre uma frase de nosso Mestre, que falava assim. Existem três tipos de pessoas: a inteligente, que

---

42. O Lago é a casa número 7 do I Ching, em sua forma pós-natal. A casa também se refere à filha predileta.

sabe as coisas, não contesta a voz da experiência e a segue, pois conhece a verdade; a burra, que tem a consciência de quem não sabe e que não terá a capacidade nunca de saber, pois é limitada, segue quem sabe e não contesta a experiência daquele que irá liderar; e os de inteligência mediana, que não pertencem nem ao primeiro grupo, nem ao segundo, mas, como sabem um pouco e não têm a humildade do segundo, pegam parte do conhecimento e transformam em outra coisa qualquer, o que acarreta resultados nada bons. Estes estão perdidos completamente.

Seguir o caminho é deixar-se levar por uma corrente que se sabe verdadeira, é o Wu Wei[43], o respeito ao conhecimento daquele que sabe muito mais do que qualquer um, pois é a fonte do conhecimento e da vida.

Pulmão

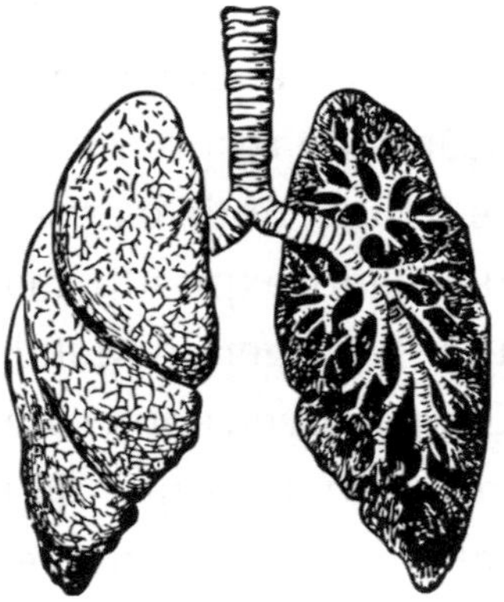

Figura 82. Pulmões.

Os pulmões são uma coisa única (Figura 82), ligam-se ao exterior, captando e condensando. Por um lado, asseguram a entrada de ar, sopro, e, por outro, a retirada do meio ambiente

---

43.   Não interferência.

da umidade tão necessária ao nosso funcionamento. O nome pulmão vem de *Pneuma*, ou Alma em Grego, muito apropriada. É este Ar que nos anima, é esta Alma que nos dá vida, muito parecido com o conceito chinês que encontramos no Metal, o Espírito que nos dá vida.

O Yang do Céu, esse Espírito que nos dá a Vida, que nos anima, nos faz mover, é constituído de duas partes: o Fogo e o Metal, sendo o primeiro em relação ao segundo Yin e o segundo por suas propriedades, Yang. Quer dizer, não existe vida sem que os dois estejam presentes, pois o Fogo tem aquela característica de grudar nas coisas, ou aderir, como é mencionado no I Ching, sem o qual seria impossível a mescla dos dois corpos: o espiritual com o material, um adentra o outro. Sem essa ligação profunda, não haverá vida no corpo. Em um nível muito básico, devemos lembrar que o sangue recebe o oxigênio na região do pulmão, e o processo de eliminação do gás carbônico também acontece ali.

Como está vinculado à respiração, temos a impressão de que ele é o responsável por ela. Devemos nos ater, portanto, ao fato de que a respiração é de responsabilidade da Terra, e não do Metal. O Pulmão é o lugar onde o ar será recebido e também incorporado e, por outro lado, expirado, mas a mãe da respiração é na verdade a Terra. A Terra gera o Metal.

O Metal torna o Chi palpável, entra sopro e sai água. Dizemos sempre aos alunos principiantes que os Pulmões se parecem com um coador de café que recebe aquele vapor da cafeteira, o qual se condensa e passa a água para os rins, logo abaixo dele. Existe um Treino chamado de "As Patas do Tigre balançam os Sinos", onde colocamos as mãos semicerradas em punho com os pontos IG4 voltados para as "saboneteiras", e que permite sentir o fluxo do Chi a partir dos pulmões até os rins. É algo quase indescritível ver nossos corpos funcionando!

O Pulmão é a casa da Alma Po, mais concreta que a Hun ligada ao Fígado e com a alma mais sutil. Fica interessante pensar que o Metal, que é Yang, frente à Madeira, que é Yin, no casal Metal-Madeira, Espírito e Matéria, receba a Alma mais concreta, mais densa, mas não é de se estranhar, pois o Yang atrai o Yin, e o Yin, Fígado, atrai ao Yang, alma sutil.

Essas duas almas podem ser atreladas ao que Jung chamou de "Anima e Animus", mas com certa ressalva, pois essas duas partículas estão presentes nos homens ou nas mulheres, mas, no nosso caso, ambas estão presentes simultaneamente em cada indivíduo. Na partida dos Ben Shen, os corpos sutis, que são as almas mais leves, desprendem-se com facilidade e alçam voo, desvinculando-se deste mundo, enquanto as almas mais densas podem ainda "sobreviver" neste ambiente e ser vistas por aqueles que são dotados de uma particular visão. Dizem até que elas podem subjugar indivíduos fracos e crianças pequenas. Acho que isso é conhecido no Ocidente como "formas de pensamento", aquelas sombras que vagueiam por aí, com lembranças de suas vidas deste mundo.

Intestino Grosso

Figura 83. Intestino Grosso.

O Intestino Grosso (Figura 83) é capaz, em seu ambiente interno, de fazer as mesmas coisas que fazem os Pulmões em seu contato com o ambiente externo. Naquele caso, no entanto, são reaproveitados os líquidos existentes no bolo fecal e reintroduzidos no sistema das águas. Por outro lado, é também responsável pela eliminação dos resíduos de que não mais necessitamos, à semelhança das eliminações gasosas feitas pelos Pulmões.

As pessoas que têm dificuldade de se livrar de acontecimentos ou que gostam de carregar consigo suas experiências anteriores sempre têm dificuldades de eliminação dos dejetos produzidos por nossos corpos. Isso é muito comum entre as mulheres. Elas acumulam muito essa energia pesada; muitas apresentam dificuldade de se livrar de pessoas e acontecimentos de seu passado. Sempre procuramos identificar isso pelo tamanho da bolsa que elas carregam; quanto maior a bolsa, maior a dificuldade. Parece que precisam carregar a casa junto delas. Talvez tenham de fazer isso em função da mudança de ambiente que elas estão passando, largando seus lares em busca de uma colocação no ambiente externo, mudando de uma situação mais Yin para uma Yang, levando consigo todas as atribuições daquilo que não conseguem largar e assumindo novas, duplicando seu peso.

Como a mulher sempre se cuidou, devido à sua maior inteligência, como diria meu Mestre, espero que isso não seja esquecido também com essa mudança para o ambiente externo.

Percebe-se que, nos casos em que a pessoa não consegue se livrar de uma situação, qualquer que seja, os intestinos estão sempre bloqueados. Nós ficamos atualmente muito parados, sentados à frente do computador, ingerindo alimentos nem sempre adequados, o que causa também um desequilíbrio em nossos movimentos e na eliminação das impurezas. No caso das mulheres, essa sujeira acumulada interfere diretamente na sua capacidade de reprodução, além do mencionado acima, pois seus órgãos reprodutores se encontram nessa região. O problema de falta de eliminação adequada e de maneira regular faz aumentar o calor interno, causando problemas que se traduzem em dores nas costas muitas vezes, ou mesmo em resfriados, por choque com uma energia fria externa.

O bom funcionamento dos intestinos pode ser garantido com a ingestão de forma sistemática de alimentos que possuam o movimento descendente ou mesmo a qualidade "sedosa" em suas constituições, a exemplo da banana nanica e do aspargo, do feijão *moyashi* e da pêra, que refrescam, e do mamão que ajuda a soltar e a esfriar. A postura da Árvore, em que nos colocamos na posição de pernas separadas à largura dos ombros, simulando abraçar o tronco de uma árvore, com o tronco ereto e as pernas envolvendo-a, ajuda-nos a nos livrarmos de impurezas. Ficando nesta posição por alguns minutos durante o dia, elas irão descer e serão eliminadas, tanto pelas fezes quanto pela urina. Os gases também devem sair naturalmente.

Outros benefícios podem ser sentidos com essa prática e isso também está ligado à energia do Metal, pois tem a ver com nossa energia defensiva; a postura propicia que essa energia vá se reforçando e muitos serão os benefícios: para aqueles que estão muito fracos ou que estão se recuperando de doenças graves, essa postura pode ser feita deitado ou mesmo sentado. Com o tempo, a energia começará a circular, desimpedindo os trajetos, fato que será percebido quando sentirmos o balançar do corpo. A subida da energia pela coluna também causa uma sensação de movimento ou vibração. Com o tempo, a saúde irá voltando. Quanto mais tempo se fica, mais se acumula energia. Depois, ao final do treino, deve-se recolher à raiz, ou seja, devemos abraçar o Tan Tien, que fica três dedos abaixo do umbigo, com três para dentro, colocando primeiro a mão esquerda e depois, sobre ela, a mão direita. O Wei Chi ficará mais vigoroso e você sentirá essa energia expandida além de seu corpo.

ÁGUA

Figura 84. Água.

A Água (Figura 84) ou, como diria o I Ching, o "Abissal", representa as profundezas de onde tudo vem, a origem da vida, a "Mansão dos Mortos" de onde saem as almas que formarão os novos seres; o Norte, Frio, Escuro, a "Porta da Vida" ou Ming Men, a "Fonte Borbulhante" nascente R01, a esposa do Fogo, seu par inseparável. Falar da água sem falar do fogo é algo inadmissível. A água muito fria não gera a vida, ela tem de estar aquecida, tem de estar em contato constante com ele. De outra forma, não haverá o fluxo ou o vapor resultante desta união. A água e todos os movimentos devem sofrer a ação daquele agente que é o Yang, o Fogo.

A água é de onde a vida surge, a água é o Chi "encarnado" materializado. Suas propriedades, tais como o fluir, o penetrar achando brechas, toda a sua forma e movimento são demasiadamente parecidos com a Energia, são a manifestação do Céu. Quando nos referimos ao Chi o associamos ao Wu Chi, o Yang absoluto, e quando falamos da água e mencionamos o Céu, ele também reúne em si as qualidades desse grande Yang, o Extremo Vazio. As semelhanças são tão intensas que fica redundante falar.

A água constitui, como sabemos hoje, quase a totalidade de nossos corpos. Em criança isso fica muito visível pela sua flexibilidade, seu corpo é molinho; a água é o lugar ideal para as ondas acontecerem. As ondas agitam as águas, o vento agita a água, causando ondas também; o Chi anima a água com seus movimentos. Se a água flui desimpedida, nada permanece parado; ela arrasta tudo consigo, não existe acúmulo de nada. Na medida em que o movimento diminui, as coisas começam a parar, criando cada vez mais impedimentos ao movimento, dificultando sua passagem, impedindo seus movimentos de ir e vir.

A água, em suas diversas aparências, gelo, neve, geada, chuva ou vapor, mostra a sua relação com o fogo, dependendo assim dele sua mutação de um estado para o outro. À medida que o calor vai aumentando, ela vai alterando sua forma, sua apresentação, sua forma de atuação também. A importância dessa alteração de forma é inegável, quando pensamos que ela é uma das principais responsáveis pela mudança sentida na topografia do terreno. Os movimentos dos glaciares, avançando ou recuando, assim como a maré dos rios e mares influencia a forma da terra. Além da erosão, de fácil visualização, existem também as não tão perceptíveis ao observador, como quando a umidade penetra a terra ou uma pedra e a temperatura do ambiente cai, expandindo a água, tornando-a gelo, o que acaba por quebrar até mesmo uma dura rocha.

Já pudemos observar, um dia, na praia, ao entardecer, a emanação de vapor que acontecia do mar para o ambiente. Como o clima fora da água esfria, naquele horário o calor acumulado pela água volta para ele através do vapor. A umidade que sentimos quando vamos à praia é resultado desse mecanismo. A vegetação se desenvolve, ao menos na costa brasileira, como reflexo desse acontecimento.

Como se pode verificar, a incidência dos vapores é essencial ao funcionamento do sistema inteiro. Depois de este vapor ser gerado, existe a condensação, a chuva e a formação dos rios, indispensáveis à vida da Terra e de nosso microssistema, que é o corpo. Lembre-se de que os rios se relacionam aos meridianos de energia.

Pois é, a água é imprescindível ao funcionamento dos sistemas macro e microcósmicos. Sem ela não podemos nos reproduzir, nem gerar nossos corpos. O Jing, Essência, é responsável por esses dois sistemas. A geração do corpo, que pertence à terra, se dá através de mecanismos provenientes de nossos ancestrais mais próximos, os pais terrenos que nos presenteiam com aquela mescla de energia, o Jing.

Outro ponto a ser observado por quem vai estudar a MTC é a ligação com o profundo, nossa psique, com o sobrenatural, com o mundo subterrâneo onde só as águas conseguem chegar. Daí o medo estar ligado a este movimento. Outro ponto a ser considerado é que o período do ano quando a água se apresenta com suas características mais evidentes é o inverno, o que suscita as questões: Será que o inverno vai acabar logo? Será que os alimentos que reservamos para passar essa época do ano serão suficientes para chegar à primavera? Morreremos antes de termos mais comida?

Mais algumas questões podem ser levantadas para pensar sobre o sentimento que podemos associar a esse movimento.

A questão da morte, o medo de que coisas sobrenaturais ou mesmo naturais venham a acontecer, o medo de algo que se mostra inevitável pode gerar um comprometimento da energia dos rins. Mesmo a sensação de aflição, pelo que pudemos perceber nestes anos como terapeuta, também pode comprometer o bom funcionamento dos rins, assim como aquela sensação de alguém estar aguardando desesperadamente algo ser entregue extenua a energia dos rins.

A tranquilidade que o espírito deve ter garante a ele aquela unidade que irá acabar por gerar a água. A quantidade excessiva de pensamentos desconexos também pode comprometer a saúde do sistema das águas.

Por sistema das águas devemos entender: os próprios rins, a bexiga, a uretra e o ureter, o aparelho reprodutor, a possibilidade de geração e manutenção do feto e embrião no caso das mulheres, o líquido espinhal e a medula, o cérebro, os ossos, toda a parte úmida de nossos corpos – aquela quantidade absurda de água que temos em nossos corpos também pertence ao sistema em qualquer lugar que se encontre, como no sangue, nos humores...

Rins

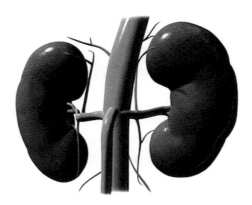

Figura 85. Rins.

É melhor citá-los no plural, já que é o único órgão duplo de verdade (Figura 85). Eles são independentes e com funcionamento antagônico. O da direita se comporta como Fogo e o da esquerda como Água. Os dois, em conjunto, formam a "máquina a vapor" interna que impulsiona o corpo e mantém o sistema funcionando. Se essa máquina parar, nenhum sistema se manterá.

O rim direito está ligado ao Ming Men, ou Porta da Vida. Ele é quente devido à presença de vários fatores: a Vesícula Biliar, o Centro I Chiao, a própria região do Ming Men, Porta da Vida, que se posiciona ao centro entre os dois rins e a Morada Original do Triplo Aquecedor. Devido a essa Energia se posicionar à direita de nossos corpos, isso agita toda a área direita. Podemos encontrar aí a Madeira na forma da VB e do Fígado, como representantes corporais desta que é a origem de tudo, o Chi. Dessa forma, teremos que o homem, por seguir os ritmos Yang, se encontra na categoria de regidos pelo Chi.

O Rim da Esquerda, que tem uma natureza fria por oposição à natureza quente da direita, está atrelado à Terra, que, por conceito é fria e úmida. Sua ligação se faz com o Baço, principal órgão Yin, que está ligado ao sangue, regente da mulher, Xue. Os ciclos da água, ou das marés, atrelados ao movimento da Lua que também é Yin, influenciam o comportamento das mulheres.

Sangue e Energia são os pilares de funcionamento das pessoas, como representantes do Sol e da Lua no Céu, e do fogo e da água na Terra.

O corpo, terra, sangue, não funciona, não age se não houver o Chi para animá-lo. Esse é o espírito animador do corpo que ficaria inerte sem a energia para forçá-lo a se mexer.

Nessa região, encontramos a Energia Essencial responsável por arquitetar e por construir o corpo humano à semelhança das Ordenações Celestes. Através de seu Servo de mais valor, o Fogo Ministerial, o Centro da Vontade ou da Intenção é posto em funcionamento para fazer, construir, regenerar, manter essa habilitação do Espírito.

O Shen que irá morar nos rins é justamente aquele ligado à vontade, o Zhi. Não dá para imaginar nada acontecendo em nossos corpos ou em nossas vidas a não ser pela ação dessa vontade, intenção, que tanto percorre o corpo, induzindo o movimento através dos meridianos quanto fora dele, e em todos os setores de nossas vidas.

O Trabalho Casa Um do Pá Kuá, na configuração do Céu Posterior, mostra a vontade, ou o Yang, bem no centro do trigrama da Água (Figura 86). Se colocarmos em pé este trigrama, teremos os dois traços entrecortados à volta do traço único que são os dois rins, posicionados à direita e à esquerda deste Centro Yang, desta força motriz de tudo o que acontece. Sem ele funcionando, nada pode se manter vivo, em movimento. Esta linha Yang do meio representa nós mesmos, rodeados pelos nossos Pais, Céu e Terra, "descansando", inativos. Enquanto nós temos de nos manter em atividade, nos viramos sozinhos. Eles só observam.

Figura 86. Trigrama da Água.

A hora do descanso ainda não chegou, e só chegará quando tivermos o trigrama do Fogo (Figura 87) em atividade, pois só aí é que teremos os Dois Pais agindo, e nós recebendo, colhendo os louros do processo, de nosso trabalho. Por isso se diz que a casa nove do Pá Kuá está ligada ao Sucesso. Tudo vem às nossas mãos, somos "recebedores", assumimos a forma Yin.

Figura 87. Trigrama do Fogo.

Fica claro que a gente não consegue falar do Fogo sem falar da Água e vice-versa; um depende do outro, não existem sozinhos. Eles compõe a base da vida como a conhecemos; a união dos dois gera o vapor, nosso amigo Chi, que põe tudo em movimento.

Bexiga

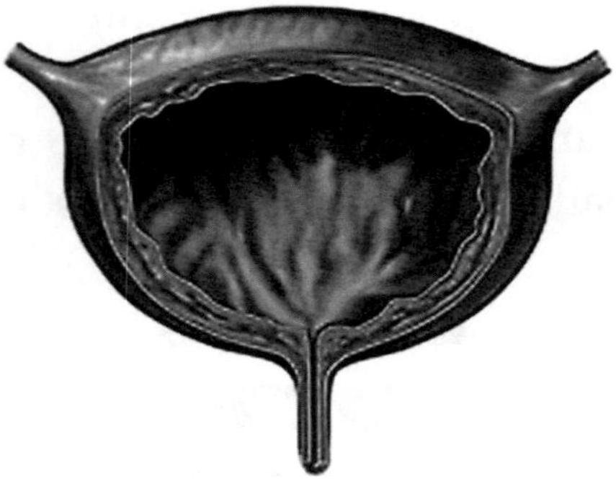

Figura 88. Bexiga.

A bexiga (Figura 88) é o órgão principal da Medicina Tradicional Chinesa. Talvez esse tipo de conhecimento não seja nem muito conhecido nem muito aceito nos meios que utilizam a MTC por aqui, pois consideram os Rins muito mais importantes.

Esse tipo de entendimento está ligado ao fato de que essa víscera age no sentido de suprir de umidade todos os órgãos e vísceras do corpo.

Pela descrição taoísta, ela consiste em duas bolsas, uma dentro da outra. Na primeira, onde é coletada a urina proveniente dos rins, acontece um transbordamento natural que a conduz até a segunda, que a rodeia; e nesta segunda é que acontece a sua principal função, que é a de levar umidade até os órgãos e vísceras de todo o corpo. Essa umidade é gerada porque, abaixo da bexiga, existe uma fonte de calor que faz evaporar aquela urina e a conduz através dos pontos de assentimentos desse meridiano (Figura 89) até todo o corpo.

Como já foi dito, as energias mais importantes são o Fogo e a Água. Dessa forma, existe um fogo que alimenta os três setores de nossos corpos e que devem ser suplementados por uma quantidade adequada de água ou vapor, umidade, para que nosso corpo funcione perfeitamente.

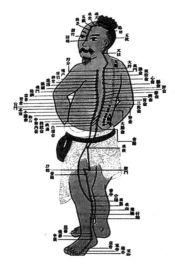

Figura 89. Meridiano da Bexiga.

Esse tipo de compreensão faz com que a bexiga se torne o principal órgão da MTC, pois é por meio dela que todos os demais órgãos são "alimentados", ou seja, todo nosso corpo e sistemas dependem da umidade proveniente da bexiga. Por isso, um acúmulo de calor ou energia estagnada nela pode causar problemas em todos os setores. As práticas tântricas podem prejudicar o bom funcionamento desta parte; a falta de eliminação adequada de sêmen pode causar um entupimento dos canais internos, prejudicando o fluxo na bexiga e, portanto, afetando as demais partes também.

MADEIRA

Figura 90. A árvore representa a Madeira.

A Madeira é o Chi, e por este fato já dá para perceber a importância dela em nossas vidas, ela é o princípio. Lembra-se do Chi original que apareceu do Wu Chi e que gerou tudo que nos rodeia, o Universo inclusive? Todas as manifestações que percebemos são decorrentes desse Vento, dessa Agitação, deste Movimento. Ele é o Todo, não aquele Imensurável, mas o imensurável, filho naquele Plano e Pai neste.

A Madeira é o único movimento que nos remete a vislumbrar algo vivo dentre os cinco. Ele reúne em si as qualidades de estar vivo que os outros não têm. É nele que encontramos a possibilidade de algo, ele próprio, se transformar, crescer, entrar em contato com os demais movimentos, dependendo deles também. Quando pensamos em uma árvore (Figura 90), conseguimos atestar tudo isto. Ela depende do calor do Sol para viver, fogo; depende da água, depende da terra e dos minérios que ela contém para crescer,. É a síntese dos demais e, ao mesmo tempo, nenhum deles existiria se as qualidades que encontramos na Madeira não existissem. O Chi, como princípio original da existência de qualquer coisa, já seria suficiente para entender aonde queremos chegar, mas os processos de atuação sobre os movimentos a gente não enxerga a princípio. Sem a Madeira. O Fogo não teria onde se manifestar, o Fogo é aderir, mas, se não houver a Madeira, o Fogo não poderá se apresentar, ao menos não neste plano em que vivemos. A terra que alimenta aquela árvore é a maneira que ela encontra de ser ativa. Só através da madeira viva é que podemos enxergar a terra também como agente constituidor. É desta terra que provém o material necessário à forma da madeira, ou do corpo, como preferir. A água supre necessariamente uma qualidade inerente à própria madeira, que é a flexibilidade, o que seria impossível haver sem esta. Também neste plano de agir, como penetrar a terra com suas raízes, se essa árvore não tivesse aquela força que abre caminhos da água, "água mole em pedra dura tanto bate até que fura". Essa força das marés que é encontrada também na Madeira. Sua seiva flui da raiz às extremidades devido ao movimento da Água. O Metal são os minérios que dão sustento à existência da árvore e que completam de certa forma o abrir da terra. Sem eles não haveria onde ela se apoiar, crescer rumo ao Céu. Esse movimento dá direção, a matéria deve voltar-se para o imaterial, da terra ao Céu.

Se formos pensar em algo do mesmo nível dos demais movimentos, deveríamos dizer ao contrário de Madeira, Vento. Não está errado, mas não dá para ver o aparecimento das "coisas" com esta palavra. Queremos nos referir a qualquer maneira manifestada de este vento se apresentar. O vento, apesar de caracterizar melhor em outros planos essa energia, esse movimento de energia, pois representa o movimento mais puro, não dá condições de percebermos como ele age. Ele, para se apresentar, precisa de algo, é o Yin e o Yang em conjunto na realidade. Como já foi dito, só existe Chi se o Pai e a Mãe se juntarem para esse fim, para gerar um filho.

O Chi ou a Madeira é isso, ele não consegue se esconder de nossa apreciação. Se ele fica extremamente agitado, transforma-se em Fogo; se vibra menos, pode se transformar em coisas materiais como a Água, a Terra e o Metal, gradativamente. Ele, Chi, na forma de madeira, também é um estágio de vibração mais intensa que as três anteriores.

Vesícula Biliar

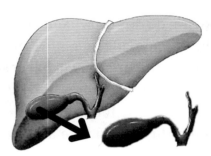

Figura 91. Vesícula Biliar.

Para seguir o padrão, poderíamos começar falando do Fígado, mas achamos que a abordagem se justifica devido à vesícula biliar (Figura 91) ser o princípio ativo da madeira, aquele que impulsiona os demais a agir, e só por isso já valeria começar por ela.

As pessoas que retiram essa parte do corpo se ressentem da falta de vontade depois disto. Não, não estamos confundindo com a vontade que mencionamos ao falar da água. Essa parte de nossos corpos também é responsável pelo começo, por fazer acontecer qualquer coisa. Assim, se não existe esse princípio de movimento, nada acontece. Não dou um passo sem que haja inspiração da vesícula para que isso aconteça. Não cresce um cabelo, ou se renovam minhas células, se não houver inspiração para que isso aconteça. Nada se regenera, nosso sistema de proteção não age, se ela não impulsionar nesse sentido; nela se deposita o Jing. Uma boa palavra para mostrar como a VB age é: impulsão. A madeira incita, de acordo com o I Ching!

Essa força, que nasce debaixo e se desloca para cima, confunde-se com o movimento ascendente do Fogo, tanto imperial quanto ministerial. O crescer está ligado a esse movimento como um todo. Assim, a Madeira, em sua forma mais flexível, poderia ser associada à VB, enquanto os processos mais maduros deste desenvolvimento se enquadrariam melhor naquele ditado pelo próprio Fígado, que resolve essas questões levantadas pela VB.

A VB é um jovem impetuoso, que quer agir, não importa a direção, agir por agir. Essa é a questão desse movimento, em qualquer direção também, e, por isso, se for mal direcionado, pode ser desvirtuado.

Quanto maior a agitação desse movimento, mais ele se torna confuso, e acaba por lesar todos os outros movimentos também. Dessa forma, são as doenças provenientes de um excesso de agitação, comuns hoje em dia, em que as pessoas se tornam mais importantes quando muita gente as solicita, quanto maior for o movimento, maior for a intranquilidade, maiores forem as habilidades desenvolvidas simultaneamente como falar ao telefone, escrever no computador, trabalhar, andar ou correr, pensar no que vão fazer mais tarde, falar com pessoas, ir à academia, jogar tênis, nadar, escalar, tudo ao mesmo tempo. É risível, parece que o mundo vai acabar se as pessoas não tiverem algo para fazer, são apenas compulsivas ao extremo, desta forma vão agredir este princípio da Madeira, gerando dores de cabeça inacreditáveis, insatisfações nos mais diversos setores de suas vidas, nada supre uma pessoa que está insatisfeita a esse ponto.

Se ficar um segundo sentada, tem um enfarte... Calma, esta é a agitação que provém da Madeira, principalmente da VB em demasia.

Ela se assemelha ao adolescente que quer fazer tudo e acaba não fazendo nada direito, só começa e não termina nada.

Falta a calma, a estabilidade, a certeza que só a outra parte da Madeira pode dar.

Antigamente, as pessoas paravam para ver o por do Sol, apreciavam a natureza, até entravam em contato com ela; abasteciam-se de uma nova carga de energia. O Chi fluía dentro do corpo, dava até para sentir. Foi assim até que descobriram os Centros e os Caminhos da Energia pelo corpo. Esse tipo de pessoa mais contemplativa pode perceber mais os movimentos da Energia no espaço, não lá no Espaço Sideral, mas aqui mesmo, à nossa volta. Eles percebem a evolução das estações, dos acontecimentos, estando presentes e abertos a tudo isso, tranquilamente.

O que tira do centro da estagnação é também justamente esse tipo de movimento. É ele que anima e dá dinamicidade às coisas.

Aquela agitação gera um Fogo falso, pois não é aquele ligado ao Fogo mesmo. É como se a Madeira pegasse fogo espontâneo pela falta d'água. Esse fogo falso perturba, age como tal e sobe, levando consigo tudo mais à desintegração.

É a agitação incontrolável, aquele estado em que muitos "astros" da música ou do cinema chegam e que acaba sempre por lhes romper a estabilidade a ponto de recorrerem a remédios para desligar ou religar; tomam uma porção de calmantes e, depois, quando chegam ao estado de quietude nada natural, têm de ser ligados por meio de outras doses de remédios que os ligam e os põem para funcionar no mesmo ritmo de antes, e tudo recomeça.

Não temos uma chave que liga e desliga, e, se tivéssemos, iríamos quebrar como a maioria das máquinas. Não somos máquina, somos seres vivos que dependem do funcionamento de um corpo para poder agir nesse meio, o que é bem diferente de um instrumento qualquer.

Parece que existe uma máquina que mói as pessoas. O novo é o que importa, o menos novo já se tornou velho e deve ser descartado. Essa pressa de ser consumido e de consumir é que leva a pessoa a gastar sua energia na busca de algo que não existe.

Achamos que a humanidade está na fase da adolescência; corre atrás do próprio rabo. Está gastando os recursos do planeta de forma idiota só para se tornar importante aos olhos dos demais. É uma competição que leva alguns a ganhar às custas dos outros, é a cenourinha para fazer o burrico andar em uma determinada direção.

Esta é a energia que põe em movimento o eixo e, se ele estiver torto, a energia produzida é torta também. A Madeira é isso, e seu movimento Yang contido principalmente na VB inicia o movimento. Ela dá a partida no automóvel que somos nós. É o rato que conduziu o boi para ver o Budha, incitando nele o movimento.

Fígado

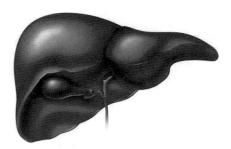

Figura 99. Fígado.

O Fígado (Figura 92) dá continuidade ao que foi iniciado pela VB. Ele concretiza, dá solidez, amplia tanto o espectro de atuação quanto a profundidade das ações começadas pelo princípio Yang. Quer dizer que o Fígado realiza de verdade o que foi apenas começado; toda iniciativa proposta anteriormente chega à sua conclusão com essa qualidade acrescentada pelo Fígado.

Os dois, Fígado e VB, estão sempre associados à raiva, como um sentimento predominante, mas sempre usamos o exemplo de uma árvore plantada em uma calçada para expor o que percebemos ser o verdadeiro movimento da Madeira. Vocês já viram que, se ela for plantada depois do calçamento, logo irá começar a levantá-lo? Pois bem, parece que a árvore está se rebelando contra aquele impedimento ao seu crescimento, mas se olharmos de outra maneira, ela quer apenas se expandir, crescer, aumentar sua amplitude, chegar a sua plenitude. Não é raiva; ela levanta o calçamento para que possa se expressar de acordo com sua natureza até o seu limite (Figura 93).

Plantar uma seringueira, um baobá, uma paineira em uma calçada em uma abertura no chão de 30 × 30 cm é uma irresponsabilidade. Ela em pouco tempo vai quebrar todo o chão.

Figura 93. Árvore na calçada.

Essa é uma manifestação de raiva? Achamos o contrário, mas a raiva destrói a própria Madeira, pois leva aquela energia a se esgotar de uma só vez. Podemos usar a raiva como um canhão direcionando esforços. Aí, ela se torna útil, serve para nos tirar do conformismo da aceitação de algo errado, do convívio doentio que leva inevitavelmente à doença.

A raiva é algo destrutivo que, se não for canalizada, se explodir à toa, sem direção ou mesmo contra a própria pessoa, vai acabar gerando destruição interna.

Em sentido reverso, se a raiva for "engolida", ela irá se transformar em nódulos, que vão explodir algum dia.

Não queremos incentivar ninguém a sair atirando por aí para todos os lados. A raiva direcionada pode ser absorvida por atividades físicas com propósito, mesmo pintar algo, criar, limpar sua casa. Qualquer forma de direcionamento desta energia que poderia ser destrutiva é uma boa maneira de se livrar dela, fazendo algo útil.

Em determinado momento, isso é muito importante e, se a pessoa não conseguir lidar com a situação que está causando este tipo de reação à energia será lesada do mesmo jeito. Muitos buscam superar isso, mas existem situações inaceitáveis; e portanto, uma forma é entrar em contato e descobrir o que isso está causando à sua saúde. De uma forma ou de outra, desenvolvemos uma série de proteções contra situações de conflito; colocamos verdadeiras muralhas às mais variadas agressões. O Dr. Reich criou o termo "couraças". Achamos muito apropriado, pois é fácil encontrar pessoas cheias delas, defendendo-se de agressões existentes ou não. Essa proteção é uma energia estagnada que tem por finalidade a proteção de um determinado setor que se sente ameaçado por ataques. Muita energia é demandada nestas couraças. Perdemos, portanto, com elas, pois, ao invés de termos nossa potencialidade gasta na manutenção de outros sistemas, nós a gastamos de forma geralmente desproporcional com esses sistemas.

Sempre que encontrar uma proteção dessas, primeiramente deve-se reforçar o sistema que foi seu gerador para, depois, poder mexer ali com cautela. A pessoa não gastaria tanto tempo e atenção com algo; se isto não fosse muito necessário. Muitos ficam indefesos se lhe retirarmos a proteção; outros adoecem de verdade pelo simples fato de a termos retirado, sem fazer um trabalho para criar condições de acontecer.

O Chi tem que fluir, mover-se. Se ele para por qualquer motivo, mesmo que isto seja necessário momentaneamente, ele deve ser restaurado à sua categoria de movimento.

No conceito de órgãos da MTC, o fígado é o maior deles. Na Medicina Ocidental a pele pode ser o maior órgão.

A tendência da Madeira é de ir atrás de sua esposa, a Terra, por isso os pontos de diagnósticos estão mais bem localizados na costela do lado esquerdo, perto do Baço.

Este aumento de tamanho é um problema de fácil identificação, e representa bem o movimento da Madeira em se mover, se mexer.

Avaliação Energética. Os Diagnósticos da MTC

A AVALIAÇÃO ENERGÉTICA DA MTC

Dentro da visão apresentada de movimento de energia e também de que tudo está relacionado, devemos incluir a avaliação energética. Ela demonstra como nosso pequeno universo está funcionando em um determinado instante de nossas vidas. O que podemos apurar a partir deste ponto de vista é: tudo está inter--relacionado. O ambiente em que vivemos, tanto o universal, como o particular, influenciam este fluxo, além das pessoas com quem interagimos, nosso estado mental, nossos sentimentos. Afinal, tudo que compõe nossas vidas acaba interferindo nesta avaliação por meio da Medicina Tradicional Chinesa. Portanto, tudo deve ser levado em consideração. Para exemplificar, é só se lembrar do Feng Shui, onde encontramos uma divisão espacial de um determinado local, casa ou escritório que acaba por influenciar nossas vidas, mas o mais importante é que a divisão proposta por tal sistema é de que cada uma das oito casas se refere a um determinado aspecto de nossas vidas: família, relacionamentos, trabalho, espiritualidade, sucesso, prosperidade etc. Por outro lado, somente quando o indivíduo adentra no ambiente é que tais forças são postas em funcionamento.

Não é só o ambiente que influencia a pessoa, mas também ela influencia o ambiente.

Muitos pontos devem ser suscitados pelo avaliador. As perguntas que devem ser feitas para que possamos tomar uma decisão acertada sobre como tratar e quais são as limitações impostas ao tratamento podem ser percebidas através das referidas questões. As respostas devem ser analisadas e também complementadas, quando necessário. O indivíduo é um ser vivo e, como tal, vive em transformação, o que pode alterar o desempenho final da terapia escolhida.

As Avaliações Energéticas de que a Medicina Tradicional se utiliza são diversas. A seguir, serão mencionadas por ordem de importância e precisão quanto à extensão da avaliação, e serão introduzidos os conceitos mais importantes para o seu entendimento logo a seguir:

- Pulsologia, que é a avaliação feita a partir da sensação obtida pelo toque da polpa digital em contato com a pele em um determinado ponto da região do pulso do indivíduo;
- Língua, por meio da alteração da morfologia ou coloração da língua e arredores, como bochecha, parte sob a língua;
- Rosto, que é feito a partir da observação da coloração em conjunto com o local onde ela se apresenta;
- Abdômen, é feito em área ao redor do umbigo e tem a ver com o Pá Kuá, em sua conformação do Céu Posterior;
- Olho, feito da observação dos olhos do indivíduo, para apurar alterações de qualquer tipo;
- Diagnóstico pela dor de cabeça (complementar).

Existe ainda uma série de formas de identificar o funcionamento de nosso corpo. Apresento algumas a seguir:

- Apalpar locais onde os órgãos e vísceras se apresentam, que podem ser nos trajetos de seus meridianos, seus pontos nos pés e mãos, no pavilhão auricular, que incluem dor ao apalpar, manchas, marcas, lesões etc.;

- Ouvir o paciente, perceber o nível e o timbre de sua voz;
- Sentir odores emanados pelo indivíduo;
- Sonhos, interpretação de sonhos;
- Apresentação pessoal, que inclui roupas, ornamentos, forma de se expressar, fala, gestos, olhar;
- Avaliação motora;
- Localização de sua moradia;
- Atividade que exerce;
- Quiromancia, leitura de símbolos, marcas, aparência dos montes das mãos, coloração etc., astronomia, características pessoais relevantes ao nascimento (não serão tratados neste livro).

AVALIAÇÃO ENERGÉTICA: O ROSTO

O rosto é um microssistema e, portanto, representa algo maior, que é o corpo do indivíduo e como ele está funcionando. Se estiver saudável enxergaremos nele algo harmônico, terá brilho, não terá a pele nem seca nem oleosa, não apresentará manchas, pintas, a sua cor será relativamente homogênea e não deverá puxar nem para um tom ou outro. Mesmo as rugas que apresentamos na face são resultados de alterações internas que podem ser corrigidas, não é simplesmente resultado do envelhecimento natural. Nada de imaginar que fazer plástica irá acabar com elas, pois todas vêm de dentro, quer dizer, em pouco tempo elas se apresentarão novamente.

Cada uma das regiões apresenta um órgão ou uma víscera através dos quais se manifesta (Figura 94), seguindo o mesmo princípio de que o que está dentro aparecerá em menor escala no que está fora, assim como o que está fora se manifesta no que está posicionado lá dentro. Dessa forma, os ossos que estão dentro de nossa massa muscular e demais tecidos são visíveis através dos dentes; ao contrário, temos que o que está fora também deve se manifestar dentro, assim existe uma relação da pele com um ponto na extremidade do cóccix, uma carne esponjosa e que faz o contraponto de toda a pele externa de nosso corpo, e é desta maneira que devemos fazer o referido diagnóstico. O que está dentro se manifesta fora e o que está fora se manifesta dentro.

Assim, teremos uma manifestação daquilo que está do lado interno de nossos corpos bem diante de nossos olhos, e, como o rosto é nosso cartão de visitas, ele revelará como estamos vivendo, a energia e como ela age em cada um dos sistemas, órgãos e vísceras.

É claro que todos os diagnósticos devem se complementar, e devemos observar também como a pessoa fala, sua entonação de voz, a apresentação pessoal; não só como está se vestindo, apesar de sempre observar as cores das vestimentas, que nos ajuda a perceber se a pessoa é ou está depressiva, se cuida de si, se está vestida bem demais para uma seção terapêutica, mostrando alguma tendência pessoal que será investigada a qualquer momento.

Devemos levar em consideração sempre se a pessoa tem vigor ou não ao falar, a forma como se desloca em nossa direção: se arrasta os pés[44] ou anda levemente; se ela, ao fazer o cumprimento relativo à sua apresentação pessoal, tem firmeza ou não, mas nada de queda de braços! Deve-se perceber se a mão está úmida, sinal de alteração do Baço, pois a mão deve estar relativamente seca e morna. As mãos das mulheres em fase fértil se encontram normalmente mais frias. Podemos sentir se a pessoa perdeu energia recentemente por um vazio de energia em seu Lao Gum, por exemplo.

Essa parte mais ampla da avaliação energética demora mais para aprender e precisa de tempo e de alguém com paciência para ensinar. Algumas dessas informações servem de ilustração

---

44. Lembro-me de uma paciente que arrastava os pés ao andar. Ela, de vinte e poucos anos parecia ter um pesar interno, o que foi revelado na primeira seção que fizemos. A "culpa" que ela carregava por ter feito um aborto na adolescência, induzida por um parente, causou essa alteração no seu andar. O melhor de tudo é que a pessoa de vinte e poucos anos voltou a andar levemente, alegremente, depois deste entendimento sobre a questão. Acho que ela se livrou dessa culpa que carregava há anos.

para um livro básico como este, mas que fique claro que existe muito mais informação a ser aprendida.

A DIVISÃO DO ROSTO EM SETORES

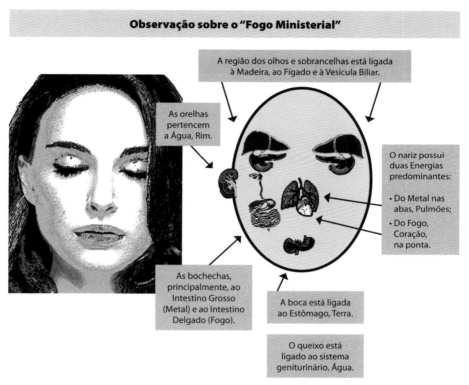

Figura 94. O rosto e as manifestações internas.

Na Tabela 1, encontraremos as principais relações entre o que está dentro e o que se apresenta em nossa face, e mostra algumas das informações que o indivíduo analisado nos dá na hora do diagnóstico. Por exemplo, as dores de cabeça fazem parte dessa análise do rosto, ou melhor, seria até melhor chamarmos de diagnóstico de rosto e cabeça, mas não entramos em nenhum aspecto do que se conhece por frenologia ou mesmo fisiognomia mais avançadas para esse estudo ainda básico.

Tabela 1. Os Sistemas e os locais de sua manifestação.

Órgãos e vísceras	Meios de manifestação	Locais	Outras regiões
Rim	Orelhas[45]	Nuca	Queixo (genitais), região malar para ovários e "pálpebras[46]".
Bexiga		Topo da cabeça	
Fígado	Olhos[47]	Sobrancelhas	
Vesícula Biliar		Têmporas	
Coração	Língua[48]	Ponta do nariz	
Intestino Delgado		Parte das bochechas[49]	
Baço-Pâncreas	Boca[50]	Centro do rosto[51]	Pálpebras.
Estômago		Lábios	Centro da testa
Pulmão	Nariz[52]	Narinas e lateral do nariz	
Intestino Grosso		Contorno dos maxilares[53]	

---

45. A audição pertence ao sistema das águas, basicamente.

46. Com referência às pálpebras, existe um sistema combinado em que o Baço-Pâncreas é o regente do setor, mas só se manifesta em uma delas, quando tanto a superior quanto a inferior estão alteradas em sua coloração. O problema se refere tanto a problemas do referido sistema somados aos problemas encontrados na Água, Rins e Bexiga.

47. A visão pertence basicamente ao sistema da Madeira.

48. O paladar pertence ao sistema do Fogo.

49. Na região da bochecha, encontramos os indícios de ovários policísticos, espinhas nesta região sempre revelam este problema, mas temos de ter em mente que uma menina na fase da puberdade apresenta espinhas, devido a altos índices de hormônios. Quer dizer, só vale a menção se for para moças fora dessa idade ou com outro tipo de comprovação, por exemplo, através de diagnóstico de pulso ou exames clínicos.

50. O tato pertence ao sistema da Terra.

51. Envolve todo o nariz e ainda pode-se estabelecer um perímetro circular ao redor.

52. O olfato pertence ao sistema do Metal.

53. Quanto aos maxilares, encontramos muitas pessoas com "bruxismo", que é o ranger dos dentes de forma contínua, mas o problema mencionado aparece em função de um aquecimento interno que nasce do estômago e que pode chegar até o intestino grosso. A solução é a redução deste calor por meio da mudança de hábitos alimentares. Ingerir alimentos como verduras cruas e carnes à noite propicia esse tipo de problema; assim, evite-os, se for o caso.

Essas são as regiões onde podemos detectar os transtornos internos, mas o que garante a interpretação é a associação das referidas áreas com as cores que podemos perceber no local. Dois pontos são importantes: as cores de cada um dos sistemas. Por exemplo, o preto e o azul-escuro, que pertencem ao sistema das águas podem aparecer tanto neste sistema como em qualquer outro ponto do rosto. Por isso, devemos evitar associar imediatamente aquelas cores com os pontos. Quer dizer que nem sempre as áreas relativas às suas cores apresentam problema.

Se, no rosto, encontramos a cor escura pertencente às águas, isso não quer dizer que o sistema das águas se encontra com problema, mas que naquela área do rosto que mantém uma relação de interno-externo com um órgão ou víscera, o problema que se manifesta por meio da cor escura, preto ou azul ou simplesmente uma área escurecida é o tipo de problema relativo à estagnação.

Se encontramos a mesma cor escura, que é associada à estagnação (pertence à energia da água) na região da ponta do nariz, isso indica que existe uma estagnação da energia no coração.

Teremos de entender dois princípios: o primeiro é que existe uma região de expressão de um determinado sistema, órgão ou víscera. Daí associarmos a indicação dada pela coloração encontrada no local, isto é, o diagnóstico de rosto.

No entanto, devemos lembrar que o sistema está calcado na cultura oriental; portanto, o povo a que se refere tal sistema tem a pele mais amarelada. Isso deve ser levado em consideração, pois, aqui no Brasil, temos uma integração racial muito grande, e devemos ter isso em mente.

CONSIDERAÇÕES GERAIS

Muitas vezes a coloração parece flutuar sobre a pele, não chegando a tocá-la, mas os problemas serão os mesmos. Outras vezes, vários setores são afetados. Isso quer dizer que todos sofrem com aquele sintoma. Reconheço a importância do diagnóstico através do rosto, mas sua complementação por outros mecanismos se faz necessária para entender a extensão e a profundidade do problema.

A seguir, a Tabela 2 representa as cores e seus sintomas internos. Muitas vezes as cores podem vir associadas, o que indica que os problemas não são de uma só espécie. A visão deve ser treinada para poder enquadrar mais perfeitamente o tipo de tratamento.

Tabela 2. As cores e os problemas encontrados.

Cores	Sintomas Energéticos	Notas sobre a energia
Escuro (preto ou azul escuro)	Estagnação	Acúmulo indesejado, o azul pode ser frio extremo ou quadro cianótico
Esverdeado	Dor	Falta de fluxo
Vermelho	Calor	Acúmulo
Amarelo	Umidade	Ligação com problemas da Madeira
Esbranquiçado	Friagem e secura	Cianótico

Dessa forma, teremos de associar as duas tabelas: o local de manifestação dos sistemas internos com a cor, tirando as conclusões necessárias para montar a forma como se restaurará o fluxo saudável da Energia no indivíduo.

Na avaliação energética de rosto, poderemos incluir também a verificação através da observação dos olhos. Não é a conhecida iridologia, uma relação direta entre a parte discriminada e os sistemas já mencionados. É simplesmente a percepção de alguma alteração no formato e na coloração dos olhos, e também uma comparação entre um olho e outro. Pode-se ouvir o paciente para melhorar a análise do quadro, bem como a descrição de sintomas como coceiras, remela constante etc.

A PELE COMO DETERMINANTE DE
SISTEMAS EM VANTAGEM

Se encontrarmos pela frente um descendente de pessoas originárias do Mediterrâneo, encontraremos pálpebras escuras, tanto em cima delas quanto na porção inferior, e isso quer dizer que a pessoa tem problemas nos Rins e no Baço-Pâncreas? Não necessariamente. Por isso, não existe a utilização de apenas um dos diagnósticos para podermos identificar algum distúrbio.

Da mesma maneira que, se encontrarmos descendentes de nórdicos com as bochechas bem vermelhas sobre uma pele extremamente branca, quer dizer que a pessoa tem calor nos intestinos? Também não necessariamente. Quer dizer que a pessoa tem um biótipo característico de uma determinada região. Por isso, na introdução foi mencionado que devemos levar em conta muitos aspectos da vida da pessoa, inclusive sua ascendência.

É interessante mencionar que cada um dos tipos de pele encontrada é regido por um sistema, e esse sistema sempre é privilegiado para a pessoa; assim, teremos que a pessoa com a pele mais escura, geralmente afrodescendente[54], terá seus rins mais fortes do que as outras cores de pele de uma forma geral. Nosso Mestre diria que "eles não temem a umidade". Bem abrangente. Depois, são colhidas informações que até podem contradizer essa informação, mas, a princípio, isso deve ser notado.

Nas pessoas de cor de pele mais branca, europeus em sua maioria, existe uma dominância da energia do Metal dos pulmões, pele e intestino grosso; portanto, aquele setor será privilegiado.

---

54. Não sei se é o caso de dizer "Raça", pois não sou antropólogo e não saberia dizer com certeza se minha pele é branca, amarela, negra. Não saberia me enquadrar nas raças: Caucasoide, Mongoloide ou Negroide, nem mesmo Australoide ou Capoide. O que devemos levar em consideração é simplesmente a cor da pele.

Com referência à tez amarelada, orientais provenientes de toda a Ásia em geral, a Terra será beneficiada. Portanto, Baço--Pâncreas e Estômago, além dos músculos.

As pessoas com a cor de pele tendendo para o vermelho, que são os nativos principalmente do Continente Americano, do Norte até o Sul, possuem o Fogo como dominante, e terão beneficiados o coração e o intestino delgado, além dos vasos e do próprio sangue.

Faltam, portanto, os verdes. Não quer dizer que tenhamos marcianos entre nós, mas que existem povos com variações nesta tonalidade. Do ponto de vista do Mestre Liu Pai Lin, encontramos os que possuem a pele de tonalidade mais escura, também afro-descendentes e que chegam a ser azulados, que é uma variação do verde. Do nosso ponto de vista, encontramos o povo Hindu também, que tem uma tez moreno-esverdeada, até podemos nos lembrar de Krishna, que é azul. Eles são dominados ou regidos pela Madeira, Fígado e Vesícula Biliar.

Um ponto de referência para observação da cor esverdeada na pele é apresentado nos pacientes renais crônicos e também naquelas pessoas que necessitam de transplante de Fígado.

Vale lembrar que a doença que aflige um determinado povo, quer dizer, um grupo de pessoas com a tez de uma determinada cor, pode ser curada por miscigenação com outra cor que apresente um "remédio" natural, próprio de sua cor de pele para aquele tipo de doença. A integração dos povos acabaria com as doenças da raça humana. É o que acreditava meu Mestre, e eu assino embaixo.

AVALIAÇÃO PELOS OLHOS

O QUE OS OLHOS REVELAM

Os olhos, como são expressão da Madeira, em especial do Fígado, mostram como o Espírito de cada pessoa está, já que o espírito do Céu, na hora do nascimento se aloja naquele órgão, ou seja, se a pessoa está sem energia ou é vigorosa, se já desistiu ou não da vida, se está apática ou não. O Fígado está diretamente vinculado também à Energia como um todo. Em alguns casos, onde a pessoa não quer mais viver, ou se a vida não tem mais sentido, podemos observar que a energia do olhar não se projetava para fora rumo ao outro, ou até nós. É um recolhimento, a perspectiva de futuro esvaída, a luz dos olhos diminuída. Esta emanação que vai dele até um ponto de interesse revela a disposição interna para a vida.

A AVALIAÇÃO PELOS OLHOS

Cada parte do olho está relacionada a uma das partes internas de nossos corpos (Figura 95), portanto devemos sempre nos lembrar, quando olharmos para o paciente, de que todas as doenças estão representadas nos microssistemas associativos.

As pálpebras são do Sistema da Terra; Baço/Pâncreas, a conjuntiva, aquela parte branco nacarado[55] dos Olhos, são do Sistema Metal, Pulmão; a Íris é do Sistema da Madeira; Fígado, as Pupilas do Sistema das Águas, Rins, enquanto as laterais dos olhos[56] ao Sistema do Fogo, Coração.

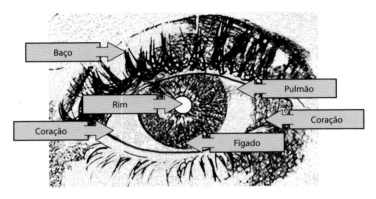

Figura 95. Os olhos e as associações.

A conjuntiva, como já foi dito, indica o Sistema Metal; assim, quando enxergamos alguma alteração na cor daquele tecido, podemos notar a presença de Fogo, ele se torna mais avermelhado o que está indicando que o Metal está sendo atacado pelo seu controlador. Aquela parte amarelada indica que o controlado, no caso a Madeira, está contradominando e atingindo o Sistema do Metal. O avermelhado pode ser por ação de um Fogo falso proveniente do Sistema Madeira, Fígado/VB.

---

55. A cor do Metal não é o branco gelo, mas sim a cor da pérola na parte de dentro, ou o branco nacarado. Nele, encontramos todas as outras emanações que vêm do Espírito do Céu para nos formar. Isso pode ser observado também na natureza, quando encontramos terra com cinco cores, que é um local de muita riqueza, pelo menos de energia.

56. As laterais dos olhos interna e externamente, mas dentro da comissura deste, internamente próximo ao nariz e externamente na porção perto das têmporas.

AVALIAÇÃO ENERGÉTICA ATRAVÉS DA DOR DE CABEÇA

A avaliação através da dor de cabeça (Figura 96) é um auxiliar na elaboração do panorama principal. Ele é um acessório a mais que o terapeuta deve ter para localizar melhor o problema existente.

O centro da testa está associado aos problemas relativos ao Sistema da Terra, em especial a problemas relativos ao estômago. Sempre associamos a pessoas que usam muito os olhos e a atenção nas tarefas diárias. Atualmente, as pessoas usam cada vez mais o computador e isso vem causando mais casos em que aquela parte do corpo é afetada.

Esse problema é causado pelo deslocamento que leva a energia, que deveria estar fixa no meio do corpo, na região do estômago, a se mover para cima. Esse tipo de dor de cabeça pode ser tratado pelos pontos relativos ao sistema no corpo ou pelo simples recolhimento dessa energia de volta ao Tan Tien, ponto localizado três dedos abaixo do umbigo. Se isso não der resultado, antes de procurar um terapeuta, coloque as mãos sobre a referida região e feche os olhos sentindo aquecer o local.

As laterais do Crânio estão associadas ao sistema da Madeira, principalmente à Vesícula Biliar, onde existe um grande número de pontos desse meridiano. A dor de cabeça aí sentida lembra uma "Morsa" que aperta. Deve ser tratada pelo sistema normal. No entendimento proposto pelo Sr. Alexander Lowen, com o qual concordamos, esse tipo de dor tem a ver com pessoas que cedem seu prazer. Conhecemos o muitas pessoas assim, que se deixam por último, que atendem às necessidades dos outros antes da delas próprias, o que causa esse tipo de problema. Uma boa associação a ser feita é daquela mãe que atende a todos, marido, filhos, os próprios pais, parentes, bichos de estimação e, depois, se não aparecer alguém necessitado, chega a vez dela, bem no final, lá longe mesmo!

As dores de cabeça sempre possuem um alto índice de interferência comportamental e também emocional. Se o comportamento não mudar, a dor vai continuar.

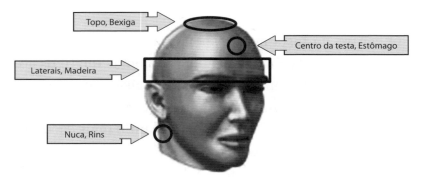

Figura 96. Localização da dor de cabeça.

A Nuca está associada principalmente aos Rins e à dificuldade de subida da energia dos Rins até a cabeça através da coluna. Bocejos constantes indicam a falta de subida dessa energia ao cérebro (Mar da Medula, os rins estão associados à geração tanto dos ossos como da medula, e o cérebro, por ser esse Mar, deve ser suprido pela energia ascendente). Encontramos também nesta região a comprovação de falta de eliminação, através da urina ou mesmo dos intestinos. Aqueles barulhinhos de areia quando giramos o pescoço é indício disso.

O Topo da cabeça está associado à Bexiga[57] e, devido à importância deste órgão na Medicina Chinesa Tradicional, é fácil entender o porquê de ser a mais difícil dor de cabeça a ser tratada.

---

57. Só para lembrar, a bexiga promove a umidificação de todos os outros órgãos através dos pontos conhecidos como pontos de assentimento.

AVALIAÇÃO ENERGÉTICA POR APALPAÇÃO AO REDOR DO UMBIGO

A avaliação ao redor do umbigo (Figura 97) está associada à Disposição do Céu Posterior, lembrando-se que as posições de Metal e Madeira estarão trocadas de lado. Portanto, enquanto o órgão Fígado se encontra do lado direito do tronco, seu melhor reflexo se encontra à esquerda do paciente, na região das costelas. É o Fígado atacando sua esposa, o Baço[58], na região acima de F13.

---

58. Observação: a Madeira (e o órgão associado a ela, neste caso o Fígado, como lhe é característico) busca sempre expandir e, neste contexto, aumenta de tamanho indo em direção à Terra, localizada no Baço, que fica no corpo à esquerda. Assim, o reflexo de sua expansão se torna sensível pela dor, que é sentida no lado esquerdo das costelas inferiores deste lado, mostrando que o Fígado está expandido e, dessa forma, atacando o Baço, a Madeira destrói a Terra.

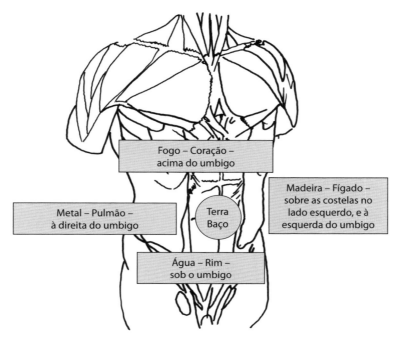

Figura 97. Diagrama do Céu Posterior e do Abdômen.

Uma pressão das mãos se faz necessária, ou melhor, juntando-se os dedos das mãos e apertando. Portanto, com a pessoa deitada de barriga para cima, ou em decúbito ventral, com as pontas dos quatro dedos das mãos, fazer pressão sobre a área a ser avaliada. A sensação de dor, se houver, descrita pelo indivíduo, é indicativo de que a área em questão sofre de algum distúrbio. Assim, se eu pressionar a região das costelas do lado esquerdo da pessoa e ela se queixar de dor, saberei que o Fígado está em excesso.

AVALIAÇÃO ENERGÉTICA ATRAVÉS DA LÍNGUA

A avaliação através da observação da Língua é um dos diagnósticos que levam em consideração uma série de indícios e entendimentos, os quais, somados, apresentarão um resumo da situação do paciente em um determinado momento, como segue:
- O que ela representa como manifestação;
- Morfologia da língua;
- Entendimento da forma humana;
- A Teoria da Moringa;
- Os níveis de nosso sistema de proteção e,
- O sistema de avisos.

REPRESENTAÇÃO GERAL DA LÍNGUA COMO MICROSSISTEMA

A língua deve ser entendida como o Ser Humano analisado em uma totalidade, e deve refletir esse Ser como a união entre seu corpo físico e seu lado espiritual.

O corpo físico é algo palpável e, portanto, mais fácil de entender, mas o lado espiritual exige de seu apreciador um conhecimento básico sobre a Filosofia que rege o pensamento chinês.

Da união dos dois "mundos", Físico e Espiritual, resulta o mundo em que vivemos, ou seja, nossa forma física, corpo humano, aliada ao Espírito resulta em um corpo animado, cheio de vida, particular, e é este que, em suma, será analisado.

A língua é uma expressão do coração, ou melhor, seu "Broto", uma ramificação de um tronco principal. Assim, o coração, "Morada Primeira das Almas", Ben Shen ou Almas Vegetativas, consiste naquela série de energias que, somadas, dão nosso jeito de ser, foram inseridas na concepção e nos diferenciam dos demais, serão percebidas para análise ali mesmo neste outro músculo dentro da boca.

Apesar de nos individualizarmos de outro ser, somos parte de uma cadeia familiar e também de uma espécie.

Os Ben Shen chegam como um pacote ao nosso coração no momento de nossa concepção. Essa será a primeira morada "delas" e manterão, todas elas, uma relação com este local até a partida, quando a morte chegar. Em seguida ao momento inicial, algumas dessas Almas se deslocarão para seus devidos lugares, que serão os outros quatro órgãos. Portanto, uma determinada Alma Vegetativa, de nome Shen, será aquela que habitará o coração, enquanto outras irão para cada um dos outros órgãos: a Alma Vegetativa, Zhi, irá para os rins, Po para os pulmões, Hun para o fígado e Yi para o Baço.

Na realidade, o que iremos apurar na avaliação energética através da língua é como está se relacionando a Alma Vegetativa com o local onde habita, ou seja, aquela União Espírito-Matéria. Dessa forma, esta análise inspeciona o coração nesse sentido, além de entender como suas regiões estão interagindo com outras.

Quanto a esse entendimento, espírito e matéria, a cor saudável da língua, o rosado, é resultado do encontro das duas cores que representam, de um lado o Espírito e do outro o próprio Corpo. Assim, a língua rosada é uma mistura do branco do Céu, Espírito, e do vermelho, do Sangue, Matéria.

Qualquer variação nessa tonalidade indica que um ou outro está dominando e isso não interessa ao indivíduo, o que resultará irremediavelmente em uma redução da energia gerada pelo encontro de Céu e Terra, Espírito/Matéria em nós, como acontece na Desunião.

ASPECTOS GERAIS SOBRE A LÍNGUA

O aspecto saudável da língua depende de vários fatores (Figura 98). O primeiro é que ela deve ser úmida, não só por estar na boca, mas porque ela representa o corpo, que pertence à Terra, que é úmida. Deve ter movimentos, energia, como qualquer corpo vivo. Se houver movimentos erráticos, estes devem ser considerados como distúrbio interno. Os tremores que podemos encontrar na língua são indícios de que a Madeira está com problemas, pois a energia que anima o corpo é a do próprio Fígado.

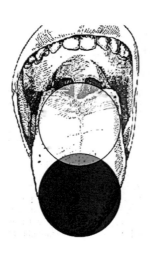

Existem mais algumas considerações:

• A primeira e mais importante tem a ver com a cor que representa a Saúde do indivíduo, que é a rosada, é a união da cor do Espírito do Céu (Branco) com a cor do nosso Sangue (Vermelho), que tem a ver com a parte material das pessoas.

• A segunda é que a Língua representa o Coração, a "morada Inicial" do que os Chineses antigos chamavam de as "Almas Vegetativas" ou Ben Shen, que iriam morar dentro de cada um dos cinco órgãos (Coração, Pulmão, Baço-Pâncreas, Fígado e Rins).

Todas as outras características de Saúde são apresentadas pelo entendimento de que a Língua deve refletir o estado de uma pessoa saudável.

Dessa forma, a língua deve ter: **vivacidade, umidade, tamanho adequado.**

Ainda há mais um detalhe: como a pessoa está viva, a língua também deve ter movimento, ser "viva", estar com aparência saudável, possuir umidade, ter um tamanho proporcional. Ela não pode ser nem comprida nem curta ou ter uma aparência "dura", por estes motivos.

Figura 98. Indícios apresentados na Língua.

O tamanho da língua deve também ser observado. Ela não pode ser maior, parecendo que não cabe dentro da boca, mas também não pode ser muito pequena. Deve haver um equilíbrio entre as duas forças do Fogo e da Água. Se uma dominar a outra, teremos problemas. Este é um ponto básico novamente. O equilíbrio entre Fogo e Água é a fonte de nossa vida. Se tender a um em detrimento de outro, seremos mais ligados ao Céu ou à Terra, reduzindo a intersecção na parte central. A umidade excessiva também causa o aumento em sua massa e, como a umidade está ligada à Terra, significa que há acúmulo de água.

Proponho que tenhamos, agora, uma visão particular da Língua, com sua ponta encostada no céu da boca, fazendo uma ligação da parte inferior, Terra, com o Céu, em cima, como se fosse o próprio Ser Humano em pé, e que faz isso para servir de passagem da energia de um para o outro lugar (Figura 99).

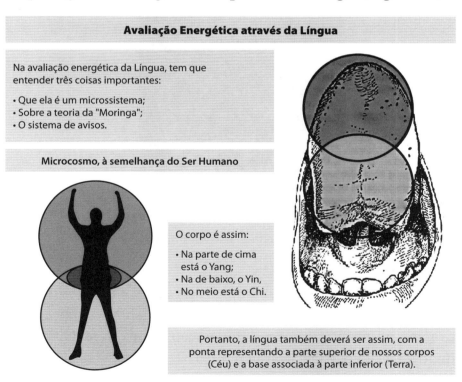

Figura 99. Forma Humana e a Língua.

CAMINHOS DA ENERGIA, OS DOIS DRAGÕES VERDES

Veja agora debaixo dela. Aí encontramos os dois Dragões Verdes (Figura 100). É só colocar a língua no palato e de boca aberta olhar no espelho. São as duas artérias que passam ali, mas o importante é que, para quem faz treino de energia, elas fazem o papel de conduzir para baixo a energia do Céu. Existem três caminhos de descida da energia, o do Vento, do Fogo e da Água, e cada um depende de onde a língua está posicionada no céu da boca.

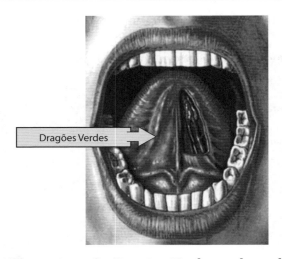

Figura 100. Os Dragões Verdes na base da Língua.

Os Dragões Verdes habitam o Mar, que é a região do abdômen. Por isso, se fizermos a língua rodar dentro da boca, sentiremos o restante do corpo do Dragão remexer, fazendo algo dentro de sua barriga girar lá dentro.

A forma humana deverá ser associada à língua com a ponta voltada para o céu da boca, que representa o Homem em pé, na sua função de passagem à energia entre o Céu e Terra, para o entendimento pleno dessa avaliação. Um Ser Humano vivo, com sentimentos, emoções provenientes daquelas Almas Vegetativas, será percebido na língua. Sua forma interna será revelada ali, principalmente seu tronco, ou melhor, revelando a parte protegida pelas costelas.

FORMA HUMANA E A ANÁLISE ENERGÉTICA DA LÍNGUA

Na Figura 99, mostramos a associação da forma humana com a língua. Agora, apresentaremos a disposição dos órgãos nela. Sem isto, a análise energético-morfológica fica sem sentido; parece história da carochinha. Dessa forma, qualquer coisa pode ser acrescida ao mapa da língua que irá ser aceito. Atualmente, o preceito original foi esquecido. Devemos manter o foco, a clareza e a simplicidade, para evoluirmos na análise.

Assim, podemos notar que o Yang do ambiente de cima será observado na porção superior da língua, enquanto o Yin de baixo será percebido na parte inferior.

Para uma melhor apreciação da língua, devemos entender que os sistemas internos estão em sua totalidade na caixa torácica. É o que percebemos quando utilizamos esse diagnóstico. Aquelas Almas Vegetativas habitam ali, lembra-se?

Existe uma correspondência na morfologia energética da língua com os sistemas e com o movimento inerente de cada uma delas. Isso quer dizer que a água, por ser Yin e se mover para baixo, será encontrada na região inferior, bem lá no fundo, quando a olharmos colocada para fora. O Fogo, por sua natureza mais Yang, fará com que vejamos o coração em sua ponta.

Como o Metal, que é o Espírito do Céu, Yang, mas tem seu movimento na direção para baixo, ele se fará perceber nessa mesma porção superior, mas abaixo do Fogo, que tem seu movimento ascendente (Figura 101).

Na parte intermediária, são encontradas as duas energias que nos mantém vivos aqui neste plano: a energia ligada à madeira, Energia mesmo e a energia da Terra, que é a do sangue e que constitui o corpo físico. Esta se apresentará como a Terra Mãe numa postura central, daí encontrarmos a Terra no centro da língua ladeada pela energia da madeira que nos move (Figura 102).

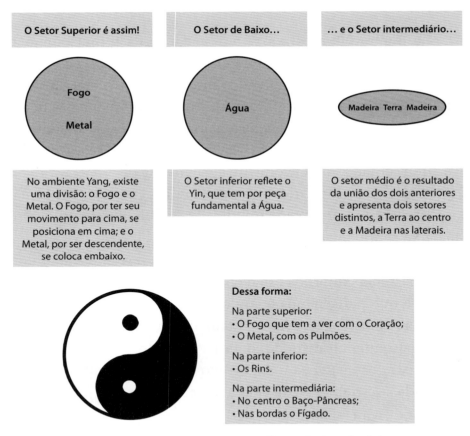

Figura 101. Os três setores no diagnóstico da Língua.

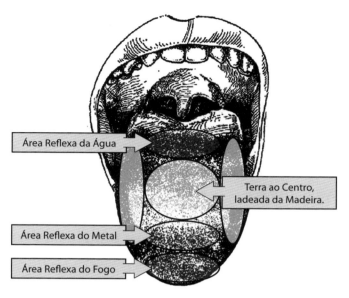

Figura 102. Anatomia energética da Língua.

A TEORIA DA MORINGA

O ponto a seguir é o da "Teoria da Moringa", e, por utilizarmos este princípio, teremos que entender como esse vasilhame funciona.

Antes, no entanto, devemos pensar como a água age. Ela, por ser muito Yin, sempre buscará atrair para si o movimento oposto; o frio atrai o calor, o vazio atrairá àquele que o preencherá. Dessa forma, a água que encontramos na natureza retém calor, lemos, uma vez, em uma enciclopédia sobre o porquê de os desertos serem tão frios à noite, e era pelo simples fato de que a areia retém pouco calor. A água consegue armazenar 30 vezes mais calor do que a areia. É curioso saber que a água pode conter muito calor, e o mais importante é que o ser humano é constituído quase totalmente de água (ver tipos de doença).

Voltando à ideia da moringa (Figura 103), este vasilhame feito de barro cozido vira um recipiente ideal para a água, a saber: como a água que nós iremos consumir possui certa quantidade de calor, como fazer para nos livrarmos dele? Como queremos refrescar a água, nada melhor do que colocá-la em um lugar onde ela poderá perder calor. Assim, o jarro, que é feito de material poroso, faz com que a água flua de dentro para fora através de suas paredes. Este se incumbirá de transportar, via vasos comunicantes, a água até a sua superfície externa que, em contato com o ar circundante, fará a tão necessária troca de calor. Como já vimos, o calor é expansivo, enquanto o frio procura se recolher. Quem já bebeu água que estava em um desses vasilhames pode notar que ela fica mais fresca, devido a esse fato.

Figura 103. Moringa.

Nosso corpo se assemelha à moringa (Figura 104). O homem é constituído quase totalmente de água. Uma criança pode ter aproximadamente 90% desse elemento em sua constituição e uma pessoa idosa, aproximadamente 70%. Assim como a moringa, nós também precisamos fazer esse tipo de troca de calor com o ambiente externo. Nossa pele é a responsável por isso, e faz o papel das paredes de barro cozido da moringa, cheia de poros que deixa o interior fresco, fazendo o calor[59] indesejado sair.

---

59. O mestre Liu Pai Lin sempre dizia que morremos por Fogo, por calor. Quer dizer que este ataque é um transtorno causado pelo calor excessivo que pode nos acometer e que levará por destruir seu "inimigo", que é também seu par, a Água.

A pessoa saudável terá esse mecanismo funcionando perfeitamente, enquanto alguém que possa estar em desarmonia, nem tanto. As causas das desarmonias vêm de uma conturbação emocional, que, depois, pode evoluir para o próximo nível, o da Energia, e, por fim, chegará ao corpo físico. Dessa maneira, os ataques que sofremos do ambiente externo dependem de um enfraquecimento interno, daquele distúrbio emocional que pode nos afligir a qualquer momento; o que mais nos interessa é saber que as emoções não nos devem afetar de maneira continuada, pois isso acabará lesando cada um dos três níveis, colocando nossas vidas em risco.

A Teoria da Moringa

Você sabe o que é uma Moringa, e como a água fica fresca dentro dela?

As paredes são feitas de barro, que é permeável e deixa a água ir para fora, através dos vasos comunicantes. Dessa forma, ela faz uma troca de calor com o ambiente, e deixa a água fresca!

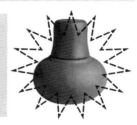

Nosso corpo se assemelha a ela; se existe uma perfeita troca de calor com o ambiente, o líquido no seu interior ficará fresco. No indivíduo saudável, a troca deve, além de levar o calor excessivo embora, permitir a troca energética com o ambiente, pois dependemos dele para nos regenerar.

A água acumula muito calor em seu interior aproximadamente 30 vezes mais do que a areia, por exemplo. Esta troca se faz necessária para equilibrar o ambiente. Durante o dia a água recebe o calor do Sol e à noite, como uma espécie de coberta, irá devolver ao meio este calor, voltando a esfriar. Nossos corpos são de 70% a 90% feitos de água. Então, imagine os efeitos no corpo humano. Se isto não ocorrer, o calor irá se acumular e se aprofundar, causando lesões internas!

Tanto fatores internos como externos podem impedir isso de acontecer, como o frio ou a diminuição de nossa energia defensiva...

Figura 104. Teoria da Moringa.

Essas perturbações podem deixar certos tipos de energia chegar até nós. Nossas defesas externas podem estar despreparadas para repelir qualquer tipo de ataque. Se estivermos bem, tal ameaça será facilmente afastada, mas se isto não acontecer, poderemos ficar em perigo!

AS FORÇAS DE PROTEÇÃO

Acho que todo o mundo conhece a história do Cavalo de Troia, que serviu para invadir o território grego. Ele foi utilizado tão somente porque o cerco que durou aproximadamente dez anos não deu resultado. As muralhas externas daquele lugar eram muito espessas e já havia repelido diversos ataques. Esta introdução serve de subsídio para mostrar que nós também temos uma muralha externa, e ela é constituída de vários segmentos: o primeiro é feito por um tipo de energia proveniente do Metal de nossos corpos, principalmente oriunda dos pulmões; a segunda seria proveniente do mesmo lugar, do metal, que é a pele e assim por diante.

A energia Wei defensiva ou Wei Qi é um campo magnético feito e mantido pelo metal, serve de armadura externa como naqueles cavaleiros medievais.

Nosso sistema de proteção planetária é formado por um campo magnético de grandes proporções que envolve a Terra. Esse campo tem por finalidade nos proteger de qualquer tipo de ataque externo. Achamos que o principal ataque externo e mais constante é proveniente do nosso Pai Sol, que, por um lado nos dá vida e, por outro, se não nos protegermos, irá também tirá-la (Figura 88).

O mesmo ocorre com o nosso sistema de proteção composto pelo Wei Qi. Se ele abaixar a guarda, nós seremos atacados por um inimigo que sempre vive à espreita por serem as mesmas energias que nos constituem, de origem "celeste".

A energia que nos cria é a mesma que nos mata, e ambas são oriundas de nossos Pais Cósmicos. Essas energias podem ser esvaziadas de nosso interior, se não as mantivermos firmemente unidas dentro de nós. Daí a importância de termos um centro forte, o nosso Tan Tien. Se a união interna for perturbada por alterações emocionais, ela enfraquecerá, deixando de gerar a Energia necessária para nossa manutenção e proteção, e a doença aparecerá.

Veja só o exemplo dado sobre o Sol, gerando a vida em nosso planeta. Se esse campo magnético deixar de existir, seremos atacados e a vida será extinta por aqui. Nós somos alimentados pela energia daquele astro; o campo que nos protege deixa passar só o que nos é necessário à sobrevivência, evitando que doses inconvenientes da mesma energia passem por aquele filtro.

Portanto, existe uma camada invisível que é semelhante ao campo magnético da Terra, o nosso Wei Qi (Figura 105), e que fica ao nosso redor, evitando aquele ataque maciço. Depois, existem outros sistemas que farão mais e mais barreiras para evitar que o inimigo, que penetrou as muralhas externas, continue avançando.

O Planeta Terra possui um sistema de proteção que funciona como um campo magnético. Veja a ilustração da Nasa.

Da mesma maneira, isso acontece em nós. Ele é regido pelo sistema do Metal. É como se tivéssemos à nossa volta uma armadura de Metal que nos protegesse de ataques indesejáveis, mas permitisse que energias que precisamos para nos manter pudessem chegar aos nosso corpos. A troca é mútua, quer dizer, sentido é duplo, de nós para o Universo e do Universo para nós!

Esta Energia de proteção é conhecida como Wei Chi, ou Energia Defensiva.

Se os sistema de proteção está em boas condições, ele mantém afastado o que é indesejável!

Se o sistema de proteção está fraco, ele permite a entrada de energias indesejáveis!

Figura 105. Energia Wei Chi.

Temos barreiras que impedem o ataque daquele agente externo. Nosso "Castelo" possui, como aqueles construídos pelos chineses na Antiguidade, vários muros, um interno ao outro. Assim, existe uma barreira bem externa, e depois outras que vão se fechando mais internamente e que têm por objetivo impedir o avanço do invasor até seu objetivo final.

No centro desse castelo se encontra o Senhor Feudal, um Rei. Ele dita ordens do lugar mais protegido e afastado do exterior. A última barreira a cair é a deste lugar profundo, enquanto a primeira a ser atacada será a defesa Wei, energia de proteção externa.

Dentro de nós, temos um sistema integrado de comunicação, um meio de informar a todos do reino que ele se encontra bem, sem ser agredido, ou na iminência de ser atacado, ou se está sendo atacado, qual o nível de penetração do agressor e onde ele está.

O SISTEMA DE AVISOS

Como naquele tempo dos castelos não existia rádio ou qualquer outro tipo de aviso eletrônico, eles utilizavam vários meios. Um deles eram os sinais através de bandeiras coloridas, que informavam aos habitantes do local que tudo podia estar bem, que estavam sob ataque ou que havia uma intenção disso.

Vamos imaginar a seguinte situação: um camponês tranquilamente anda pelos arredores do castelo, vive por ali, planta, pesca, faz suas atividades diárias normalmente. Os portões do castelo que será seu refúgio em caso de ataque, estão abertos. Aquela ponte levadiça está abaixada sobre o poço, tudo está em ordem, permanece tranquilo. Existe um sistema de aviso (Figura 106), uma bandeira hasteada indicando que tudo está bem.

Até que surge um cavaleiro qualquer desconhecido e assusta este camponês. O outro se encontra armado, montado em seu enorme corcel, mostrando todas as cores de seu próprio reino, e ele ali, indefeso. Sua única saída é correr para o castelo com todos os outros camponeses, a fim de se proteger com os demais deste suposto "ataque". Os camponeses passam pelos portões, eles são fechados e a ponte levadiça se ergue.

Estão seguros contra aquele estranho. Mesmo que ele não tiver a intenção de atacá-los todos estarão refugiados, e aquela bandeira, que antes mostrava estar tudo bem, agora indica que existe algo diferente, seremos ou não atacados. Aquele cavaleiro que chegou é suficiente para atacar o reino inteiro? Esta é a pergunta que paira no ar.

Pois bem, aquela nova bandeira de aviso informa que existe um tipo de acontecimento ali presente, na forma de um cavaleiro, que está posicionado às margens do castelo, na área externa, em um campo ao redor da murada. Ele está próximo, mas nem tanto. A força que ele demonstra é pequena frente ao castelo e suas defesas, e por aí vai. Enquanto o invasor estiver por ali, todo o povo estará sob alerta, ele não foi embora, mas também ninguém irá se arriscar a princípio, notando que ele não tem força suficiente; logo uma tropa será lançada contra ele, tentando repeli-lo. Mas, por enquanto, tudo está tranquilo. Se houver outro movimento deste invasor as coisas podem mudar.

O mesmo acontece conosco. Nosso castelo, que é o corpo, possui várias barreiras, sendo a mais externa aquela proveniente do Wei Qi, energia defensiva que provém do metal. E a língua, que é o objeto de estudo e o diagnóstico que estamos nos referindo, é aquela bandeira de avisos sobre a situação do Castelo.

Quer dizer que, quando existe um ataque externo por qualquer tipo de agente, ela altera sua coloração para mostrar o posicionamento do castelo a respeito da energia invasora.

Como já foi dito, a língua saudável é de cor rosada. Essa seria a primeira bandeira a ser exibida, como naquela situação em que o castelo da estória não estava ainda sob ataque.

Quando aquele invasor chegou e fez com que todas as defesas ficassem em alerta, fechando as portas, subindo as pontes, a bandeira também mudou de cor, ela agora indica que existe uma força externa que muito bem pode desferir um ataque contra a fortaleza ou não, mas, mesmo assim, a bandeira, que antes era rosada, passa a ser indicativa de que pode haver um ataque, mas que, no fundo, pode ser apenas algo transitório. O cavaleiro da história pode simplesmente passar longe e ir embora, não se concretizando o confronto.

Mesmo assim, a bandeira irá passar de rosada a branca. O sistema do metal, camada externa, Wei Chi e pele estão indicando a presença de um agente externo. Aquele cavaleiro se colocou de forma a tornar as defesas preparadas para uma possível invasão. Se isso se transformar em verdade, algumas medidas serão necessárias.

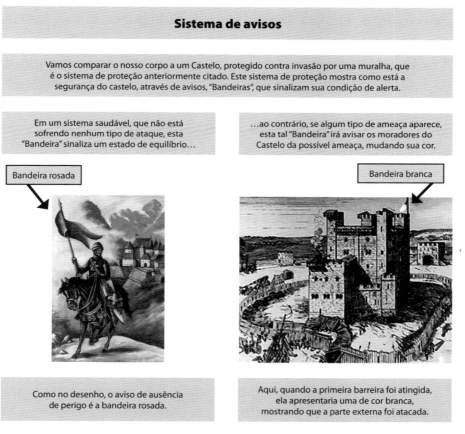

Figura 106. O sistema de avisos do Castelo.

Por isso, podemos encontrar pessoas com a língua esbranquiçada que não têm uma doença propriamente dita, nem estão sob ataque, só mostram que existe a possibilidade de que a invasão possa acontecer. Se o Wei Qi for aumentado, essa bandeira de aviso irá abaixar e voltará a tremular a cor rosada, pois as medidas de proteção foram reforçadas a ponto de aquele invasor não representar mais ameaça.

O sistema de avisos e a profundidade da invasão

Agora, falaremos sobre a sequência das bandeiras. Na parte mais externa, temos o Wei Qi e a pele que, por serem da mesma natureza do metal, possuem uma cor comum que é a branca. Assim, a primeira bandeira que surge é a branca, lembrando-se de que o indicativo de saudável é a cor rosada. Profundidade superficial.

Depois, à medida que a invasão se concretiza com a passagem das barreiras mais externas, a bandeira que era branca passará a ser amarelada. Ainda é considerada superficial.

O amarelo é a cor da Terra. Os músculos, que são a segunda barreira, foram atingidos. A energia destruidora está no interior do castelo e busca chegar àquele ponto mais interno da fortaleza (Figura 107).

A energia mais preciosa que temos dentro de nós repousa em nosso âmago, nos rins, e, por isso, assume como última barreira e última bandeira, a de cor negra. Quer dizer, quando a pessoa está sendo atacada na parte mais profunda, ou seja, nos Rins, a Língua tenderá a ficar dessa cor. Cor negra = profundo.

Achamos que, como qualquer ataque de uma força invasora, não existe um plano definido a ser seguido internamente, mas a medida evolutiva deste ataque leva em consideração também o que se encontra pela frente, em como o "Castelo" está disposto, suas regiões mais fortes. As mais fracas determinam, assim, o aprofundar da invasão. Dessa forma, a sequência de bandeiras: branca para a região externa; amarela para a próxima, um pouco mais profunda; avermelhada, a seguir; roxeada, um pouco mais esverdeada; enegrecida. Todas revelam a profundidade do ataque, mas é claro que isso deve ser aprofundado com um estudo melhor sobre as alterações da língua.

A transformação de uma "bandeira" para a outra será sempre precedida pelo aparecimento de bolinhas vermelhas. Quer dizer que, se uma língua esbranquiçada começar a apresentar bolinhas vermelhas, é sinal de que o ataque irá se aprofundar, passando para a cor amarelada, e assim por diante.

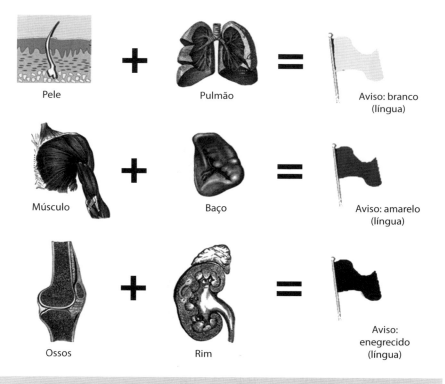

Dessa forma, o Diagnóstico da Língua nos permite dizer se Espírito e a Matéria estão unidos em harmonia. Nesse caso, suas cores, o vermelho do sangue, que está ligado à parte material, e o branco da parte espiritual fariam a língua ficar rosada. Se estamos sofrendo algum ataque externo, ela iria mudando de tonalidade de acordo com sua profundidade, até chegar ao "Imperador" que mora em nossos Rins, tornando-a negra, indicando um fim próximo.

Figura 107. Esquema representativo das bandeiras e sistemas.

RESUMO SOBRE A LÍNGUA

Assim, temos (Figura 108):

Figura 108. Resumo da avaliação energética pela Língua.

Diagnóstico Energético pela língua:

1. Deve-se ter noção de que ela reflete o estado daquele momento do paciente;
2. Ela deve, em um indivíduo saudável, energeticamente falando, se apresentar úmida e de coloração rosada;
3. Ela é o "Broto do Coração" e indica como as Almas Vegetativas se relacionam com os devidos órgãos e suas posições internas;

4. As alterações de cor e a localização mostram a profundidade em que se encontra o problema, e a região em que os órgãos estão sendo afetados;

5. Cores: Branca, Metal, problemas de natureza fria, externo. Wei Chi e pele atacada. A secura associada à energia do Metal revela um agravamento do problema. Amarela, Terra, agravamento do calor que está aprofundando. Vermelha, Fogo, é um calor exagerado, problema aprofundando. Verde, Madeira, energia fria que afeta o sangue. Preta, Água, proximidade da morte. Ainda existem: Cinza, calor e umidade no organismo. Roxa, alimentação fria afetando o baço. Púrpura, problema que afeta a parte mediana e inferior;

6. Antes de evoluir, aparecem pintas e/ou bolinhas vermelhas, calor. Rachaduras são sinais de insuficiência na energia do sangue. Pintas, calor falso;

7. Sabor amargo, coração; boca amarga, T.A. superior e médio quentes. Gosto adocicado, baço. Salgado, Rins. Ácido, Fígado. Mau hálito, fogo falso do Coração e Estômago.

AVALIAÇÃO ENERGÉTICA ATRAVÉS DOS PULSOS RADIOSOS

CONSIDERAÇÕES GERAIS

Normalmente, a Avaliação Energética através dos Pulsos é de difícil percepção ao principiante na Tradicional Medicina Chinesa, mas, com o tempo, este é o melhor instrumento de avaliação do paciente, pois ele mostra sem nenhuma máscara a estrutura energética interna da pessoa.

Os orientais desenvolveram métodos de percepção sobre o que ocorre quanto ao desenrolar da energia dentro do indivíduo. Métodos científicos no Ocidente ainda não foram desenvolvidos à semelhança destes.

Os pulsos devem ser tomados quando o paciente já está em repouso de alguns minutos. É aconselhável também que ele esteja sentado e com o braço estendido sobre algum apoio à altura do coração.

Normalmente, ele é tomado sobre a artéria radial, mas encontramos muitas pessoas em que isso se verificava na parte mais externa do braço, na própria região do pulso.

O diagnóstico de pulso também verifica a união Espírito-Matéria e o vetor energético criado por ela. Está situado sobre o Meridiano do Pulmão, ligado à Energia "Espiritual" (Yang), em associação com a artéria Radial, ligada ao Sangue (Yin), matéria. Segundo o Mestre Liu Pai Lin, o local da verificação do pulso tem a ver com uma troca de energia e sangue entre a grande circulação do coração e a pequena circulação do pulmão, precisamente na região de P9.

Existem diversos pontos a observar quando fazemos a Análise Energética através da Pulsologia:

▸ A posição anatômica chinesa;
▸ A "forma humana" e sua conformação energética básica;
▸ O vetor de energia;
▸ A relação micro e macrocosmo;
▸ As épocas do ano e a hora do dia em que o pulso será tomado.

Quanto à Postura Anatômica Chinesa e à Forma Humana, já houve tratamento a respeito do assunto nesta obra.

O VETOR DE ENERGIA

Outro ponto que se deve ter em mente na avaliação do pulso é o Vetor de Energias, formado pelo encontro das energias oriundas dos dois pontos antagônicos e complementares de Corpo e Espírito (Figura 109).

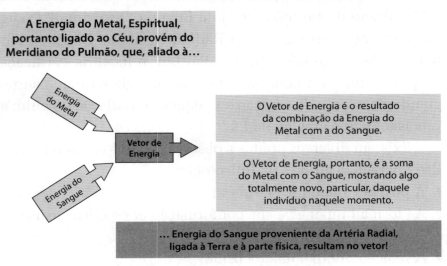

Figura 109. Vetor Energético do Pulso.

A Energia proveniente do Céu, Metal, demonstra nossas tendências internas ligadas ao Espírito, enquanto a Energia proveniente da Terra, Xue, Sangue demonstra nossas tendências internas ligadas ao corpo físico ou à vida material. As duas são responsáveis pela formação da pessoa, indivíduo único, criado pela herança genética, parcela destacada e, ao mesmo tempo, inserida no Todo, ou Tao.

Se houver desequilíbrio entre as duas forças, isso será percebido pelos deslocamentos apresentados pela avaliação energética dos pulsos, no Vetor de Energia. É nele que encontraremos as diversas alterações da integração Céu-Terra, Fogo-Água, Yin-Yang de que falamos ao longo do livro.

Dessa forma, a nossa verificação ocorre sobre como essa energia vetorizada está se comportando. Será através dela que poderemos identificar todo tipo de problema que a pessoa tem ou terá. Devemos compará-la com os parâmetros considerados saudáveis.

ÉPOCAS DO ANO-HORA DO DIA

O pulso está diretamente relacionado com a questão dos movimentos; portanto, apresenta mudanças temporo espaciais. Assim, os pulsos ligados ao Fogo estarão em evidência quando o Fogo, no Verão ou nos horários do dia relativos a ele estiverem acontecendo. A percepção de tempo será aquela desenvolvida pelo próprio sistema. Então, temos de levar em consideração o que já mencionamos no Capítulo 1, sobre a geração dos movimentos.

A sequência dada pelos Ramos Terrestres irá se manifestar durante o dia, influenciando a energia do ambiente e do indivíduo, como segue: das 23h às 3h, Madeira, Vesícula Biliar e Fígado, duas horas para cada elemento; das 3h às 7h, Metal, Pulmão e Intestino Grosso; das 7h às 11h, Terra, Estômago e Baço/Pâncreas; das 11h às 15h, Fogo Imperial, Coração e Intestino Delgado; das 15h às 19h, Águas, Bexiga e Rim, e das 19h às 23h, Fogo Ministerial ou Pericárdio Sexo e Triplo Aquecedor.

O terapeuta deve se ater aos horários para que, se houver menção por parte dos pacientes sobre manifestações ocorridas recorrentemente em algum deles, como acordar sempre em um determinado horário, estas sejam acrescentadas à avaliação. Este tipo de informação sempre é pertinente; portanto, atenção a elas.

LOCALIZAÇÃO

O Pulso é tomado sobre a região da Artéria Radial (Figura 110). Apesar de não necessitarmos de um estudo profundo sobre anatomia, é preciso conhecer sua localização. Qualquer pessoa, mesmo leiga, pode verificar que existe, naquele local, no punho, próximo à base do polegar, uma pulsação sanguínea. É por aí que se verificará o Vetor de Energias.

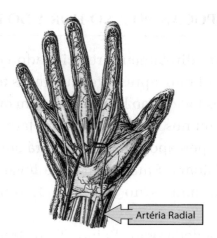

Figura 110. Esquema apresentando veias e artérias da mão.

O pulso, percebido na mão direita e na esquerda, formam um todo indissolúvel, um Tai Chi. Os pulsos mais próximos às mãos serão mais Yang, enquanto os mais distantes delas são Yin. Isso está associado à Forma Humana (Figura 111).

O Todo é dividido em Yin e Yang, e também em três planos, superior, médio e inferior

A Posição Anatômica Chinesa explica o porquê de tomarmos o pulso dessa maneira, entendendo-se o Yang como masculino, ligado aos pulsos superiores, os médios ao Chi, e os inferiores ao Yin.

Em cima, Yang, dividido em Yin e Yang.

No meio, Chi, dividido em Yang e Yin.

Embaixo, Yin, dividido em Yin e Yang.

Figura 111. O modelo energético do Homem em seus Pulsos.

Direita e Esquerda formam um casal, três no total, um para cada nível. Assim, teremos que o 1º está ligado ao Céu (Yang) e é encontrado entre o Osso Escafoide e o Processo Estiloide do Rádio; o 2º, ligado à Energia (Chi), é encontrado após o Processo e o 3º, ligado a Terra (Yin) a 1 sun[60] (Figura 112).

Talvez fique difícil de localizar com a descrição acima. Porém, siga esses passos: com a palma da mão direita voltada para cima, coloque a polpa digital do indicador da mão esquerda no pulso, bem na linha que une o pulso à mão pelo lado mais externo, na base do polegar. Pronto? Você deve sentir o bater do seu coração, essa é a região ligada ao Yang; fazendo isso para o lado esquerdo, Yin, você terá entrado em contato com o primeiro "Casal" formado pela energia do Céu.

Lembre-se de colocar o dedo indicador suavemente, só para encontrar os locais; depois, se não perceber nenhuma manifestação dos batimentos, aprofunde o toque da polpa digital sobre aquela região do pulso. É como um pardalzinho que pousa em cima de um ramo da árvore; nenhum elefante conseguiria fazer a mesma façanha!

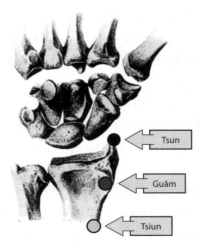

Figura 112. Localização dos pulsos, dos ossos da mão e do punho.

---

60. Polegada anatômica pessoal.

Lembra-se do que foi dito sobre o Vetor? Pois bem, ele é formado pela união da Energia do Sangue com a Energia do Metal. Por isso, mostramos abaixo o trajeto do Meridiano do Pulmão (Figura 113) que passa nessa região. É o que será usado na avaliação energética da pessoa.

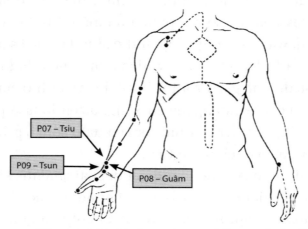

Figura 113. Trajeto do meridiano do Pulmão.

Os pulsos energéticos serão percebidos em três pontos do trajeto deste meridiano, P09, P08 e P07, respectivamente, do mais Yang ao mais Yin, os quais, em conjunto com a sensação pulsante da Artéria Radial, nos indicará o Vetor de Energia para cada região do corpo:
▸ 1º pulso **TSUN** = CÉU (Yang) em P09.
▸ 2º pulso **GUÂM** = HOMEM (Chi) em P08.
▸ 3º pulso **TSIU** = TERRA (Yin) em P07.

O primeiro pulso se refere à parte superior da pessoa; portanto, Tsun será Yang; o segundo, na parte média, Guâm ou Chi do Equilíbrio; e o terceiro, na parte inferior do corpo, Tsiu, mais Yin. Uma característica dele é que não deve penetrar a área do outro; se isso ocorrer, causará problemas de todos os tipos. Por exemplo, se uma pulsação do tipo Tsun adentrar o pulso profundo do Tsiu, revelará que o Yang penetrou o Yin, alterando o seu comportamento.

No Macrocosmo, Céu, Terra e Homem; no Microcosmo, Fogo, Água e Vento, refletindo-se na parte Superior, Inferior e Média do corpo.

Portanto, o primeiro pulso apresenta a Energia do Céu com suas qualidades de Yin e Yang, em suas duas aparências, Metal e Fogo, mão direita e esquerda.

Isso é fácil de atestar atualmente, pela disposição interna dos próprios órgãos e por nosso conhecimento sobre anatomia. Na China antiga, isso não seria possível de identificar, pois a dissecação era proibida pelas normas daquele povo.

Quando observamos a disposição interna dos órgãos (Figura 114), o que podemos perceber é que, na parte superior do corpo, temos os Pulmões e o Coração, só que existe uma dominância na região esquerda da energia do Coração. O Pulmão, que é considerado uma única estrutura, aparecerá à direita. Nessa posição, encontraremos o comportamento do Metal.

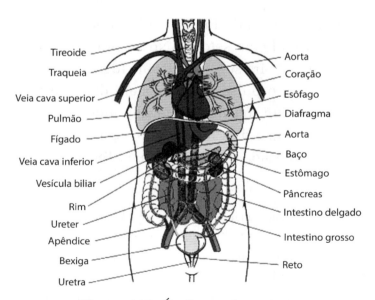

Figura 114. Órgãos e vísceras.

Na parte inferior, onde teremos a indicação do terceiro pulso, iremos perceber os órgãos e vísceras da região Yin, com suas qualidades de Yin e Yang. Dessa forma, teremos a Água Yin e Água Yang, Rim esquerdo e Rim direito (veja o Ming Men). A observação é feita na parte protegida pelas costelas[61].

Entre esses dois lugares, estará o Filho, com suas qualidades de Yin e Yang. Assim, teremos que a Energia do Homem pode ser dividida em seus dois aspectos, de Sangue e Energia, Terra e Madeira[62]. Neste caso em particular, por ser do ambiente do homem, as regras seguirão as referências cruzadas já mencionadas anteriormente.

Outra coisa importante a ser percebida é que as vísceras estão atreladas aos órgãos e estarão dispostas em uma camada superior a eles, não nos pulsos mais distantes da mão, como indicava o Ling Shun.

Segundo a Medicina Tradicional Chinesa, todos temos proporções a serem seguidas[63]. Assim ocorre para localizarmos os pontos de acupuntura e determinarmos as proporções entre as partes do corpo. O padrão é o de uma polegada anatômica, ou sun, própria de cada indivíduo. O polegar da pessoa é a medida básica que o divide em setores. Nosso pulso também refletirá nosso "tamanho" e irá seguir a mesma lógica.

Dessa forma, o pulso do Céu estará distante do Pulso do Filho, Chi, um sun, ou uma polegada anatômica do próprio indivíduo, e o pulso do Chi, que é o segundo, estará distante também uma polegada do pulso da mãe Terra.

---

61.   Observe que o Yang se manifesta embaixo e o Yin se manifesta em cima, para corroborar nossas afirmações sobre as regências trocadas.

62.   Aqui, não estamos seguindo a lógica de Yin e Yang trocados, quando designados, para simplificação.

63.   O correto seria refazer as medidas-padrão para as diversas raças, em função de essa base ter sido edificada para os padrões orientais.

Essa distância é um dos padrões a serem seguidos sobre o equilíbrio energético do indivíduo. Assim, se esta distância não se confirmar indicará alterações da energia, como veremos a seguir.

OS PADRÕES DE UM INDIVÍDUO ENERGETICAMENTE SAUDÁVEL

A pessoa humana possui uma série de padrões, o que chamaremos de "Padrão Saudável". Ele demonstra de que gênero é a pessoa. Por exemplo, devemos considerar uma série de fatores para estipular se tudo está correndo normalmente com a energia do indivíduo.

O primeiro desses padrões é a diferenciação de gênero, como dito anteriormente. Devemos notar se a pessoa é do sexo masculino ou feminino. Decisões, escolhas ou predisposições à parte, não interessa como a pessoa age neste setor de suas vidas (sexual); a análise só leva a tecer considerações sobre como a energia deve agir no indivíduo, e, para isso, deve-se saber como ela foi "projetada" apenas, como homem ou como mulher, mesmo nos casos mais difíceis. Para diferenciar, deve-se contar com o auxílio da própria pessoa, que indicará como é sua manifestação fisiológica preponderante.

Apesar de não definir esse padrão, a atividade sexual irá interferir na avaliação energética, pois a quantidade de relações sexuais interfere na quantidade dessa energia. Existe uma capacidade de o organismo se recuperar desse dispêndio. Aos 20 anos, as relações podem ser diárias; a partir dos 30 anos elas deverão ser semanais; a partir dos 40, mensais, e assim por diante até chegar aos 80, quando apenas se fale "bom dia" ou "boa noite" e nada mais.

A força seminal, oriunda do Lin Tai, precisa ser reabastecida a partir de uma nova entrada de energia celeste. Para isso, recomendamos as práticas do Tai Chi, Chi Kung e a Meditação Ativa, quando, através de nossa provocação ou estímulo ao Lin Tai, teremos acesso a novas porções de energia. Não só o homem perde a essência seminal, a mulher também deve restabelecer desse contato. A perda mensal de sangue também deverá ser considerada.

A perda sensível dessa vitalidade se apresentará na verificação por meio da pulsologia, ou mesmo, para os mais experientes, em um simples aperto de mão. No caso de se verificar a redução dessa energia, ela será notada como o descrito pelo tipo SHI a seguir.

Os abstinentes também apresentam alterações no nível de sua energia sexual, mas nada que transtorne muito o padrão, como no caso de praticantes de Yoga sexual.

Existem também pessoas que perdem sua energia sexual, ou têm emissão involuntária, noturna ou não, ou de outras naturezas[64], o que acarreta também alterações nos pulsos relativos à essência. Nesses casos, devemos restabelecer prontamente os sistemas, caso contrário essa pessoa irá desgastar não somente a sua reserva de energia, como o cérebro, os ossos e a parte genital correspondente, alterando o comportamento da próstata (no caso dos homens).

Nos casos de infertilidade, tudo deve ser aventado junto ao paciente, perda seminal ou essencial, pois existe um conjunto de acontecimentos que devem ser levantados. Não só deve ser procurado o problema na mulher. Os resultados clínicos não necessariamente revelam o distúrbio em um ou no outro genitor.

---

64. Tenho relatos da ocorrência de "ataques" de "entes" através de "sonhos" que são conhecidos no Ocidente como "súcubo". Nunca ouvi um relato do ser contrário, "íncubo".

A contagem dos espermatozoides pode ser normal, bem como a vivacidade deles. Como já foi dito, o problema começa no ambiente Yang, migra para baixo, para o ambiente Chi, da energia, e, para estes casos, não existe comprovação via exames. Só quando o problema atinge o último plano, o Yin se concretiza, obtém-se resultados clínicos apontando tais problemas. Até lá, nada se faz na medicina ocidental, o que não ocorre na Medicina Oriental.

Há um fato que foi apresentado pelo Mestre Liu sobre o assunto infertilidade. Devemos ter em mente que estamos tratando de Energia em suas diferentes formas e apresentações. Essa energia está sempre em movimento, vibrando, e isso pode ser a causa das alterações dos sistemas em questão.

O caso é um relato de um amigo que tinha uma granja a aproximadamente 60 km de São Paulo, e que percebeu que as galinhas estavam botando cada vez menos ovos. Um dia, andando por sua propriedade, percebeu que a cidade estava visível. Na mesma hora, decidiu mudar sua granja para mais longe daquele ponto, para 20 km dali, e elas voltaram à produção normal de antes.

O que queremos dizer, utilizando esse caso como exemplo, é de que nós ainda continuamos animais, queiramos ou não. Dessa forma, também somos afetados em nossa parte genital em virtude de alterações na vibração da cidade que nos rodeia.

Forma Humana e a diferenciação Homem e Mulher

O padrão saudável em relação com o sexo do paciente, "menino ou menina", deve seguir o padrão de seu gênero:
▸ Homem, Yang por fora e Yin por dentro, lado direito em supremacia ao esquerdo, em cima mais evidente;
▸ Mulher, Yin por fora e Yang por dentro, lado esquerdo em supremacia ao direito, embaixo mais evidente.

Qualquer alteração nessa lógica causará distúrbios na energia peculiar deste. Por exemplo, um homem que tenha a energia Yin maior do lado de fora, com a transposição da energia Yang para dentro, terá problemas relativos à falta de apetite sexual ativo característico do tipo masculino, enquanto seu centro Yin, localizado na parte inferior, próstata, começará a gerar problemas do tipo quente, e, quando passar da área energética para a fisiológica, os exames clínicos constatarão o problema. Outro problema facilmente identificável é a falta de "vontade" de uma forma geral; não querer levantar pela manhã, sentir certa letargia, ou apresentar esta letargia em suas maneiras de se expressar, ser ou viver, todos de natureza Yin.

Não devemos nos enganar a respeito da manifestação sexual feminina, pois as mulheres também dependem da energia Yang, só que elas funcionam ao contrário de nós, homens. Assim, a Energia mais Yang está dentro do corpo delas, enquanto a Yin domina a parte externa.

Devido ao homem ser Yang, aquele mais próximo do Céu dominará (1° pulso domina; enquanto o primeiro é forte, o terceiro é fraco).

Na Mulher, por ser Yin, o 3° pulso domina; enquanto o terceiro é forte, o primeiro é fraco.

O Homem, que é Madeira, Chi, é externamente Yang e internamente Yin.

A Mulher, que é Metal, Xué, é externamente Yin e internamente Yang.

Se, no Homem, o 1° pulso está mais fraco do que o 3°, e o terceiro está mais forte do que o normal, o Yin entrou no Yang, significando doença nos órgãos.

Se, na Mulher, o 1° pulso fica forte e o 3° fraco, existe o aparecimento de doença nos membros.

Muitos devem estar se questionando sobre a importância disso. O que devo salientar é que, além do que foi mencionado sobre a trajetória de tratamento, este segue uma lógica para a mulher diferente da do homem.

Visão Micro e Macro

Abaixo representamos o Ser Humano como um cubo (Figura 115), onde cada um dos setores deve ser visto e entendido como uma forma atuante em nossa energia pessoal. Essa visão está calcada na observação temporo-espacial da Tradição Chinesa, que coloca sempre a Mansão dominada por um tipo de energia em local contrário de onde ela é proveniente. Dessa maneira, a energia proveniente do Sul, à frente, se verificará atrás; a energia do Leste, esquerda, se fará sentir no lado direito do corpo, seguindo o que foi dito anteriormente sobre o observador do Universo e de como a Energia se comporta, com seu corpo voltado para o Sul, local mais quente e com seu lado esquerdo à Leste.

Em um nível energético, podemos representar as pessoas como se fossem um Cubo, onde seu lado Yang está em cima, atrás e na direita, enquanto embaixo na frente e à esquerda encontramos o Yin.

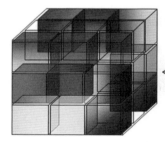

Dessa forma, o ser humano segue essa configuração, que está associada ao momento em que Fu Xi percebeu o Universo.

Para melhor visualização, não foi colocado o plano intermediário.

Só para relembrar: Fu Xi se posiciona sob uma Montanha e percebe o Universo. O Leste está à sua esquerda, nascente, o oeste à direita, poente, sua frente voltada para o Sul, região quente e com as costas voltadas para o Norte, frio. Devido à transferência para o lado oposto destes princípios, a Energia do Sol (Chi) proveniente do Leste se apresentará no Oeste; a energia quente proveniente da frente se fará sentir na parte posterior; o Frio do Norte, atrás, se apresentará na frente, e a energia ligada à Lua (Xue), que vem do Oeste, no Leste. Isso justifica que o Yang no corpo humano se apresenta atrás, o Chi do Leste na direita, o Yin detrás na frente, e a energia proveniente da Lua, que representa a mulher e seus fluxos, sangue, na esquerda.

Figura 115. O Cubo Mágico como a Forma Humana.

Assim, o Cubo representa a forma humana, onde teremos a parte mais Yang posicionada atrás, em cima e à direita; na parte anterior está o Yin, também regendo a parte inferior e à direita. No meio, está o resultado desta união Céu e Terra, o Filho, que é o próprio Chi, a Energia, trocando de lado e mantendo a característica de homem e mulher, direita e esquerda (Figura 116).

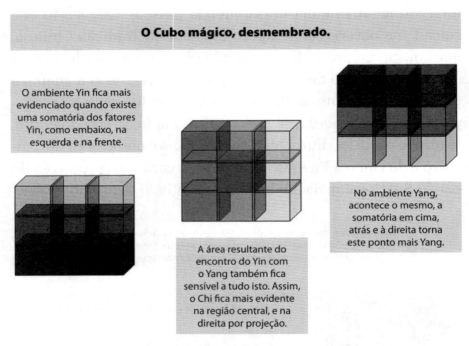

Figura 127. O Cubo Mágico desmembrado, nos três níveis: anterior, médio e posterior.

No caso das mulheres, o comportamento mais recorrente, atualmente, são os problemas causados com a mudança da atitude Yin para a Yang, que resultou na falta de capacidade energética para gerar filhos, além dos transtornos na área ginecológica. A mudança do ambiente Yin, lar, voltada para si mesma, para o ambiente externo, ou fora do lar, fez com que a mulher assumisse cada dia mais importância nesse meio, causando alterações significativas em sua saúde.

A mudança interna na mulher, com seu interior resfriando, tornando-se Yin causa alterações na área de útero e ovários, que deveriam ser quentes, ou Yang. Mulher é Yin por fora e Yang por dentro. Na manifestação externa, seios, que são Yang por natureza, esse tipo de alteração do interior se manifesta na parte externa através de nódulos que, em sua maioria, são de natureza fria, Yin.

A pessoa central da vida em comunidade, que é a mulher, está saindo do seu centro, buscando ou respondendo a estímulos cada vez mais externos, causando transtornos irreversíveis no tocante à sua saúde, além de causar um desequilíbrio nas relações de campo sob sua regência. Depois da Segunda Guerra Mundial, a falta de mão de obra masculina levou as mulheres a se mover para o ambiente externo, para atender às necessidades do capital, em detrimento da saúde coletiva, individual dela e de sua família. Com isso, queremos também levar as pessoas a ver um pouco que somos resultado de um todo, de nosso meio, pois este, de uma forma ou de outra, acaba por interferir no nosso comportamento individual; e de como estamos falando de energia, de como esta energia pode ser transtornada devido às escolhas que não estão diretamente relacionadas às nossas vontades particulares.

Os pulsos revelam uma interação do indivíduo com o todo, e isso não deve ser esquecido quando estivermos fazendo uma avaliação energética. O ambiente em que a pessoa vive: trabalho, escola, lar; como ela vive seus desejos, sua posição dentro da família, o que é importante em várias culturas mais tradicionais deve ser levado em conta.

Veja se a sua cultura familiar privilegia tais comportamentos, se este influencia nas escolhas que você fez ou irá fazer, se a vida vai lhe oferecer alguns caminhos e você vai recusar ou aceitar, em virtude destes comandos atávicos. Não somos só resultado da cultura mais concreta, mas, como fomos ensinados a reagir, dando valores diferentes a cada coisa, isso acaba por interferir não só no nosso comportamento, mas em nossa energia e em como nos inserimos no ambiente. Nós, como microcosmo, temos que nos adaptar a outros microcosmos: o da família, o trabalho, dos amigos, da casa etc.

Nossas dotações celestes nos fazem agir de determinada forma, não somente em virtude de qual energia está regendo o momento, no caso do Ano, por exemplo, da época do ano, da hora do dia e tudo isto em relação com o local. A avaliação energética passa por diversos itens, e tudo será fator modificador daquilo que iremos perceber através dos pulsos.

A gangorra

Gostamos de representar sempre essa diferenciação entre homem e mulher como se fosse uma gangorra (Figura 117). Enquanto um dos lados está em cima, o outro tem que ir para baixo. No caso dos homens, o Yang domina (em cima); portanto, os pulsos tomados mais próximos da mão devem ser mais fortes do que os mais longe desta. No caso das mulheres, isso acontece de forma exatamente contrária, pois são dominadas pelo Yin (embaixo). Assim, a ponta da gangorra Yin fica evidente, levantada em frente ao Yang.

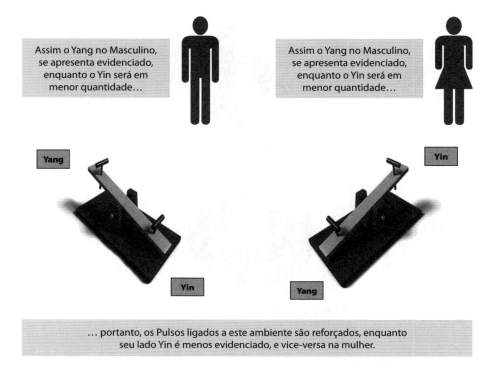

Figura 117. Diferenciação entre homem e mulher.

Chi e Xue

No caso da mulher, ela tem, em seu lado esquerdo, a verificação da Energia que a comanda, ou seja, o Xue, sangue. É claro que os homens também têm na esquerda a presença do sangue, mas é uma energia secundária, enquanto, para elas, é a principal.

Assim, teremos um esquema de energias, Chi e Xue, com importâncias diferenciadas, dependendo de quem está sendo avaliado, Chi para homens e Xue para as mulheres.

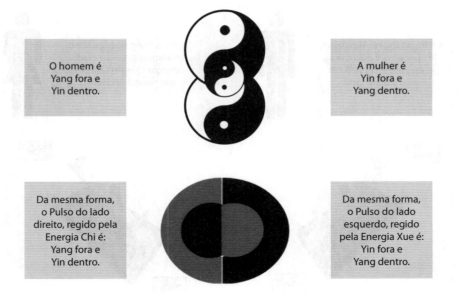

Figura 118. Pulso Yin e Yang.

As mulheres são regidas pelo lado esquerdo do corpo, Sangue, enquanto os homens são regidos pelo lado direito do corpo, Energia. Nas mulheres, os pulsos da esquerda devem ser mais fortes do que os da direita. Os homens funcionam ao contrário, o pulso mais forte é o da direita frente ao da esquerda (Figura 118).

Finalmente, temos que: os pulsos Yin, nas mulheres, têm mais força. Dessa forma, aquele que está localizado na parte inferior, longe das mãos e no antebraço esquerdo representará melhor a energia delas.

Nos homens, os pulsos Yang têm mais força, e, entre esses dois, o da direita é o mais forte, ou seja, será o melhor representante deles.

Se isso não ocorrer, se os pulsos representantes revelarem uma menor quantidade de energia, levando-se em conta as alterações naturais relativas à época do ano e ao horário em que este foi aferido, a pessoa estará prejudicada em seu princípio primordial.

Já foi dito anteriormente que o homem tem o corpo energético montado de maneira que a Energia que manda nele, Chi, esteja em supremacia à Energia feminina, Xue. Como ela está alocada no lado direito principalmente, este será o lado mais importante na avaliação para o homem. Lembre-se de que a localização do Chi sempre se faz na direita, apesar de vir da esquerda. Isso serve para ambos os sexos, masculino ou feminino, pois o que muda é a importância de cada um, Chi e Xue, nos sistemas do indivíduo masculino ou do feminino.

Quer dizer que, se colocarmos esse conceito na gangorra, ela será pensa, torta, inclinada para cima do lado direito, com o lado esquerdo mais baixo, no caso dos homens. No caso das mulheres, o lado esquerdo, que apresenta a energia Yin, se mostrar em maior evidência. Portanto, o lado esquerdo da gangorra estará mais levantado do que o direito.

Observação: o pulso do Fogo Ministerial é o mais importante, tanto para o homem quanto para a mulher. Ele sempre deverá ser forte. Nele se encontra nosso princípio vital.

Distâncias

Uma coisa a notar é se a localização dos pulsos segue um padrão de distância entre eles (Figura 119), o que revelará a quantidade de energia do indivíduo. Se essa diferença estiver menor do que um sun, ele tem menos energia; se tiver mais de um sun, mais energia. O ideal sempre é que ele esteja na medida de cada um, nem mais nem menos, do tamanho exato para aquilo que ele foi projetado.

Dessa forma, teremos que os pulsos serão sentidos da seguinte forma:

▸ Direita, Chi, homem, é a própria Energia que rege o homem;

▸ Esquerda, Xue, mulher, é a Energia do Sangue que rege a mulher;

▸ Em cima, o pulso mais próximo da mão que representa o Yang e está vinculado ao homem;

▸ Embaixo, o pulso mais longe da mão, para dentro do antebraço, está associado à mulher.

A distância entre os pulsos será determinante na hora de avaliar a quantidade e a qualidade da energia, de acordo com o tipo projetado para esta pessoa, pois a Energia formadora de nossos corpos estipula todas as formas, todas as nossas proporções. Assim, a nossa base de tamanho, que é a polegada anatômica, revela a integração entre a parte Yang, Espírito, e a parte Yin, o nosso corpo. As diferenças revelam a existência de algum distúrbio de longa data, normalmente.

A distância informa sobre a herança energética de cada um, apesar de termos encontrado em um paciente usuário de *crack* uma diminuição dessas distâncias, o que nos levou inicialmente a pensar na morte iminente do jovem paciente. Nossa primeira impressão se transformou após algumas seções, em que ele recuperou o nível desejado de energia.

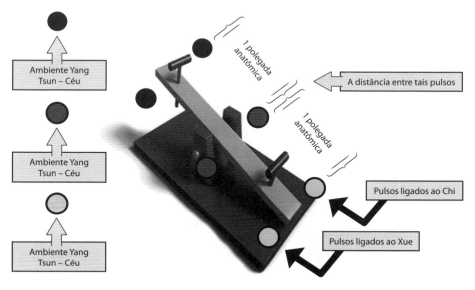

Figura 119. Distâncias entre pulsos,
à esquerda e à direita, na gangorra.

Profundidade

Em cada um dos pontos a ser analisados, encontraremos também os mesmos planos, Yin, Yang e Chi (Figura 120). O mais Yang será encontrado na superfície, o mais Yin, profundamente, mais próximo do osso, e o Chi, equilíbrio em uma posição intermediária entre ambos.

Dentro desta visão, resta apresentar "a quem" estaremos investigando nestas localizações, pois esses pontos representam as seguintes áreas: superior, inferior e média do corpo, com seus sistemas mais preponderantes.

Vale sempre relembrar que o Yang é voltado para fora, externo; nesse caso, estaremos associando-o com sua característica de ser superficial. Assim, os pulsos ligados às vísceras serão percebidos na camada mais externa, ou seja, na pele. Muitas vezes só de olhar percebemos o pulsar de tão "Yang" que estão. Teremos que estas vísceras serão sentidas e formarão um plano onde "eles", os Yang, se comunicam.

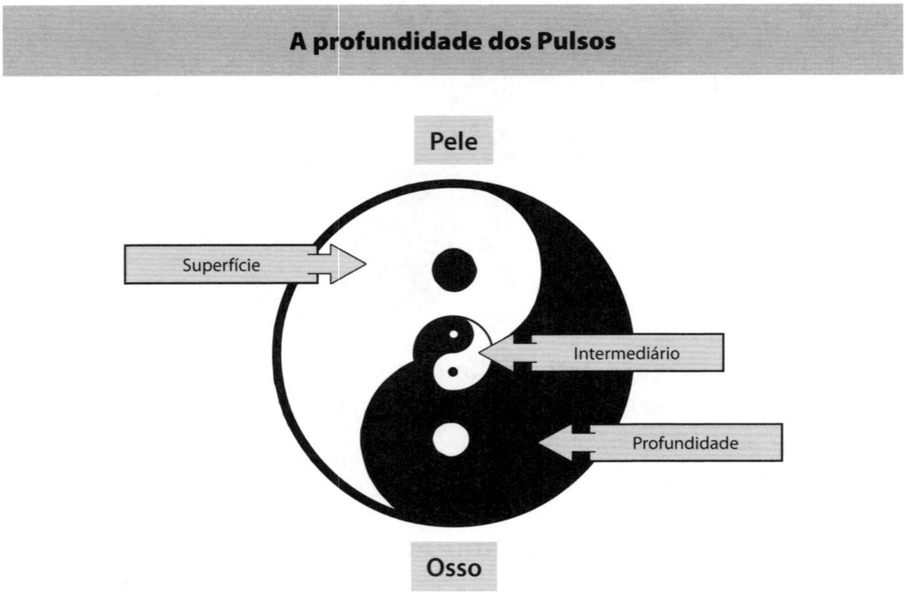

A profundidade dos Pulsos

Pele

Superfície

Intermediário

Profundidade

Osso

Figura 120. Pulsos e Profundidade.

Na parte mais profunda, onde habita o Yin, encontraremos todos aqueles que têm esta característica, ou seja, todos os órgãos (Figura 121).

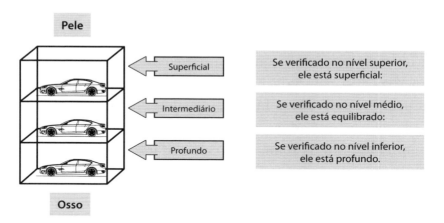

Figura 121. As Profundidades.

Após a localização do pulso, em qualquer uma das profundidades, poderemos atuar sobre o problema energético do indivíduo, desta forma:
▸ Se for sentido na superfície, revela que o Yang está dominando;
▸ Se for sentido na profundidade, revela que o Yin está dominando e,
▸ Se for sentido na porção intermediária, ele estará em equilíbrio, saudável.

Assim, se estiver na superfície, o Yang está dominando, as vísceras estão sendo afetadas, não revela nada grave, é superficial; mas, se o problema se mantiver durante muito tempo, ele migrará de profundidade. Mas, tomando-se como preceito básico, ele revela, na maioria das vezes, algo passageiro, não afetando a estrutura principal orgânica.

Quando o pulso é verificado na profundidade, percebemos, pela própria posição, que se trata de algo mais entranhado, que afeta o indivíduo mais profundamente e causa preocupação. Algo está afetando a estrutura básica, essencial, de funcionamento; o tal desequilíbrio chegou a um órgão.

Se um carro apresenta problema de bateria, é só trocar ou dar um empurrãozinho, mas, e no caso do ser humano? Vai dar para "trocar a bateria"? Ela representa nossos órgãos! É, nem sempre, é possível ou fácil. É só imaginar a quantidade de problemas encontrados por aqueles que esperam anos por um transplante, fora os remédios para evitar a rejeição, depois da substituição do órgão.

É o caso que estamos falando aqui. Não que o problema superficial não afete o desempenho da pessoa, ou seu comportamento, mas é algo mais simples. No caso de a pessoa ter a essência afetada, em que as Almas Vegetativas estão armazenadas e transformam a energia que chega até nossa essência, feita sob encomenda, é muito mais complicado. É claro que deu para entender a diferença entre o superficial e o profundo: o primeiro é igual a um arranhão superficial e o outro um ferimento mais profundo; um pode afetar estruturas que mantém a vida; o outro, é só lavar, colocar um protetor no local e tocar em frente.

Por sua vez, como há uma diferença muito grande entre um e outro, na maioria das vezes, quem for afetado em sua profundidade precisará de cuidados mais extensos por pessoa mais bem qualificada, com maior energia também. As alterações a ser feitas serão de maior monta, e, até mesmo, essa pessoa nem sempre terá algo significativo a fazer. Dependendo da profundidade do problema, não haverá saída.

Muitas vezes teremos a oportunidade de encontrar pessoas com os chamados "pulsos de morte". Nesses casos, a escolha de tratar é do próprio terapeuta. Se este não souber identificar esses casos será surpreendido pelo acontecimento final. Quando se apurar tais pulsos, indicamos sempre a busca de um médico, pois são casos terminais e precisam de assistência que a medicina ocidental pode dar com maior amplitude.

A importância da análise energética é essencial, mas deve-se aliar a ela outros conhecimentos. Um aluno de Tai Chi tinha a respiração muito superficial, entre garganta e boca, e sempre chamava sua atenção para isto. Ele era um senhor de aproximadamente 70 anos. Nunca fizemos a avaliação energética do pulso dele, mas aquele simples fato já denotava que se aproximava do fim.

Aos 280 dias de vida, nascemos para este mundo, e a primeira coisa que fazemos é inspirar aquele Espírito Yang que irá preencher o espaço criado pela forma e o animará. Sem ele, nada acontecerá; a forma humana que acabou de nascer não terá existência.

Essa inspiração causa aquele choro característico, mostrando que tudo está em ordem, o Espírito Yang está presente e os olhos brilham agora. Bem rapidamente, no tocante à respiração, ela se implanta no fundo de nosso abdômen. A respiração e a bomba cardíaca são movimentadas por aquele músculo ancestral que temos no baixo ventre, e é lá no fundo que temos de manter a respiração ao longo de nossas vidas. No caso dos Treinadores da Energia, nós, Taoístas[65], procuramos levar essa respiração para a origem, para dentro da Terra, não só para o baixo ventre, mas mais além.

À medida que o tempo passa, esta ligação do Espírito do Céu, este Yang que nos anima, vai escapando, retornando à Origem Celeste, fazendo o caminho inverso, subindo do baixo ventre para o tórax e cada vez mais alto, até sair pela boca. Na cultura egípcia antiga, quando a pessoa morria, era colocado um artefato

---

65.   Por definição, quem treina a Energia é um Taoísta, não só aqueles que pertencem à Filosofia ou à Religião que segue o Tao.

para permitir que o Ka, Alma, pudesse sair totalmente, desprendendo-se totalmente do corpo. O entendimento dessas culturas mais antigas parece convergir para pontos muito parecidos. Pois bem, à medida que vamos envelhecendo, mesmo naqueles casos em que a doença vai se aprofundando, isso causará o óbito. Vemos uma subida desta respiração paulatinamente em direção ao seu lugar de origem, pela boca, de volta ao Céu.

Naquele caso, o senhor parou de frequentar a aula e, depois, eu soube que havia partido tranquilamente, desligado a sua conexão Céu-Terra.

Muitos indícios devem ser percebidos por aqueles que se tratam pela MTC. Neste caso, o melhor para mantermos a vida em nossos corpos é "Serenar o Espírito e recolher a Energia", recolher no baixo ventre, bem entendido.

Mantenha a atenção neste ponto o mais que puder. Se não tiver treino algum, coloque, sempre que possível, as mãos sobre a região abaixo do umbigo, para que esta reunião continue por muito tempo mantendo seu corpo saudável.

Reforçando o centro, manteremos os corpos Espiritual e Material unidos, o que acarreta a geração da Energia. Nós somos seres muito importantes para a natureza; nossas ações interferem diretamente sobre o meio, não só o meio ambiente, que é um deles. Nós interferimos no comportamento de tudo que existe. Somos os únicos seres que podem unir o Pai e a Mãe Celestes, somos os verdadeiros Filhos deste Universo. Nossas ações tanto devem estar em conformidade com este Todo como também devem agir de forma a manter o comportamento Deles. As pessoas que estudam Física já perceberam que o observador interfere nas ações que estão acontecendo em um experimento, mas isso é só um comportamento consciente; os demais, que não estão no nível deste, também interferem, desarmonizando ou harmonizando o Todo. É melhor tomarmos conta de nossos pensamentos, portanto.

Disposição dos pulsos

No ambiente Yang, mais próximo da mão, encontraremos o par Fogo e Metal, Yin e Yang, esquerda e direita, respectivamente. Formam um casal que pode ser representado pelo símbolo do Tai Chi. Essas duas forças levam consigo seus movimentos próprios. Assim, o pulmão será mais bem percebido em uma única região, direita, onde ele se torna reinante do espaço; no caso do lado esquerdo, perceberemos o Fogo unicamente, apesar de ainda existir ali metal. Ele será o regente deste ponto. Assim, teremos sua percepção na esquerda.

No ponto mais distante, encontraremos o casal Água e Fogo Ministerial, Yin e Yang, respectivamente esquerdo e direito. Como a Água é o único órgão duplo de nosso organismo, cada um poderá ser sentido em seu local natural; na esquerda o órgão frio e na direita aquele ligado ao fogo, quente (ver Fogo Ministerial adiante). No entanto, a Água será sempre apresentada como um todo na Esquerda e regerá a mulher, Yin.

Já no pulso intermediário aos dois anteriores, encontraremos o casal Yin e Yang, Terra e Madeira, respeitando a inversão já falada anteriormente, ou seja, Madeira na esquerda e Terra na direita.

Dessa forma, os pulsos da esquerda serão: – Tsun, fogo imperial (Yin) – Guam, madeira (Yang) – e Tsiu, água (Yin), como qualquer ser feminino; Yin por fora e Yang por dentro. Enquanto, do lado direito, encontraremos o Yang envolvendo o Yin, – Tsun, metal (Yang) – Guam, Terra (Yin) e – Tsiu, Fogo ministerial (Yang), como qualquer ser masculino.

A gangorra[66] do pulso masculino

A gangorra masculina teria a seguinte representação: os mais importantes representados em posição mais elevada, direita, Chi e Yang (Figura 122). Em contrapartida os Yin, de menor importância para os homens, estariam em posição relativamente mais baixa.

O primeiro pulso, Metal, é o mais importante e revela a ligação que existe com o Yang do Céu e aquele movimento, além de reger os seres de gênero masculino.

Os pulsos do lado direito, que revelam a ligação do masculino com o Chi, Energia, também se mostram mais elevados do que os pertencentes ao sangue e que se apresentam na esquerda. Vale lembrar que o Chi do Leste (esquerda), energia masculina, se projeta para a direita. O contrário também é verdadeiro, quando se fala na Energia proveniente do Oeste, feminina, que se projetará para a esquerda.

No entanto, o Pulso pertencente à Porta da Vida deve estar com força, pois dependemos dele para viver, nos restabelecer, nos regenerar.

---

66. As inclinações devem ser relativas, o exemplo é somente didático.

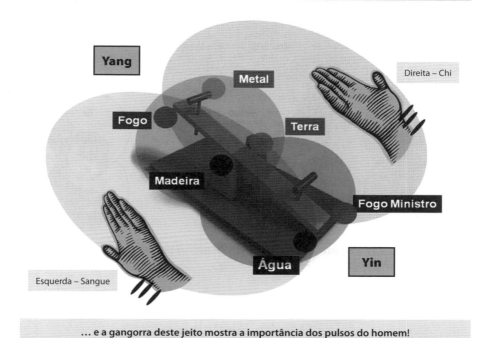

Figura 122. Pulsos Masculinos.

Temos de lembrar que os pulsos levam em consideração aquela premissa da Forma Humana, sem a qual o entendimento fica enfraquecido (Figura 123).

> A Posição Anatômica Chinesa explica o porquê de tomarmos o pulso desta maneira, entendendo-se o Yang, masculino ligado aos pulsos superiores, médio (Chi) e inferior (Yin).

> O Diagnóstico através do Pulso revela também as subdivisões existentes em cada um dos três níveis. Assim tudo se dividirá em Yin-Yang sempre.

Figura 123. Forma Humana + Postura Anatômica + Pulsos.

O Pulso Feminino

No caso das mulheres, a gangorra (Figura 124) se inverte, com os pulsos Yin em evidência e dominância em relação aos pulsos Yang. E os da esquerda, onde se encontra o Xue, com supremacia aos da direita, onde se encontra o Chi.

Quer dizer que o pulso pertencente à água e é o que deve estar em maior evidência perante os demais, já que a água é a parte mais interna de nossos corpos, o local mais profundo, enquanto o Metal pertencente ao masculino, o mais externo.

Tudo que é Yin pode ser mais bem percebido nas mulheres. Elas são responsáveis pela forma, por tudo que gera forma e matéria. Elas têm a capacidade de gerar, pois "fazem" um novo corpo. Isso está profundamente enraizado no sangue, que é o responsável pela geração do corpo, ou mesmo pela sua regeneração (ver Jing para complementar).

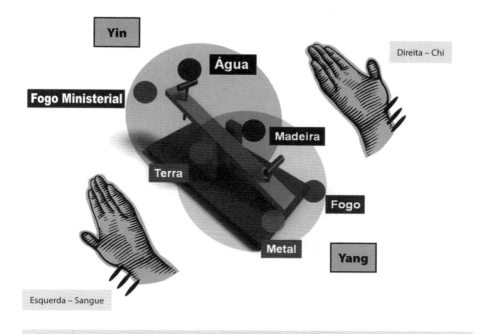

Figura 124. Pulsos Femininos.

Resumindo

Abaixo, apresentamos de forma direta a relação dos locais Tsun, Guâm e Tsiu e suas respectivas posições, também demonstrados em função de sua profundidade (ver Tabela 3). Devemos lembrar que podemos verificar a situação do Rim Direito no Pulso Tsiu do lado direito também, vendo o porquê disto no tópico Fogo Ministerial. Da mesma forma, temos ali somados todos os demais itens que compõem o Fogo Ministerial nesta localização (ver a descrição anteriormente desenvolvida).

Tabela 3. Resumo dos pulsos

Serão verificados os seguintes pulsos nas posições:					
Locais e Profundidades		Esquerda		Direita	
Tsun	Superficial	Fogo	Intestino delgado	Metal	Intestino grosso
Tsun	Equilíbrio	Fogo	Chi	Metal	Chi
Tsun	Profundo	Fogo	Coração	Metal	Pulmão
Guâm	Superficial	Madeira	Vesícula biliar	Terra	Estômago
Guâm	Equilíbrio	Madeira	Chi	Terra	Chi
Guâm	Profundo	Madeira	Fígado	Terra	Baço/Pâncreas
Tsiu	Superficial	Água	Bexiga	Fogo Ministerial	Triplo Aquecedor
Tsiu	Equilíbrio	Água	Chi	Fogo Ministerial	Chi
Tsiu	Profundo	Água	Rins	Fogo Ministerial	Pericárdio

Os Padrões

Existem, portanto, uma série de padrões a ser perseguidos, quando o assunto é a análise energética de uma pessoa. Esses padrões devem estar de acordo com uma série de situações e disposições do que seria considerado saudável. Assim, temos os fatores externos e os fatores internos compondo a totalidade desse tipo de avaliação.

A primeira coisa é sabermos em que Estação do Ano nos encontramos na época da avaliação. Lembre-se de que a medição do tempo via estação no Ocidente é muito diferente daquela proposta pela cultura chinesa.

A segunda, é que devemos nos lembrar de que a Energia Yang é mais forte até às onze horas; depois deste horário, com a chegada da tarde, e depois, à noite, a energia Yin irá dominar, o que pode causar distúrbios perceptíveis através do pulso. Existe também um quadro de horas a ser seguido que revela o horário de maior e menor quantidade da energia, e da sua influência positiva ou deficiência.

Em terceiro lugar, devemos ter em mente que um jovem deve ter a energia mais vigorosa do que uma pessoa com idade mais avançada; níveis mais elevados de Yang em pessoas novas é regra, a fraqueza não. O contrário acontece na pessoa de mais idade, os pulsos ficam mais difíceis de perceber e também o Yang não deve aparecer com frequência. Não quer dizer que as pessoas mais idosas não possam ter um bom Yang, só que proporcionais à sua idade.

Pessoas com o corpo mais Yang também devem ter mais desta energia; o contrário também é válido.

No começo, quando iniciamos nesse tipo de avaliação da energia, a polpa digital que irá entrar em contato com a pele do outro pode estar menos sensível. Assim, podemos passar levemente uma lixa de unha para sensibilizar esse ponto ou esfregá-lo em uma parede áspera, o que pode resolver a questão. Outro ponto é que as mãos do terapeuta devem ser, no mínimo, mornas, para não acontecer de a energia da outra pessoa se ressentir, em especial na hora da avaliação.

No pulso, existem 30 pontos a ser observados, mas diria nosso Mestre que, na verdade, são apenas oito; quando se tem bastante clareza no assunto, percebe-se que os outros 22 estão contidos nos oito e são variáveis deles.

Antes de continuar, devemos lembrar que as partes Yang de nossos corpos, tais como Intestino Grosso, Intestino Delgado, Estômago, Vesícula Biliar, Triplo Aquecedor e Bexiga, são conhecidos como "Vísceras".

Já os "Órgãos" complementares a eles são Yin, como segue: Pulmão, Coração, Baço-Pâncreas, Fígado, Constritor do Coração e Rim.

Dessa forma, os pulsos a seguir revelam não só o estado em que o Pulso se encontra, mas também a localização deste.

AS CARACTERÍSTICAS DOS
PULSOS, OU AS "PALAVRAS"

Profundidade: Fú, superficial e Tchêm, profundo

O Fú revela um problema das vísceras. É algo que está no ambiente externo; portanto, pertencente à energia Yang, do pulmão. É só lembrar que a energia defensiva, Wei Chi, e a pele mantêm relação intrínseca com aquele órgão, e por isso revelam um transtorno naquele meridiano.

Apalpando-se a posição relativa de cada um dos pulsos, poderemos determinar a que víscera nós estamos nos referindo e em qual delas encontraremos as alterações energéticas.

Este pulso deve ceder à pressão, já que o problema revelado por ele é de calor, um calor superficial que não deve se aprofundar. Na realidade, a pessoa que apresenta esse tipo de disposição da energia não tem uma "doença", mas apenas um transtorno. Pode ser algo passageiro e que nunca evolua para uma doença real que afete a profundidade. Muitos outros indícios devem ser analisados para sabermos se esse ataque ao organismo está se aprofundando, como a transformação da língua utilizada como auxiliar.

O pulso com aparência de Tchêm é algo que penetrou o profundo, ou seja, os vasos sanguíneos, tendões e músculos. Existem vários níveis considerados profundos. Os ataques ao nível dos ossos revelam que ele já está buscando aquele "Rei" mencionado na avaliação pela Língua, aquela energia depositada nos rins e na medula óssea. Daí, a pessoa irá apresentar dores pelo corpo todo. Na realidade, encontramos as doenças nestes níveis de profundidade, enquanto o primeiro é mais um problema. Quer dizer, a doença atingiu o que nós temos de mais precioso, nossas Almas Vegetativas que moram nos órgãos, na profundidade.

1º FÚ: *Superficial*, já ao se tocar sente, natureza Yang, o problema é também superficial, sensível junto à pele, não é orgânico. As Vísceras são de natureza Yang, indicando problemas nestas e desta natureza.

2º TCHÊM: *Profundo*, precisa pressionar para sentir, sensível junto ao osso, a natureza é mais Yin e se refere aos Órgãos. Indica que os problemas já os atingiram e são desta natureza.

O Pulso intermediário é o de equilíbrio, onde encontramos o Chi. É a saúde, nem superficial, na pele, nem profundo, junto ao osso, mas entre eles.

Velocidade: Tgi, lento, e Suo, rápido

Quanto à velocidade ou ritmo, devemos ter em mente que uma pessoa saudável apresentará seu vetor de energia/sangue em um padrão rítmico da ordem de 4 pulsações para cada ciclo respiratório. Entretanto, isso só será realmente verdade se tivermos uma razão de 18 ciclos respiratórios por minuto; se isso não ocorrer, dois fatos devem ser identificados: que, apesar de se manter uma relação correta 4/1, esta pode estar acelerada ou lenta, caindo em um dos outros casos apresentados.

Uma boa dica é de que devemos, quando não se tem experiência neste tipo de verificação, primeiramente, perceber se o padrão rítmico está adequado, 4/1; depois, verificar a quantidade de ciclos respiratórios da pessoa, e, no final, conjugar as duas percepções. Lembre-se de que o paciente deve estar sentado com o braço esticado à frente do coração, em repouso.

Se as pulsações se apresentam abaixo de 54 por minuto/ ciclo de 18 respirações, a pessoa apresenta um problema de grandes proporções e pode indicar a existência de doença aguda que poderá levar a pessoa à morte, pegando o terapeuta de MTC desprevenido.

Quando a pessoa apresenta um ritmo correspondente a apenas 30 ou 40 pulsações por minuto/18 ciclos respiratórios, ela está correndo risco iminente de vida. Nestas, o Yin está dominando o Yang e poderá causar o retorno à morada original, o Céu, e a vida se extinguirá.

Em ambos os casos, deve-se pedir ao paciente que procure um médico ocidental, no primeiro caso para investigações e, no segundo, devido à urgência do quadro.

Atualmente, contamos com diversos instrumentos de diagnóstico e tratamentos, e devemos lançar mão do que estiver ao nosso alcance para tanto. Como estamos falando sempre de uma percepção energética, devemos lembrar que exames clínicos nem sempre conseguem apontar o que se averiguou no diagnóstico, a não ser em casos em que a estrutura física já tenha sido alcançada.

Lembrem-se também de que nem uma, nem outra medicina apresenta respostas para todos os problemas.

De 54 a 60 pulsações por minuto/18 ciclos respiratórios, representa um pulso considerado lento. Isso se deve a um desgaste da energia da Terra. O fortalecimento do "corpo" poderá alterar tal situação; não é nada grave, está quase normal. Muitos atletas possuem um baixo vetor, pulsação × respiração, diferente de quem apresenta uma pulsação lenta doentia e de aparência desvitalizada. Pessoas que costumam andar de bicicleta e fazem subida de montanha apresentam um dos mais baixos padrões saudáveis já encontrados; por isso, devemos sempre perguntar sobre a possibilidade de a pessoa praticar atividades esportivas mais intensamente, para compor a análise energética.

Exercícios extenuantes causam lesão na energia do Baço, o que pode resultar em desalinhamento da coluna vertebral e problemas nos órgãos e nos mais diversos aspectos femininos.

Atualmente, muitas pessoas buscam reforçar os músculos das costas para acabar com as dores deste local o que acaba por ser uma contradição. Fazem exercícios que demandam energia da Terra para corrigir um problema criado, muitas vezes, por seu enfraquecimento relacionado a práticas físicas inadequadas, o que gera um círculo vicioso. Deve-se levar em conta que o Baço, que é regente do corpo feminino, enfraquece por relacionamentos ruins dos mais diversos tipos.

Outro problema com relação aos exercícios em demasia é a ocorrência de dependência física/mental de endorfina. A pessoa fica viciada nos exercícios que causam dor/prazer. Nesse caso, serão dois tratamentos a serem feitos: o da dependência química e o da dor inicial.

Aquele hormônio que é liberado na prática de exercícios físicos pode ser suprido por estímulos dos pontos nos trajetos dos meridianos que o liberam. Muitas pessoas buscam no exercício físico um meio de socialização, devido à solidão ou baixa estima, e não pela manutenção da saúde, o que acarreta outro problema solucionado com o tratamento da própria Terra.

A pulsação ideal é a compreendida entre 68 e 78 pulsações para o ciclo de 18 respirações por minuto, padrão do adulto saudável. O ideal é de 4/1. Ou seja, 72/18=4.

As crianças são um caso à parte; portanto, na hora de analisá-las, devemos ter em mente que elas têm um padrão diferente do adulto, quanto menor a criança, maior o ritmo.

Os tratamentos das crianças não se enquadram nos tratamentos dos adultos, primeiramente, porque, até os sete anos de idade, elas não possuem ainda seus meridianos completamente desenvolvidos. Além disso, os recursos para a verificação de padrões energéticos são particulares. A criança também é muito mais difícil de compreender, justamente pela falta de recursos pessoais para apontar seus problemas. Tem que procurar um especialista em crianças ou uma pessoa mais treinada nesse tipo de verificação.

A pulsação que vai de 80 a 96 ciclos, pulsação × ciclo respiratório é pertencente a um tipo de pessoa que pode estar sendo acometida por algum problema na região dos Rins. Surgirá a partir dos 96 ciclos. Dessa forma, uma pessoa que tem entre 80 e 96 é alguém a que devemos prestar mais atenção; o Yang está destruindo pouco a pouco o Yin. Daí a fraqueza dos rins a partir dos 96 ciclos. O calor está dominante naquelas pessoas.

3º TGI: *Atrasado*, Lento, se, a cada respiração, só 3 ou 2 batidas são verificadas por ciclo. Frio.

4º SUO: *Acelerado*, a cada respiração: de 5 até 8 batimentos por ciclo, significando Organismo Quente.

Calibre: Shi, fino e Tá, grosso

Muitos dos alunos, mesmo já treinados na verificação energética, têm dúvidas quanto ao calibre, qual é a espessura considerada normal, saudável. A única coisa que podemos fazer em sala de aula, para exemplificar, é apresentar algum tecido recobrindo uma carga de caneta esferográfica ou um grafite de lápis 0,5 mm, para demonstrar a diferença entre um pulso considerado grosso e um fino (Figura 125).

É claro que as pessoas variam de estrutura; um homem de 2 m de altura e 150 kg de peso não pode apresentar um pulso fino no mesmo calibre de um pulso de uma moça de 1,5 m com 40 kg. Eles irão variar de calibre também. Possivelmente, se ele apresentar o pulso do calibre do dela ele terá um fim breve, mas, se ela apresentar o pulso fino dele, poderá até estar em normalidade. Tudo é relativo à estrutura da pessoa. Isso vale para as pessoas de peso e consistência diferentes. Portanto, se duas moças que se apresentarem para a análise energética tiverem mesma altura, mas suas estruturas forem muito diferentes, é claro que devemos prestar atenção e levar isso em conta. Só para reforçar o conceito, se uma delas pesar 80 kg e a outra 40 kg, isso deve ser levado em consideração.

Busque, sempre que possível, fazer uma retrospectiva da vida da pessoa. Isso pode alterar seus parâmetros de julgamento, pois essa não é uma ciência precisa, cartesiana. Tudo precisa de interpretação e de pesos diferentes, dependendo de cada situação.

Figura 125. Demonstrativo para diferenciação entre fino e grosso.

5º SHI: *Fino*, como um fio de teia de aranha, ou cabelo, denota fraqueza, ou uma fraqueza da Energia Yang, ou mesmo insuficiência de Sangue; pode significar perda recente de Energia, por exercícios prolongados ou mesmo atividade sexual.

6º TÁ: *Grande*, grosso, problema do Tipo Cheio. Excesso.

Distância: Duan, próxima e Tcham, distante

Para apurar a distância, temos de ter em mente que a pessoa tem um padrão pessoal patrocinado pela sua energia e que regrou o seu desenvolvimento. Portanto, a distância padrão entre eles é igual a este padrão, ou seja, sua polegada anatômica, lembrando que o intermediário (Guâm), da Madeira e da Terra permanece onde está sobre P08, e que as transformações são sentidas nos dois extremos, Tsun e Tsui;

▸ **Distante**, acima de 1 polegada anatômica, os pulsos Tsun e Tsui se afastam de Guâm em P08;

▸ **Próximo**, abaixo de 1 polegada anatômica, os pulsos Tsun e Tsui se reúnem ao Guâm em P08.

Quando encontramos o pulso Duan, ele revela um problema de deficiência. A energia pode tanto estar bloqueada por algum impedimento, constrição, tensão, sentimento, quanto pode revelar que não recebeu uma boa quantidade de energia de seus pais para a sua existência. É uma questão de falta de energia pré-natal, e ela não terá capacidade de reter a energia pós-natal, que irá se esvaindo gradativamente. É um problema sério e revela uma incapacidade de refazer no nível energético.

7º DUAN: *Curto*, os três pulsos ficam juntos ao centro, a Doença é de longa data, ou crônica; existe perda de Energia, ou insuficiência.

8º TCHAM: *Comprido*, avança para o polegar e para dentro do braço; às vezes denota muita força, mas, se está em demasia, significa Energia Falsa, demasiada.

Existe uma série de pulsos ainda para revelar e também existem associações que revelam outros diagnósticos. Para tanto, deve-se procurar alguém treinado por um Mestre para que lhe sejam reveladas tais situações.

Observação: Pulso Oco. Hemorragia, se ligado ao pulso do Estômago pode significar úlcera com sangue; se for encontrado nos demais, perigo de morte. Quando apresentamos esse pulso aos alunos, mostramos sob um tecido as bordas de um tubo.

Assim, eles sentem que o centro do tubo é oco e as bordas são perceptíveis ao toque. Essa não é uma representação perfeita, mas se parece com este tipo de pulso.

PULSOS QUE NÃO DEVEM SER TRATADOS

Revelam em sua maioria casos em que devemos nos precaver de tratar, pois a pessoa em questão está em vias de morrer. Notamos que o pulso das pessoas que fazem uso de anti-inflamatórios de forma continuada e/ou em doses altas, ou das pessoas que estavam sob o tratamento com quimio e/ou radioterapia apresentou-se com o Yang alto, alterando a avaliação.

O primeiro pulso que devemos mencionar, justamente o da morte, é aquele intermitente, que pulsa com intervalos bem maiores do que os de costume, todos consistentes e, apesar disso, a variação é algo surpreendente, incomum, dada a sua peculiaridade.

A seguir seguem outros pulsos que revelam a mesma questão:

▸ Parecido com o anterior, mas os intervalos são constantes e mais espaçados;
▸ Simplesmente bate forte, mas se assemelha ao pulso acima, com espaços ainda mais ampliados;
▸ Não existe à primeira vista, só depois de algum tempo aparece, surge do nada;
▸ Parece que tem algo fervendo dentro dele;
▸ Não apresenta aquele impulso quanto aos altos e baixos característicos; parece que corre liso, acelera e reduz a velocidade;
▸ Pulsa normalmente e bate novamente, quase instantaneamente, a seguir.

CONCLUSÃO

Primeiro, devemos entender como o Macrocosmo se apresenta, e, assim, poderemos conhecer o Microcosmo. Depois, é imprescindível termos parâmetros para trabalhar, conhecer a Forma Humana, dada pelo Símbolo do Mistério e pela posição anatômica. Além disso, devemos lembrar as qualidades de cada um dos gêneros, homem e mulher, para podermos garantir-lhes a continuidade, o que indica Saúde, e termos os padrões relativos a profundidade, distância, velocidade e ritmo.

Na Figura 126, há um pequeno resumo para ser utilizado após o estudo da Análise Energética através da Pulsologia.

Portanto, o que se deve levar em consideração, quando se analisa os Pulsos Radiosos é:

▶ A questão Homem/ Mulher e seus "Padrões";
   Portanto, se deve ser regido pela direita ou esquerda, Energia ou Sangue, respectivamente;

▶ Se a pulsação está superficial ou profunda, o que nos leva a duas considerações:
   A. Se o que domina são os pulsos pertencentes ao "Ambiente Yang", Fogo e Metal;
      1. Que são os pulsos Yang, característicos do Homem;
      2. Ou se o que domina são os pulsos Yang, individualmente, reflexo das Vísceras;
   B. Se o que domina são os pulsos pertencentes ao "Ambiente Yin, Água e Fogo Ministerial;
      1. Que são os pulsos Yin, característicos da Mulher;
      2. Ou se o que domina são os pulsos Yin, individualmente, reflexo dos Órgãos;

▶ A questão da "Velocidade", que tem por parâmetro quatro pulsações para uma Respiração, tornando-os:
      1. Acelerados, Yang, se apresentarem a pulsação superior a (4×/1)/18/min;
      2. Lentos, Yin, se apresentarem a pulsação inferior a (4×/1)/18/min;

▶ Se o pulso se apresenta fino, denotando fraqueza;

▶ Se o pulso se apresenta grosso, denotando tipo cheio, quente;

▶ Se é Curto, com distância inferior a 1 sun, que é a unidade de medida = a 1 polegada anatômica ou,

▶ Se é Distante, com distância superior a 1 sun, excesso, o que denota muita força, ou, se em demasia, mostra energia falsa.

Figura 126. Resumão.

Posfácio

Espero ter honrado as linhagens que sigo e ao meu Mestre. O tratamento energético deve sempre ser acompanhado de práticas que levem o terapeuta a um desenvolvimento de suas capacidades. Não adianta ser um especialista na aplicação dos meios de tratar, se estes não forem acompanhados de um estudo e compreensão da forma taoísta de pensar e também de agir.

Seguir uma linha de pensamento significa estar presente em todos os momentos deste conhecimento. Quer dizer, para uma pessoa utilizar uma forma de tratamento da Medicina Tradicional, ela deverá ter noções técnicas como a Meditação, base para a compreensão dos caminhos da Energia e que só será desenvolvida e conhecida plenamente através das outras práticas como o Chi Kung, trabalhos de energia e os Movimentos em suas três divisões, a saber: Tai Chi, Pá Kuá e Hsing Yi Chuan, que desenvolvem aspectos da personalidade essenciais para o trabalho. Além disso, é necessário o conhecimento dos diversos mecanismos que podem ser percebidos através da Geomancia e da Astrologia Chinesa.

Desta forma, e só assim, teremos bons terapeutas de MTC. O conhecimento ocidental ainda está longe de entender tais formas de tratamento, e o conhecimento energético constitucional do indivíduo não deve ser entendido como fisiológico apenas.

A seguir, apresento minhas fontes de referência e também uma série de livros que servem de base para os estudos.

Lin Chien Tse

REFERÊNCIAS

MESTRE LIU PAI LIN (*IN MEMORIAM*)

Cursos frequentados de 1985 a 2000:

- Tai Chi Chuan (Tao Gong Chuen), formas curta e longa (37 e 108 movimentos);
- Pá Kuá Tsan, Palmas Encadeadas do (Oito Palmas e 64 Palmas) + Palmas dos Cinco Movimentos;
- Espada Tai Chi,
- Tuei Shou,
- Meditação Taoísta;
- Chi Kung, 12 Formas adaptadas ao Brasil pelo Mestre Liu Pai Lin;
- Tao In, Caminhos da Energia;
- Tui Ná, Formação de Terapeutas;
- Medicina Tradicional Chinesa;
- Taoísmo;
- I Ching;
- Palestras sobre Taoísmo.

MESTRE WANG TE CHONG

Cursos frequentados de 1988 a 2002:

- Hsing Yi Chuan;
- Pá Kuá;
- Tai Chi Espada;
- Tuei Shou;
- Chi Kung;
- Tai Chi (oficial).

BIBLIOGRAFIA

Obras em Português:

AMARELO, Imperador. *Nei Ching, O Livro de Ouro da Medicina Chinesa*. Ed. Domínio Público, 1989.

AUTEROCHE, Bernard; MAINVILLE, Lucie; SOLINAS, Henri. *Atlas de Acupuntura Chinesa – Meridianos e Colaterais*. Ed. Andrei, s. d.

BLOFELD, John. *Taoísmo, o Caminho para a Imortalidade*. Ed. Pensamento, s. d.

CAMAYSAR, Rosabis. *O Caibalion*. Ed. Pensamento.

CAMPBELL, Joseph. *O Poder do Mito*, com Bill Moyers. Ed. Palas Atenas, 1990.

CREPON, Pierre; FAUBERT, Gabriel. *A Cronobiologia Chinesa*. Ed. IBRASA, 1990.

DESPEUX, Catherine. *Tai Chi Chuan, Arte Marcial, técnica da longa vida*. Ed. Pensamento, s. d.

DOUGANS, Inge; ELLIS, Suzanne. *Um guia passo a passo para aplicação da Reflexologia*. Ed. Cultrix, s. d.

EDDE, Gérard. *A Astrologia Chinesa das Nove Constelações*, Astrologia Tradicional do I Ching, Manual Prático. Ed. Pensamento, s. d.

EYSSALET, Jean-Marc. *Shen ou o Instante Criador*. Tradução da obra original *Shen, ou, L'instant créateur*, Ed. Gryphus, s. d.

GAIARSA, José Ângelo. *Couraça Muscular do Caráter* (Wilhelm Reich). Ed. Agora, 1984.

GONGWANG, Liu. *Tratado Contemporâneo de Acupuntura e Moxibustão, Pontos e Meridianos*. Ed. Roca, s. d.

GRANET, Marcel. *O Pensamento Chinês.* Ed. Contraponto, 2002.

GUÉNON, René. *A Grande Tríade.* Ed. Pensamento, s. d.

JUNG, Emma. *Animus e Anima.* Ed. Cultrix, 1995.

JUNG, Carl G.; FRANZ, M. L. Von; HENDERSON, Joseph L.; JACOBI, Jolande; JAFFEÉ, Aniela. *O Homem e seus Símbolos.* Ed. Nova Fronteira, s. d.

HEIDER, John. *O Tao e a Realização Pessoal*, Ed. Cultrix, s. d.

HIRSCH, Sonia. *Manual do Herói ou a Filosofia Chinesa na Cozinha.* Ed. Corre Cotia, s. d.

KELEMAN, Stanley. *Mito e Corpo*, com Joseph Campbell. Summus Editorial, 2001.

LEVI, Eliphas. *A Chave dos Grandes Mistérios*, Ed. Pensamento, s. d.

LEVI, Eliphas. *Dogma e Ritual de Alta Magia*, Ed. Pensamento, s. d.

LEVI, Eliphas. *Grande Arcano*, Ed. Pensamento, s. d.

LEVI, Eliphas. *História da Magia*, Ed. Pensamento, s. d.

LEVI, Eliphas. *Os Mistérios da Cabala*, ou A Harmonia Oculta dos Dois Testamentos. Ed. Pensamento, s. d.

LEVI, Eliphas. *Os Paradoxos da Sabedoria Oculta.* Ed. Pensamento, s. d.

LIAO, Waysun. *Clássicos do Tai Chi.* Ed. Pensamento, s. d.

LIU, Da. *Tai Chi Chuan e I Ching.* Ed. Pensamento, s. d.

LIU, Da. *T'ai Chi Ch'uan e Meditação.* Ed. Pensamento, s. d.

MANN, Félix. *Acupuntura, A arte chinesa de curar.* Ed. Hemus, 1994.

MIYUKI, Mokusen. *A Doutrina da Flor de Ouro.* Ed. Pensamento, s. d.

MORANT, George Suolié de. *Tratado de Quiromancia Chinesa*, As Ciências Ocultas na China: a mão. Tradução da obra original *Traité de chiromancie chinoise.* Ed. Espaço Tempo, 1988.

NI, Hua-Ching. *Hua Hu Ching*, os últimos ensinamentos de Lao Tzu. Ed. Pensamento, s. d.

NORMAND, Henry. *Os Mestres do Tao.* Ed. Pensamento, s. d.

REICH, Wilhelm. *A Função do Orgasmo.* Ed. Brasiliense, 1977.

SAAD, Ezéchiel. *I Ching, O Oráculo Chinês, Mito e História*. Ed. Pensamento, s. d.

TSE, Lao. *O Livro do Caminho Perfeito*, Tao Te Ching. Ed. Pensamento, s. d.

TZU, Sun. *A Arte da Guerra*, James Clavell. 11ª ed., Ed. Record, s. d.

VALLÉE, Elisabeth Rochat de la; LARRE, Claude. *Movimentos do Coração*, Psicologia dos Chineses. Ed. Cultrix, 2007.

VALLÉE, Elisabeth Rochat de la; LARRE, Claude. *Movimentos do Coração*, Psicologia dos Chineses. Ed. Cultrix, 2007.

VOLGUINE, Alexandre. *Astrologia Lunar*. Ed. Pensamento, s. d.

WEN, Tom Sintan. *Acupuntura Clássica Chinesa*. Ed. Cultrix, s. d.

WILHELM, R. *A Sabedoria do I Ching*, Mutação e Permanência. Ed. Pensamento, s. d.

WILHELM, Richard. *I Ching*, O Livro das Mutações. Ed. Pensamento, s. d.

WILHELM, R.; JUNG, C. G. *O Segredo da Flor de Ouro, Um Livro de Vida Chinês*. 11ª ed., Ed. Vozes, s. d.

WONG, Ming. *Ling Shu* – Base da Acupuntura Tradicional Chinesa. Ed. Brasileira, Andrei Editora, 1995.

Obras em Francês:

JI, Xiao. *Cosmologie et Divination dans la Chine Ancienne*, Le compendium des cinq agents "Wu Hsing Dai Yi", Marc Kalinowski, Publication D'École Française D'Êxtreme Orient, vol. CLXVI, 1991.

LARRE, Claude; SCHATZ, Jean; VALLÉE, Elisabeth Rochat de la. *Aperçus de Médecine Chinoise Traditionnelle*. Guy Trédaniel Éditeur, 2006.

LARRE, Claude; SCHATZ, Jean; VALLÉE, Elisabeth Rochat de la. *Les Seminaires de L'École Européenne d'Acupuncture*. Ed. So-Wen s.a.s., Milan, Itália, 1979.

MOREL, Paul. *Le Champ du Signe, étymologie et analyse d'un millier de carctères chinois*. Éd. You Feng, Libraire – Éditeur, 2005.

RICCI, Instituto. *Aperçus de civilization chinoise, Les Dossiers Du Grand Ricci*, s. d.

SCHLEGEL, Gustave. *Uranographie Chinoise*, Ch'eng-Wen Publishing Company. Taipei, 1967.

Obra em Inglês:

CULLEN, Christopher. *Astronomy and Mathematics in Ancient China*: the Zhou bi suan jing. Needham Research Institute Studies, Cambridge University Press, s. d.

Obra em Espanhol:

BICHEN, Zhao. *Tratado de Alquimia y Medicina Taoísta*. Trad. del Chino al francés, introducción y notas de Catherine Despeux, versão al castellano de Francisco F. Villalba. Miraguano Ed., 1984.

ÍNDICE DAS FIGURAS

Fig. 1. Chi, ou Energia, **19**
Fig. 2. O Wu Chi, o Chi e o Tai Chi, **22**
Fig. 3. O Yin e o Yang, em suas formas básicas, Céu e Terra, **24**
Fig. 4. Conceito de Yin e Yang, **25**
Fig. 5. O Símbolo do Tai Chi, **26**
Fig. 6. Diagrama do Rio Lo adaptado para a terceira dimensão, **29**
Fig. 7. A "coisa" matriz e o agente transformador, **30**
Fig. 8. O movimento ondulatório, **31**
Fig. 9. Os movimentos e seus sentidos, **33**
Fig. 10. Exemplo de estação do ano – inverno, **36**
Fig. 11. As trocas de influências entre Céu e Terra, **37**
Fig. 12. O Ciclo de Geração das Energias, **42**
Fig. 13. Ciclo de Controle, **43**
Fig. 14. Árvore em terreno rochoso, **44**
Fig. 15. O movimento ondulatório da água, **48**
Fig. 16. Os Três Planos da Existência, **50**
Fig. 17. O Pá Kuá com o Diagrama Pré-Natal, ou Fu Xi, **51**
Fig. 18. O Pá Kuá na disposição pós-natal, ou Wen Wang, **53**
Fig. 19. Relógio – mostrador e ponteiros, **54**
Fig. 20. As estações indicadas pela Ursa Maior, **55**
Fig. 21. Diagrama Pós-Natal, com o Fluxo das Águas, **56**
Fig. 22. Troncos Celestes, Ramos Terrestres e as direções, **58**
Fig. 23. As energias Yin e Yang agindo no planeta, **65**
Fig. 24. O Yin e o Yang agindo sobre uma árvore, **66**

Fig. 25. Movimentação do Yin e do Yang dentro da árvore, **67**

Fig. 26. A árvore e sua manifestação de acordo com as estações, **68**

Fig. 27. O fluxo da energia ao longo das estações no corpo humano, **69**

Fig. 28. Deslocamento do Sol entre os Trópicos, **70**

Fig. 29. Moeda chinesa, **72**

Fig. 30. A tartaruga e seu casco representam o Universo, **72**

Fig. 31. Símbolo do Tai Chi, **73**

Fig. 32. As regências ou influências trocadas, **75**

Fig. 33. O ciclo das águas, **76**

Fig. 34. O esqueleto humano visto de lado, **79**

Fig. 35. Esqueleto de um chimpanzé, **80**

Fig. 36. Nosso vínculo com o Universo, **81**

Fig. 37. O Lin Tai, III Ventrículo, **83**

Fig. 38. Centro Yin, útero, **84**

Fig. 39. Centro Yin, próstata e utrículo prostático, **85**

Fig. 40. O Sol emanando sua luz e calor para a Terra, **85**

Fig. 41. Circuito microcósmico, **88**

Fig. 42. Divisão da Atmosfera, **89**

Fig. 43. O Sol e a Magnetosfera Terrestre, **91**

Fig. 44. Tronco Humano, **92**

Fig. 45. Postura anatômica ocidental, **94**

Fig. 46. Postura anatômica chinesa, **94**

Fig. 47. A bacia virada para cima recebe a energia do céu; a virada para baixo, da Terra, **95**

Fig. 48. Topografia do terreno e a humana, **96**

Fig. 49. Ciclo do Chi ou dos Meridianos, **97**

Fig. 50. Sequência do deslocamento do Chi pelo corpo, **99**

Fig. 51. As Ordens do Céu sendo seguidas no ambiente intermediário, **100**

Fig. 52. As Energias: I, Chi e Xue; intenção, energia e sangue, **103**

Fig. 53. As estações do ano, **105**

Fig. 54. O Símbolo do Mistério e a Forma Humana, **106**

Fig. 55. *Yang* e *Yin*, homem e mulher, **108**

Fig. 56. Influências trocadas, **111**

Fig. 57. Forma humana e sua atuação no homem e na mulher, **112**

Fig. 58. Deslocamento para cima, **123**

Fig. 59. Deslocamento para baixo, **124**

Fig. 60. Bolha de sabão dispersando, **125**

Fig. 61. Encontro do Rio Negro com Solimões, **132**

Fig. 62. Os Pontos Poço e Tsing, com suas naturezas originais, **143**

Fig. 63. Ponto Tsing, poço, e Iong, riacho, **144**

Fig. 64. Ponto Iu, Embarcação, e Iun, Confluente, **145**

Fig. 65. Ponto King, Desembarque, e Ho, Estuário, **146**

Fig. 66. Profundidade dos Meridianos, **147**

Fig. 67. Sistema das Águas, **147**

Fig. 68. Cenote e Aquífero, **149**

Fig. 69. Resumo comparativo: Meridianos *versus* Rios, **152**

Fig. 70. Órgão e Víscera, **159**

Fig. 71. Fogo, **161**

Fig. 72. Coração, **164**

Fig. 73. Intestino Delgado, **166**

Fig. 74. Fogo Ministerial, **169**

Fig. 75. Ancoragem, **172**

Fig. 76. Pericárdio, **177**

Fig. 77. Terra, **178**

Fig. 78. Figura da Justiça, **187**

Fig. 79. Baço e Pâncreas, **188**

Fig. 80. Estômago, **192**

Fig. 81. Minério, o Metal, **194**

Fig. 82. Pulmões, **197**

Fig. 83. Intestino Grosso, **199**

Fig. 84. Água, **202**

Fig. 85. Rins, **205**

Fig. 86. Trigrama da Água, **207**

Fig. 87. Trigrama do Fogo, **207**

Fig. 88. Bexiga, **208**

Fig. 89. Meridiano da Bexiga, **209**

Fig. 90. A árvore representa a Madeira, **210**

Fig. 91. Vesícula Biliar, **212**

Fig. 99. Fígado, **215**

Fig. 93. Árvore na calçada, **216**

Fig. 94. O rosto e as manifestações internas, **225**

Tabela 1. Os Sistemas e os locais de sua manifestação, **226**

Tabela 2. As cores e os problemas encontrados, **228**

Fig. 95. Os olhos e as associações, **232**

Fig. 96. Localização da dor de cabeça, **234**

Fig. 97. Diagrama do Céu Posterior e do Abdômen, **237**

Fig. 98. Indícios apresentados na Língua, **240**

Fig. 99. Forma Humana e a Língua, **241**

Fig. 100. Os Dragões Verdes na base da Língua, **242**

Fig. 101. Os três setores no diagnóstico da Língua, **244**

Fig. 102. Anatomia energética da Língua, **245**

Fig. 103. Moringa, **246**

Fig. 104. Teoria da Moringa, **247**

Fig. 105. Energia Wei Chi, **250**

Fig. 106. O Sistema de avisos do Castelo, **253**

Fig. 107. Esquema representativo das bandeiras e sistemas, **255**

Fig. 108. Resumo da avaliação energética pela Língua, **256**

Fig. 109. Vetor Energético do Pulso, **260**

Fig. 110. Esquema apresentando veias e artérias da mão, **262**

Fig. 111. O modelo energético do Homem em seus Pulsos, **262**

Fig. 112. Localização dos pulsos, dos ossos da mão e do punho, **263**

Fig. 113. Trajeto do meridiano do Pulmão, **264**

Fig. 114. Órgãos e vísceras, **265**

Fig. 115. O Cubo Mágico como a Forma Humana, **271**

Fig. 127. O Cubo Mágico desmembrado, nos três níveis: anterior, médio e posterior, **272**

Fig. 117. Diferenciação entre homem e mulher, **275**

Fig. 118. Pulso Yin e Yang, **276**

Fig. 119. Distâncias entre pulsos, à esquerda e à direita, na gangorra, **279**

Fig. 120. Pulsos e Profundidade, **280**

Fig. 121. As Profundidades, **281**

Fig. 122. Pulsos Masculinos, **287**

Fig. 123. Forma Humana + Postura Anatômica + Pulsos, **288**

Fig. 124. Pulsos Femininos, **289**

Tabela 3. Resumo dos pulsos, **290**

Fig. 125. Demonstrativo para diferenciação entre fino e grosso, **297**

Fig. 126. Resumão, **300**